VOYAGE

DANS LA RÉGENCE

D'ALGER.

VERSAILLES. — IMPRIMERIE DE ALLOIS,
avenue de Saint-Cloud, n° 3.

PARIS,
CHEZ MARLIN, ÉDITEUR,
RUE DE SAVOIE, N° 11.

1830.

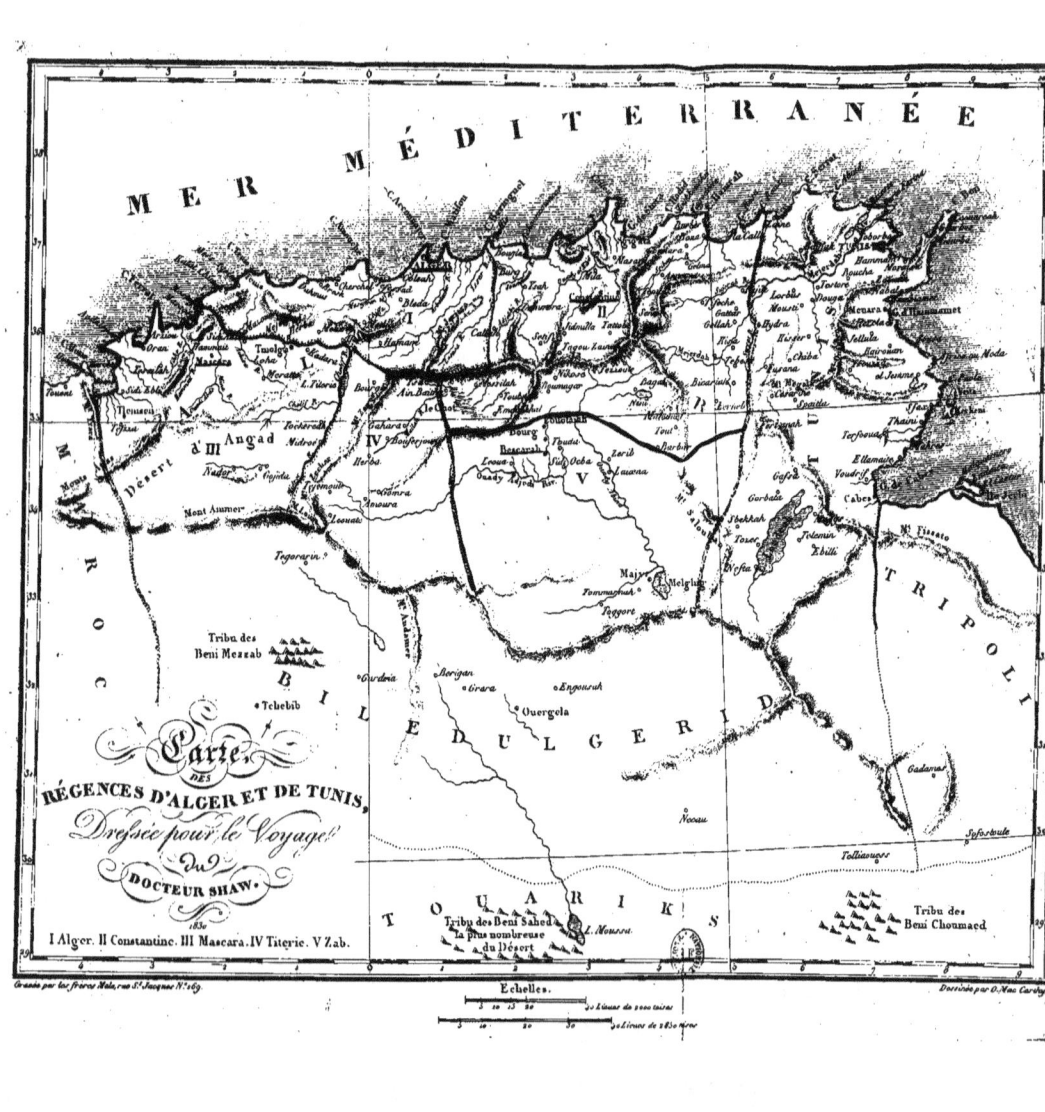

VERSAILLES — IMPRIMERIE DE ALLOIS,
avenue de Saint-Cloud, n° 3

VOYAGE
DANS
LA RÉGENCE
D'ALGER,
OU
DESCRIPTION
GÉOGRAPHIQUE, PHYSIQUE, PHILOLOGIQUE, etc.,
DE CET ÉTAT,
Par le Dr SHAW,

Traduit de l'anglais, avec de nombreuses augmentations, des notes géographiques et autres,

PAR

J. MAC CARTHY,

MEMBRE DE LA SOCIÉTÉ DE GÉOGRAPHIE DE PARIS,

Auteur du Choix de Voyages modernes, du Dictionnaire universel de Géographie physique, politique, historique et commerciale, etc., etc.,

AVEC UNE CARTE DES RÉGENCES D'ALGER ET DE TUNIS, dressée exprès pour cet ouvrage.

PARIS,
CHEZ MARLIN, ÉDITEUR,
RUE DE SAVOIE, N° 11.
—
1830.

AVERTISSEMENT

DU TRADUCTEUR.

Parmi le petit nombre d'ouvrages que l'on possède sur l'Afrique septentrionale se trouve le Voyage du docteur Shaw (1), qui résida pendant douze ans à Alger, comme chapelain de la factorerie anglaise, et dont nous offrons ici la traduction.

Quoique cette relation date déjà de plus d'un siècle, elle offre cependant le meilleur traité que nous possédions sur la géographie ancienne et même moderne des régences d'Alger et de Tunis. D'ailleurs en Barbarie comme dans presque tous les états ottomans, il n'y a rien de changé depuis

---

(1) On prononce *Châ*. Nous remarquerons à cette occasion que l'on donne communément en Angleterre la qualification de *docteur* non seulement aux médecins, mais encore aux membres du clergé et du barreau qui ont obtenu cette dignité dans une université. Le docteur Shaw était ecclésiastique. (*Note du traducteur.*)

Shaw, sinon les hommes: ce sont toujours les mêmes institutions, le même culte, les mêmes préjugés, les même mœurs, le même despotisme. Il serait difficile de trouver ailleurs plus d'exactitude, d'érudition et de recherches curieuses; géographie, antiquités, belles-lettres, histoire naturelle, politique, médecine, langues, l'auteur a tout embrassé, et y a répandu de grandes lumières.

Nous n'avons fait subir d'autres changemens à son ouvrage qu'en ce qui concerne la délimitation et la division politique des deux régences, aujourd'hui un peu différentes de ce qu'elles étaient de son temps; et quelques détails d'administration publique.

VOYAGE DE SHAW
A ALGER ET A TUNIS.

CHAPITRE PREMIER.

Topographie de la régence d'Alger, son sol, son climat, ses productions, etc.

La régence d'Alger, que quelques écrivains qualifient mal à propos de royaume (¹), formait l'ancienne Numidie et une partie de la Mauritanie Césarienne, de la ville de Césarée, bâtie par Juba II, et dédiée par lui à Auguste, après sa restauration au trône de Nu-

---

(¹) Le fameux corsaire Barberousse, qui, le premier, dans les temps modernes, prit le titre de roi d'Alger, ayant été tué dans une bataille, eut pour successeur son frère Hariadan ou Chéredjn, lequel, ne se sentant pas en état de conserver la couronne, l'offrit à l'empereur Selim Ier (en 1520), à condition seulement d'être nommé pacha; ce qui fut accepté. C'est depuis cette époque que le grand-seigneur se qualifie de souverain d'Alger, et que cet état porte le nom de régence.   (*Note du traducteur.*)

midie. Elle est bornée au N. par la Méditerrannée; à l'E., par la régence de Tunis, de laquelle elle est séparée par la rivière Zaine (l'ancienne *Tusca*); au S., par le Sahara; et à l'O., par l'empire de Maroc, dont elle est séparée par les monts Trara. Elle s'étend depuis les 4° 15' de longitude ouest, jusqu'aux 6° 20' de longitude est, c'est-à-dire l'espace d'environ 240 lieues. D'après Shaw, sa largeur varie de 16 à 40 lieues. On évalue sa superficie à 15,230 lieus carrées. Quant à sa population, on n'en a aucune donnée positive; ce qui fait qu'on l'estime vaguement depuis 1,500,000 jusqu'à 5,000,000 d'ames.

Sa surface est traversée par l'Atlas, qui étend ses ramifications dans différentes directions, lesquelles prennent les noms de Loouât, d'Ammer, Trara, Djorjora (le *Mons Ferratus* des anciens), Felizia, Anouil, Gebel-Auress (l'ancien *Mons Aurica*). Les principales rivières qui l'arrosent sont le Chelif, l'Ouady-Djidid, le Zoouâh, le Seibous, l'Ouady-Abiad ou Rivière-Blanche, l'Adjebbi, l'Ouady-el-Kébir, l'Ouady-el-Desahab, l'Isser ou Zeitoun, le Sigg ou Sikke, la Mailah, le Masaffran, la Mina (la *Chylemalis* de Ptolémée), la Midroe, le Nahr-Ouassol, le Susellim, le Haregol, qui arrose le désert d'Angad, et qui est probablement la *Signa* de Ptolémée; etc.

Il n'y a, à proprement parler, de lacs que celui de Titerie, dans la province de ce nom, et qui a 8 lieues de long sur 2 lieues et demie de large; les autres, tels que le Chot et le Melghig, ne sont que de vastes terrains marécageux.

Il y existe plusieurs déserts sablonneux, dont le plus étendu est celui d'Angad, situé dans la partie méridionale de la province de Mascara.

« La partie habitée de la régence, dit Shaw, étant située entre les 34° et 37° de latitude nord, on y jouit constamment d'un air sain et tempéré, c'est-à-dire qui n'est ni trop chaud en été, ni trop froid en hiver. Pendant douze ans que j'ai demeuré à Alger, je n'ai vu que deux fois le thermomètre descendre au degré de congélation, et alors tout était couvert de neige. Je ne l'ai vu non plus s'élever très haut que lorsque le vent venait du Sahara.

» Les saisons se succèdent d'une manière insensible. Le baromètre y varie rarement, quelque temps qu'il fasse, de plus d'un pouce 3 lignes 1/2, c'est-à-dire de 27 pouces 1 ligne à 28 pouces 5 lignes.

» Les vents les plus ordinaires sont ceux de mer, c'est-à-dire du nord-ouest et du nord-est,

Les vents d'est règnent communément depuis mai jusqu'en septembre, et ceux d'ouest pendant le reste de l'année. Quelquefois, surtout à l'époque des équinoxes, souffle celui que les anciens nommaient *africus*, et que les marins de ces mers appellent *la-betche;* il vient du sud-ouest, et est aussi fort qu'impétueux. Les vents du sud, qui sont chauds et violens, ne se font sentir que cinq ou six jours de suite en juillet et en août; mais ils rendent alors l'air si étouffant, que les habitans, pour rafraîchir leurs maisons, sont obligés de jeter constamment de l'eau sur les planchers.

» Les vents d'ouest, du nord-ouest et du nord, sont ordinairement suivis du beau temps en été, et de la pluie en hiver; mais les vents d'est et du sud sont presque toujours secs, quoique le ciel soit chargé de gros nuages, et le temps très couvert. Une chose assez singulière, c'est que les montagnes de Barbarie et celles de la côte méridionale de l'Europe éprouvent des effets contraires par le même vent; car j'ai observé que celles de Barbarie jouissent d'un temps toujours serein par les vents d'est, et qu'elles sont couvertes de nuages par ceux d'ouest, surtout un peu avant et durant les pluies, tandis qu'il en est tout différemment dans les montagnes d'Espagne et d'Italie, d'après ce que l'on m'a assuré.

» Le baromètre monte jusqu'à 28 pouces 2 lignes 1/2 à 3 lignes 1/2 par les vents du nord, quoique ces vents soient accompagnés de grosses pluies et d'orages; mais les vents d'est ou d'ouest n'y ont point un effet constant. Cependant, durant les trois ou quatre mois d'été, le mercure se tient toujours à environ 28 pouces, sans aucune variation, soit que le vent souffle de l'est ou de l'ouest. Lorsque les vents chauds du sud règnent, le baromètre ne s'élève guère à plus de 27 pouces 3 lignes 1/2; ce qui est aussi son élévation ordinaire lorsqu'il pleut par un grand vent d'ouest.

» Il tombe communément à Alger, année moyenne, 25 à 26 pouces d'eau (1). En 1732 il en tomba jusqu'à 41 pouces; mais ce fut une année tout-à-fait extraordinaire à cet égard. Il ne pleut jamais à Alger que deux ou trois jours de suite, après quoi on a ordinairement huit ou quinze jours de beau temps.

» La régence est divisée en cinq provinces: Alger au nord, Constantine à l'est, Titerie et

---

(1) Il n'en tombe à Paris que 19 pouces.
(Note du traducteur.)

le Zab au sud, et Mascara ou Tlemsem à l'ouest.

» Il pleut rarement en été sur les côtes, et presque jamais dans le Sahara. Lorsque j'étais à Tozer (Tunis), en décembre 1727, nous éprouvâmes une petite averse qui ne dura que deux heures; mais qui ne laissa pas que de causer de fâcheux accidens, puisqu'elle occasiona la ruine de plusieurs maisons, par suite de l'humidité qu'elle produisit. Si elle eût été plus forte, ou qu'elle eût duré plus long-temps, il est probable qu'il en serait résulté la destruction de la ville entière.

» Les premières pluies tombent en septembre et quelquefois un mois plus tard. Les Arabes commencent alors à labourer leurs terres; ils sèment ensuite leur froment, et plantent leurs fèves. Pour l'orge, les lentilles et les *garvanços* (espèce de pois chiches), ils ne les sèment que quinze jours ou trois semaines après, mais toujours avant la fin de novembre. Si les pluies de l'arrière-saison tombent vers le milieu d'avril, comme cela a lieu ordinairement, alors on regarde la récolte comme certaine. La moisson se fait à la fin de mai et au commencement de juin, selon le temps qui a précédé cette époque.

» Le sol est en général fertile. Deux boisseaux

et demi de froment ou d'orge suffisent pour ensemencer autant de terre qu'une paire de bœufs peut en labourer dans un jour. Je n'ai jamais ouï dire qu'aucune partie de la Barbarie produisît plus d'une récolte par an. Un boisseau en rend ordinairement entre huit à onze ; mais il est des districts qui rapportent davantage.

» On n'y connaît qu'une espèce de froment et d'orge ; ces céréales varient dans leurs qualités, suivant la nature du sol. Les meilleures viennent du Tessailah et du Zeidoure. Dans quelques cantons qui sont suffisamment arrosés en été, comme près de Sikke et de Habrah, dans le district de Mettidjiah, et près de la rivière Hammah, au-dessous de Constantine, on sème du riz, du maïs, et particulièrement une espèce de millet blanc que les Arabes nomment *drah* (1), et qu'ils préfèrent à l'orge pour engraisser leur bétail. Quant à l'avoine, ils n'en cultivent jamais, et nourrissent généralement leurs chevaux avec de l'orge.

» Les Maures et les Arabes ont conservé l'ancienne coutume des Orientaux de faire fouler

---

(1) Probablement le *dourha*.

(*Note du traducteur.*)

le blé aux pieds des chevaux pour le dépouiller de sa pellicule. C'est une méthode plus expéditive que la nôtre, mais moins propre. Après avoir été ainsi foulé, on le vanne en le jetant avec des pelles contre le vent, puis on le serre dans des *matamores* ou magasins souterrains; ainsi que cela se pratiquait autrefois chez différentes nations de l'antiquité, au rapport de Pline (1). J'ai vu quelquefois deux ou trois cents de ces matamores réunis, dont les plus petits pouvaient contenir quatre cents boisseaux de blé.

» Les principaux légumes que l'on cultive dans le territoire d'Alger sont des fèves, des lentilles et des garvanços. Les habitans apprêtent les lentilles à peu près comme les fèves, dont ils font une espèce de bouillie de la couleur du chocolat. C'est vraisemblablement pour un plat de cette bouillie qu'Ésaü vendit son droit

---

(1) Les blés, dit cet auteur, se gardent très bien dans des fosses appelées *sires*, et qui sont en usage dans la Cappadoce et en Thrace. On a particulièrement soin, en Espagne et en Afrique, que le terrain où l'on pratique ces fosses soit bien sec, précaution à laquelle on ajoute celle d'en couvrir le fond de paille. On croit que le blé, ainsi déposé en épis, ne contracte aucune mauvaise qualité, pourvu que l'air ne pénètre point dans les fosses.

(*Note de l'auteur.*)

d'aînesse, d'où lui fut donné le nom d'Edom. Les garvanços s'apprêtent différemment. On n'en fait point de la purée, comme des autres légumes, et on ne les sert pas non plus seuls; mais on en mêle un peu dans les couscous, dans les pillaus et autres plats. Ils sont très recherchés, surtout lorsqu'ils sont rôtis; aussi existe-t-il dans toutes les rues des villes de l'Orient des fours ou des tourtières de cuivre destinées à en rôtir; mais alors on les appelle *leblebby*. La coutume de rôtir les garvanços paraît être fort ancienne. Plaute en parle comme d'une chose très usitée de son temps, et Aristophane en fait aussi mention.

« Quant aux plantes potagères et aux fruits, il y en a non seulement en grande quantité, mais ils se succèdent encore de très près pendant toute l'année. Les navets, les carottes et les choux sont également bons, et abondent dans toutes les saisons. Il y a une espèce de petit panais, appelé *lift-el-hachoure*, assez semblable au navet, et qui a un goût piquant fort agréable; il est aussi très recherché, et se vend au poids. On y cultive également des laitues, de la chicorée, du cresson, du cerfeuil, des épinards, toutes les variétés de betteraves, des artichaux sauvages et autres, depuis octobre jusqu'en juin;

et pendant le reste de l'été des plantes aromatiques, entre autres le *casbar* ou coriandre, qui entre dans presque tous les mets des Maures. Le céleri et les choux y parviennent à une grande perfection ; on les sème en juillet, mais on ne les recueille qu'au mois de février ou de mars suivant. J'ai vu des choux-fleurs blancs et très compactes qui avaient plus de trois pieds de circonférence. A la fin de juin commencent les melons musqués et les melons d'eau. Les premiers ont le goût un peu plus relevé que les nôtres. Quant aux derniers, on sait que, faute de la chaleur nécessaire, ils ne parviennent jamais à une parfaite maturité dans les contrées septentrionales. Ils sont, au reste, un véritable don de la providence pour les régions méridionales ; car non seulement ils servent aux habitans à se désaltérer, durant les chaleurs excessives, mais ils leur sont en outre d'un grand secours dans les fièvres.

» Je vais maintenant parler des arbres fruitiers, et je commencerai par les palmiers, dont il existe une grande quantité dans les parties maritimes de la régence, ainsi que dans l'intérieur. Mais il n'y a proprement que les palmiers du Sahara qui donnent des fruits d'une qualité parfaite. Ceux que l'on multiplie de bouture produisent au bout de six ou sept ans, tandis que ceux que l'on obtient de noyaux ne rapportent qu'à la seizième année.

» On sait que ces arbres portent des fleurs de sexes différens, et que les fruits sont secs et insipides lorsque le phénomène de la fécondation n'a pas eu lieu. Les Maures favorisent le rapprochement qui a lieu en pareil cas par une opération qu'ils appellent *dthockar*, et qui se pratique en Égypte, où l'on a beaucoup d'arbres à fleurs mâles.

» On m'a dit que le palmier entrait dans sa plus grande vigueur au bout de trente ans, et qu'il continuait dans le même état de force pendant soixante-dix ans, portant chaque année quinze ou vingt grappes de dattes, dont chacune pèse quinze à vingt livres. Au bout de ce terme, les palmiers déchoient graduellement, et périssent tout-à-fait avant d'avoir atteint deux cents ans. Ces arbres ne demandent d'autres soins que d'être bien arrosés tous les quatre ou cinq jours, et d'être taillés par en bas quand leurs branches commencent à baisser et à vieillir.

» Il est d'usage parmi les gens de distinction, dans les circonstances extraordinaires, comme à une noce, ou à la naissance d'un enfant, de régaler leurs convives de ce qu'ils appellent miel de palmier. On obtient ce breuvage en coupant la cime d'un palmier vigoureux, et en creusant le sommet en forme d'entonnoir. La sève, en montant, va se réunir dans cette cavité, à raison de six ou huit bouteilles par jour, pendant les premiers huit ou quinze jours; après quoi la quantité diminue peu à peu, jusqu'à ce que la sève soit entièrement épuisée; puis l'arbre se dessèche et meurt, et ne sert plus que comme combustible ou bois de charpente. La liqueur que l'on obtient ainsi ressemble à du sirop clair, et est plus douce que le miel ordinaire; mais elle s'aigrit et s'épaissit bientôt. On en retire par la distillation une espèce d'arack dont l'odeur est très agréable.

» En parlant du palmier, je ne dois pas oublier le *lotus*, dont les anciens font si souvent mention, et d'où les Lotophages, peuple nombreux du Sahara et des déserts voisins, ont pris leur nom. Hérodote dit que son fruit est doux comme la datte; Pline, qu'il est de la grosseur d'une fève, et de la couleur du safran; et Théophraste, qu'il vient sur des branches comme celui du myrte. Il s'ensuit que le lotus doit être le *idra* des Arabes, arbrisseau très commun dans le Sahara et dans d'autres parties de la Barbarie. Son feuillage, ses épines, sa fleur et son fruit ressemblent à ceux du *ziziphus*, ou jujubier, avec cette différence seulement que son fruit est rond, moins gros et plus succulent, et que ses branches sont plus droites et n'ont pas de nœuds. Le sidra, comme l'ancien lotus, est très recherché, et se vend dans toutes les villes des provinces méridionales de la régence ; les Arabes l'appellent *aneb-entra-el-sidra*, ou le jujubier du sidra.

» La plupart des autres arbres fruitiers que l'on voit ici se trouvent en Europe. L'amandier fleurit dès le mois de janvier, et donne des fruits au commencement d'avril. Les abricots se cueillent en mai ; mais le *sachi*, qui en est une variété, et qui est de la grosseur du brugnon, auquel il ressemble d'ailleurs sous plusieurs rapports, se cueille un peu plus tard. On le préfère à l'abricot ordinaire, parce que celui-ci donne souvent la fièvre et la dyssenterie, d'où vient sans doute qu'on le nomme en langue franque *matza franka*, ou le boucher des chrétiens. On a au mois de juin deux ou trois espèces de cerises et de prunes ; mais ces fruits ne viennent qu'en petite quantité, et sont de mauvaise qualité. On recueille aussi, vers la même époque, mais surtout en juillet et en août, des mûres, des poires et des pommes, qui toutefois ne sont pas à beaucoup près aussi bonnes que les espèces les plus communes que nous avons en Angleterre. La figue printanière, ou *boccore* noire et blanche, vient également au mois de juin; mais la figue *kermès*, qui est celle que l'on garde, ne mûrit que très rarement avant le mois d'août. Il y a encore une espèce de figue longue et noirâtre qu'on laisse quelquefois sur l'arbre pendant tout l'hiver. Les pêches et les brugnons viennent vers le milieu de juillet; les derniers sont plus gros et meilleurs que les nôtres. Quant aux pêches, elles sont d'une odeur on ne peut plus agréable, et pèsent ordinairement jusqu'à dix onces. Les premières grenades sont mûres au mois d'août; il y en a qui ont trois ou quatre pouces de diamètre, et qui pèsent une livre. Nous ne devons pas omettre ici la poire piquante, dont l'espèce est apparemment venue d'Europe, puisque les habitans lui donnent le nom de *kermès-nassarah*, ou la figue des chrétiens. Beaucoup de familles n'ont pas d'autre nourriture pendant tout ce mois et celui de septembre. Il croît dans toutes les parties de la Barbarie des noyers et des oliviers qui rapportent abondamment une fois tous les deux ans. Il y vient aussi des châtaignes qui sont d'une petite espèce, mais aussi bonnes que celles de France et d'Espagne. Autant que je m'en souviens, on n'y connaît ni le coudrier, ni le noisetier, ni le groseiller. Le raisin mûrit vers la fin de juillet, et les vendanges se font au mois de Septembre. Avant les ravages commis dans les vignobles par les sauterelles en 1723 et 1724, le vin d'Alger était aussi bon que le meilleur de l'Hermitage ; mais il a beaucoup dégénéré depuis cette époque, quoiqu'il soit cependant encore plus agréable que les vins d'Espagne et du Portugal. Le citronnier est toute l'année couvert de fleurs et de fruits. Il en est de même de l'oranger aigre ; mais l'oranger doux, qui est un arbre étranger à ce climat, ne donne de fruits que vers la fin de l'automne. Je ne parle pas du coing, de la nèfle, de la jujube, ni de la corme, parce que ces fruits ne sont pas fort estimés, et que les arbres qui les produisent sont un des moindres ornemens des vergers.

« Les jardins de ce pays sont fort loin d'être réguliers ; tout y est sans symétrie et sans dessein : c'est un mélange incohérent d'arbres fruitiers, de choux, de navets, de fèves, de garvanços, et quelquefois même de blé et d'orge. On n'y connaît point les allées, les parterres, les plates-bandes de fleurs, etc., parce que l'on considèrerait comme perdu le terrain que l'on y consacrerait.

» Les terres sont presque partout si légères, qu'une paire de bœufs peut facilement en labourer un arpent par jour, même là où elles passent pour être les plus fortes. La couleur du sol varie. Dans les plaines du Zeidoure il est noirâtre, tandis que dans celles d'El-mildegah et ailleurs il tire sur le rouge. Néanmoins il est partout également fertile, et contient beaucoup de parties salines et nitreuses.

» Dans les salpétrières de Tlemsen, on retire environ six onces de nitre de chaque quintal de terre ordinaire, qui est ici noirâtre. A Douzan, à Kairouan, et dans quelques autres endroits, on en obtient la même quantité d'une terre grasse dont la couleur est mélangée de rouge et de jaune. Les bords de plusieurs rivières, souvent à douze ou dix-huit pieds de profondeur, sont couverts de sel ou de nitre. C'est sans doute à l'existence de cette grande quantité de sels que l'on doit attribuer la fertilité générale du pays, tant célébrée par les anciens, et qui est toujours la même, quoique les habitans ne fassent rien pour amender leurs terres, si ce n'est, en quelques endroits, de mettre le feu au chaume. On a cependant lieu d'être surpris que l'ancienne province de *Bizacium,* jadis si fameuse pour sa fertilité, soit aujourd'hui la moins remarquable, sous ce rapport, de toutes celles des différentes régences.

» Mais ce qui prouve jusqu'à quel point le sel domine à peu près partout, c'est le grand nombre de mines de sel gemme et de sources salées qui existent dans chaque district. En outre, les eaux de beaucoup de rivières et de ruisseaux sont salées ou saumâtres; telles sont celles des rivières Oued-el-Mailah, qui coule sur la frontière occidentale de la régence d'Alger, et de la Serrat, qui arrose sa partie orientale; l'Hamman-Mellouan, qui est à neuf lieues au sud-sud-est d'Alger; la Beni-Abbess, qui traverse le district de Biban; celle des Urbiah, près de Titerie-Doche; celle qui descend du Gebel-Ousgar, dans le voisinage de Constantine; la Mailah, qui tombe dans le Marais de Chot, vis-à-vis de Messilah; la Barikah, qui passe à Nickôse; et la Gor-Bata, qui se trouve sur les confins du Djérid. On rend l'eau de cette dernière rivière potable, en la faisant filtrer à travers du sable dans de petits puits que l'on creuse à cet effet sur ses bords. Mais celle des autres rivières, qui sont plus profondes, et coulent à travers des terres plus imprégnées de sel, ne se bonifie pas par la filtration. Les Arabes s'habituent à ces eaux saumâtres par l'usage; ce qui me paraît au reste moins extraordinaire que de manger des gâteaux de sel, ainsi que cela a lieu, m'a-t-on assuré, dans la vallée d'Aost en Piémont.

» Les salines d'Arzieu sont environnées de montagnes, et ont près de deux lieues et demie de circuit. En hiver elles ressemblent à un grand lac; mais elles se dessèchent en été, l'eau s'évaporant par la chaleur du soleil; le sel demeure cristallisé au fond. On y trouve, en creusant, différentes couches successives de sel, dont les unes ont un pouce d'épaisseur, et d'autres davantage; ce qui provient vraisemblablement de la quantité plus ou moins grande de particules salées dont l'eau qui forme ces couches est imprégnée. Les salines qui se trouvent entre Carthage et la Goulette, ainsi que celles du marais de Chot et celles du Sahara, sont formées de la même manière.

» Le Gebel ou mont Had-Deffa, à l'extrémité orientale du lac des Marques ou Bahirah-Pharaoune(¹), est tout entier composé d'un sel qui diffère à tous égards de celui des salines, en ce qu'il est rouge ou violet, et qu'il a la dureté du roc. Mais les parties que la rosée en détache changent de couleurs, et deviennent blanches comme la neige; il perd aussi l'amertume ordinaire du sel de roche. Le sel des montagnes près de Louotaiah et de Gebel-Miniss est gris ou bleuâtre, et fort agréable au goût. Celui de Louotaiah se vend à Alger deux sous l'once.

« Le sel du lac de Bahirah-Pharaoune et de quelques autres plaines moins considérables de la même nature, ressemble à ce dernier sous le rapport du goût et de la qualité. On donne communément à ces plaines le nom de *Sibkah* ou *Chibkah*, c'est-à-dire morceaux de terre salée. Elles sont ordinairement submergés en hiver; mais en été elles se dessèchent et se couvrent du plus beau gazon. Quelques-uns de ces chibkahs reposent sur un fonds dur et solide, sans aucun mélange de terre ou de gravier, et qui retient le sel, lequel y forme, après les pluies, une couche cristallisée. D'autres, au contraire, sont remplis de boue, et n'offrent

---

(¹) Ce lac est plus connu, dans la géographie moderne, sous le nom de Loudéah. (*Note du traducteur.*)

pas de sel à leur surface. Le fonds du chibkah-el-Loudéah, formé d'une infinité de petits cubes de sel commun cristallisé, ressemble à un pavé de marqueterie; mais je n'ai jamais vu de cristallisation dans les chibkahs dont le fonds est marécageux, comme ceux d'Oran et de Kairouan, quoique le sol soit tellement imprégné de sel, qu'il pique la langue lorsqu'on en met dans la bouche.

» J'ai vu de gros blocs de sel provenant du pays des Beni-Mezzab. Mais le salpêtre, que les Arabes appellent *mailah-haij* ou sel vif, ne se trouve jamais en masse ou en morceaux, que je sache; on ne l'obtient que par des moyens artificiels. Voici comment on s'y prend. On construit des auges en briques ou en pierre, avec un treillage de bois au fond, et que l'on garnit intérieurement de nattes, de feuilles de palmier ou de genêt; après quoi on les remplit de terre que l'on arrose avec de l'eau ordinaire de six en six, ou de huit en huit heures, pendant cinq ou six jours de suite. L'eau, en filtrant à travers la terre, entraîne toutes les parties nitreuses qu'elle renferme, et tombe dans de petits réservoirs placés au-dessous des auges. Lorsqu'on a réuni une assez grande quantité de cette eau, on la fait bouillir dans des chaudrons, et on la raffine. Il y a plusieurs de ces raffineries à Tlemsen, à Biscara et à Kairouan, ainsi que chez les Kabyles et les Arabes. Les habitans emploient tout le salpêtre qu'ils font à la fabrication de la poudre à canon, qu'ils appellent *baroute*. Le soufre leur vient en grande partie d'Europe; ils se servent de la cendre du *barouak* (*l'hasta-regis*), au lieu de charbon de bois. Ils entendent assez bien l'art de grainer la poudre. Mais il faut que leurs ingrédiens n'aient pas les qualités requises, ou bien qu'ils ne les emploient pas dans les proportions voulues; car une once de notre poudre produit autant d'effet que quatre de la leur.

» Outre les sources et les ruisseaux salés dont il vient d'être question, le pays abonde en eaux sulfureuses et autres. A l'Aïn-Kidran et à l'Hamdh, qui est une source minérable considérable située près de la rivière Bichebeche, nous devons ajouter les *hammans*, ou sources thermales. L'Aïn-el-Houte et la plupart des sources du Djérid sont à peine tièdes; mais celles de Sidy-Ebly, d'Oran, d'Ammaite, de Mellouan, d'Agrise, d'El-Elma, d'El-Hamah, et la basse source de Mériga, sont à une température plus élevée, et on peut s'y baigner. Il n'en est pas de même toutefois de l'Hammam-Meskoutin et de la haute source de Mériga, dont la chaleur est considérable. Elle est telle dans la première de ces sources, que l'on peut y faire cuire un morceau de viande en un quart-d'heure.

» Les eaux de l'Ain-el-Houte, et des sources de Gafsa et de Tozer, sont d'une facile digestion. Il en est de même des autres eaux du Djérid, qui toutes servent de boisson aux habitans après qu'on les a laissées refroidir. Les eaux de l'El-Hammah, en particulier, sont limpides et transparentes, et aussi douces que l'eau de pluie. On leur attribue de grandes vertus, qui toutefois se réduisent, je crois, à leur qualité laxative, provenant du soufre et des autres subtances minérales qu'elles tiennent en dissolution, et à leur chaleur naturelle, qui permet de s'y baigner.

» Outre que les eaux de l'Hammam-Meskoutin sont très sulfureuses, leur chaleur est si considérable, qu'elles dissolvent ou plutôt calcinent le roc sur lequel elles coulent quelquefois sur une étendue de plus de cent pieds. Là où le roc est d'une nature molle et uniforme, l'eau, produisant partout une impression égale, y a formé des espèces de cônes qui ont environ six pieds de haut, et presque autant de diamètre. Les Arabes prétendent que ces monticules sont des tentes de leurs ancêtres qui ont été pétrifiées. Mais dans les endroits où le roc, qui généralement n'est pas plus dur que notre marne, est mêlé de quelques couches d'une substance plus solide et plus difficile à dissoudre, l'eau a creusé, en proportion de la résistance qu'elle a rencontrée, des canaux, et formé de petites élévations que les Arabes disent aussi avoir été autrefois, soit des brebis, des chameaux, des chevaux; soit des hommes, des femmes et des enfans, qu'ils supposent avoir eu le même sort que leurs tentes. J'ai remarqué que ces sources s'arrêtent quelquefois, ou plutôt qu'elles tarissent souvent en un endroit et reparaissent au même moment en d'autres; circonstance que semble confirmer le grand nombre de cônes et de canaux en tous genres que l'on rencontre entre le lieu dont il est ici question et la rivière Zenati.

» Quand nous y passâmes, le terrain résonna sous les pieds de nos chevaux, ainsi que cela a toujours lieu là où il existe quelques cavités, et nous eûmes plusieurs fois la crainte d'y enfoncer. Il y a toute apparence que la terre est ici remplie d'excavations, et que les sons creux qui frappèrent nos oreilles étaient occasionés par l'air renfermé dans ces cavités, et qui, selon les vents et le mouvement de l'air extérieur, s'en échappe continuellement avec l'eau des sources. Les Arabes assurent que le bruit que l'on entend ainsi est la musique des *jenoune* ou des fées, qui, à ce qu'ils assurent, habitent particulièrement ces lieux, et y causent tout ce que l'on y rencontre d'extraordinaire.

» L'eau de l'Hamman Mell-Ouan est non seulement très salée et d'un goût fort désagréable, mais encore extrêmement pesante. Celle de la source inférieure de Mériga est insipide quand elle est froide, et ne s'évapore point à une chaleur ordinaire. Celle de la source supérieure, qu'on ne nettoie que rarement, teint ses parois couleur de rouille, et dépose partout où elle passe un sédiment qui ressemble à de l'ocre, mais qui est noirâtre ; ce qui fait supposer qu'elle est abondamment imprégnée de particules de fer et d'acier. Quoi qu'il en soit de la qualité des eaux des sources de Mériga, d'El-Hammah et de Lif, qui sont les trois principaux thermes de la régence d'Alger, ils n'en sont pas moins très fréquentés. On les dit très salutaires pour la guérison des rhumatismes, de la jaunisse, et de différentes autres maladies.

« Le poids de l'eau de la source d'Hamman-Mériga est à celui de l'eau de pluie comme 836 à 830 ; celle d'Oran comme 837, celle de Meskoutin comme 850, et celle de Mellouan comme 910. Je n'ai pas été à même de peser les autres.

» Outre les continuelles exhalaisons qui s'élèvent des sources thermales, il faut qu'il y ait encore là où elles prennent naissance un fonds inépuisable de soufre, de nitre, et d'autres substances inflammables, comme l'attestent les violens et fréquens tremblemens de terre que l'on éprouve dans ce pays. On se rappelle surtout ceux de 1723 et 1724, qui occasionèrent de très grands dégâts.

» On ressent souvent aussi en mer des tremblemens. En 1724, me trouvant à bord de la *Gazelle*, bâtiment algérien de cinquante pièces de canon, qui se rendait à Bona, nous éprouvâmes trois violentes secousses l'une après l'autre. Cet événement nous arriva à cinq lieues au nord nord-ouest de Sebba-Rous, dans un endroit où nous avions plus de deux cents brasses de profondeur (1). Notre capitaine me dit qu'il avait ressenti, quelques années aupa-

---

(¹) Environ 600 pieds.

ravant, une secousse beaucoup plus forte étant à quarante lieues ouest de Lisbonne (1).

« Les tremblemens de terre dont j'ai été témoin durant mon séjour à Alger ont presque toujours eu lieu un jour ou deux après de grandes pluies, à la fin de l'été ou en automne.

« On ne trouve plus dans ce pays de traces des carrières de marbre dont parlent les anciens; et à en juger par la petite quantité de cette pierre, employée dans les édifices modernes les plus somptueux, on serait tenté de croire que ces carrières n'ont jamais existé, ou bien que le marbre que l'on en a tiré a été transporté ailleurs; c'est du moins ce que l'on est porté à conclure à l'inspection des ruines antiques qui existent encore à Césarée (2); à Sitifi, à Cirta, à Carthage et ailleurs.

« Les puits de ces contrées ne sont pas généralement très profonds, excepté ceux du

(1) Un fait analogue, mais beaucoup plus extraordinaire, a eu lieu récemment. La frégate française *la Surveillante* a éprouvé entre le continent et l'île S. Juan Fernandez, c'est-à-dire à une distance de plus de 160 lieues, le contrecoup d'un tremblement de terre arrivé à Valparaiso, le 26 septembre 1829. (*Note du traducteur.*)

(2) La *Julia-Cesarea* des anciens.
(*Note de l'auteur.*)

Ouadreag, et de quelques autres endroits du Sahara. J'ai souvent remarqué, lorsqu'on en creusait, qu'après avoir enlevé la première terre on rencontrait des couches de gravier, puis quelquefois de la terre glaise, mais rarement; et enfin une espèce de pierre tendre sous laquelle on trouvait toujours de l'eau. Dans quelques districts, comme aux environs d'Alger et de Bona, où il n'existe ni terre ni gravier, cette pierre se trouve immédiatement à la surface du sol; elle est souvent parsemée de paillettes que l'on dirait d'or et d'argent.

» Je n'ai jamais vu ici ni agates ni autres pierres de la même nature. Il n'est pas même jusqu'aux pierres à fusil qui n'y soient très rares; aussi nos bâtimens en transportent-ils souvent en lest, qu'ils vendent à Alger, sept shellings (1) le quintal.

» On trouve cependant quelquefois dans les montagnes et dans les forêts d'assez grands espaces couverts de sélénite. Il existe aussi dans quelques parties du Sahara une espèce de talc jaune, ou couleur de chair, qui est lamelleux et transparent. On trouve dans les montagnes de Boujéïah des iris qui approchent du cristal et

---

(¹) 8 francs 75 centimes.

de nos pierres de Bristol; et dans les districts de Zibbass et d'Ellou-Lijah, des cristaux à doubles cônes qui sont un peu sombres, ainsi que beaucoup de pierres figurées qui ressemblent au verre de Moscovie. Voilà tout ce que la minéralogie de ce pays offre de plus analogue à la topase et au diamant, et à peu près les seuls fossiles que j'aie vus. Mais outre la terre commune dont j'ai déjà parlé, il y a deux ou trois sortes de terre glaise, propres à la fabrication des pipes et de la poterie. La *cimolia* ou terre à foulon est aussi très abondante, ainsi que la stéatite ou terre de savon dont on se sert beaucoup dans les bains publics pour nettoyer et adoucir la peau. La *steinomarga* ou moelle de pierre, appelée par les anciens *lac lunæ*, et dont les Arabes se servent quelquefois pour arrêter les hémorragies, se trouve ordinairement dans les excavations de quelques rochers du Sahara. On recueille aussi dans le Tell (1) une ocre grossière, ainsi que de la terre d'ombre, et une espèce d'*almagra* (2) qui ressemble au bol ou terre d'Espagne.

(1) Nom donné aux terres labourables dans la partie méridionale de la régence.
(2) Mot dérivé de l'arabe, qui signifie ocre rouge.
(Note du traducteur.)

» Les minéraux, dont j'ai été à même de reconnaître l'existence sont encore en plus petit nombre que les fossiles. On peut cependant ranger dans cette classe certaines espèces de talc, ainsi que les paillettes couleur d'or et d'argent dont j'ai déjà parlé. Il y a de certains districts où l'on en trouve beaucoup; et lorsqu'elles ne sont mêlées ni à du talc ni à de la sélénite, les *hojias* ou écrivains du pays, s'en servent au lieu de sable. J'ai souvent remarqué, en voyant broyer du plâtre, beaucoup de parcelles semblables à de l'or, et dont la forme approchait de ce que les savans appellent corps réguliers. Mais les marcassites et pierres à feu que l'on trouve à Zibbass, à Ellou-Lijah et à Me-Dea, et que l'on prendrait aussi pour de l'or et de l'argent, n'ont point de formes régulières, quelques-uns étant sphériques, d'autres ayant la figure du mésantère, d'un rognon, etc., comme cela se voit ordinairement.

» Le plomb et le fer sont les seuls métaux que l'on ait jusqu'à présent découverts dans les deux régences. Le dernier, qui est blanchâtre, est de bonne qualité. Ce sont les Kabyles des districts montagneux du Boujéïah qui le tirent de la terre et le forgent; ils l'apportent ensuite, en petites barres, aux marchés de Boujéïah et d'Alger. La mine est assez abondante dans les montagnes de Doui et de Zikkar; mais la dernière est la plus riche et la plus pesante, et l'on y trouve quelquefois du cinabre. Toutefois, on s'en occupe fort peu. Les mines de plomb de Gibel-Ris-Sass, près d'Hammam-Lif, ainsi que celles d'Ouanache-Ris et des Beni-Boutaleb, sont aussi très abondantes, et on pourrait certainement en tirer de grandes richesses, si elles étaient mieux exploitées. Le procédé pour raffiner le plomb en usage ici est de placer alternativement une couche de bois et une de minerai, puis d'y mettre le feu. On obtient souvent ainsi quatre-vingts livres de plomb d'un seul quintal de minerai.

» Les régences d'Alger et de Tunis sont très jalouses des mines d'argent et de cuivre que possèdent les Tingitaniens (1), quoiqu'il y ait toute apparence qu'elles pourraient en trouver de semblables dans les montagnes de leurs propres territoires, si elles voulaient se donner la peine de les chercher.

» Il est vraisemblable qu'il existe au moins des mines de cuivre dans la montagne de Fer-

(1) Ces peuples, qui sont aujourd'hui plus connus sous le nom de Maures occidentaux, habitent le royaume de Fez, dans l'empire de Maroc. (*Note du traducteur.*)

nan, puisque l'on y trouve des pierres très pesantes, recouvertes d'une espèce de vert-de-gris. Une de ces pierres, que j'ai apportée en Europe, paraît contenir aussi quelques particules d'étain. Il existe également beaucoup de pierres semblables dans la montagne de Tmolga. Mais si les habitans du pays n'en tirent pas parti, c'est que, s'ils s'avisaient de chercher du cuivre dans ces pierres, et que le hasard les favorisât, le gouvernement ne manquerait pas de s'emparer de leurs découvertes, puisqu'il s'arroge le droit de propriété sur tout ce que renferme la terre, comme faisant partie de ses domaines. On peut leur appliquer à cet égard ce qu'ils racontent eux-mêmes de Mohammed Bey.

» Ce prince, dont j'aurai souvent occasion de parler dans la description de Tunis, eut le malheur d'être détrôné par ses propres sujets. Comme il avait la réputation d'être initié dans la chimie, et d'avoir trouvé la pierre philosophale, Ibrahim Hojiah, alors dey d'Alger, promit de le rétablir sur le trône, s'il voulait lui communiquer son secret. Mohammed y consentit, et, pour remplir sa promesse, il envoya en grande pompe au dey un certain nombre de bêches et de socs de charrue, voulant lui faire entendre par là que la principale richesse d'un état consistait à bien cultiver la terre, et que la vraie pierre philosophale n'était autre chose que l'art de convertir en or les riches productions que l'on pouvait en tirer par le travail. »

CHAPITRE II.

Des quadrupèdes, des oiseaux, des insectes, des poissons, etc.

« Comme la principale richesse des Arabes Bédouins consiste dans le nombre de leurs troupeaux, je décrirai d'abord ici les différens animaux que l'on trouve dans ces contrées, en commençant par ceux que l'on appelle domestiques, en ce qu'ils sont les plus profitables à l'homme.

» Le cheval, qui faisait anciennement la gloire de la Numidie, a beaucoup dégénéré depuis un assez grand nombre d'années, ou plutôt les Arabes négligent l'éducation de ce bel animal, dans la crainte où ils sont de se voir tôt ou tard frustrés de leurs peines par les officiers turcs, qui ne manqueraient pas de leur enlever leurs chevaux, pour peu qu'ils en valussent la peine; d'où il résulte qu'aujourd'hui les haras de la Tingitanie et de l'Égypte l'emportent sur ceux de la Barbarie, tandis qu'il n'y a qu'environ un siècle les chevaux barbes jouissaient d'une réputation justement méritée; ils étaient surtout renommés pour la sûreté de leurs pieds, leur douceur à se laisser dresser et monter, la longueur de leur pas, etc. On ne sait ici ce que c'est que de trotter ou d'aller à l'amble ; les Arabes regardent même ces allures du cheval comme inconvenantes. On n'en admet que deux, le pas et le galop.

» L'âne et le mulet sont de tous les animaux de la Barbarie les plus propres à la fatigue, outre qu'ils n'exigent pas la moitié autant de soins que le cheval. On ne se sert pas beaucoup d'ânes à Alger comme montures ; mais ils sont d'un usage général comme tels à Tunis, où il y en a en grand nombre d'une belle race. Le mulet est très estimé dans les deux régences, et l'on s'en sert plus volontiers que du cheval. Il est certain qu'il a le pas plus sûr et qu'il est plus fort que ce dernier. Quoi qu'en disent Pline et d'autres auteurs, je n'ai jamais ouï dire que le mulet fût prolifique.

» Il y a dans ce pays une autre espèce de petit mulet nommé *kumrah*, provenant de l'accouplement d'un âne et d'une vache. On l'emploie comme bête de somme, et il est d'un usage général. Ceux que j'ai vus n'avaient qu'un ongle au pied comme l'âne ; mais ils différaient d'ailleurs de ce quadrupède sous tous les autres rapports, ayant la peau plus lice, une queue et une tête de vache, mais sans cornes.

» Quelles que soient les bonnes qualités de tous ces animaux, aucun d'entre eux ne peut cependant être comparé au chameau pour le travail et la fatigue. Il peut se passer de boire pendant quatre ou cinq jours de suite, et n'exige d'autre nourriture qu'une petite quantité de fèves et d'orge, ou bien quelques morceaux de pâte de farine. C'est ce que j'ai souvent été à même de remarquer dans mon voyage au mont Sinaï, quoique chacun de nos chameaux portât au moins sept quintaux, et que nous fissions des marches de dix et quelquefois de quinze heures par jour, à raison de plus d'une lieue par heure. Ces qualités précieuses du chameau sont sans doute cause que les Arabes s'appliquent par tous les moyens à en multiplier le nombre, qui surpasse en effet dans leurs troupeaux celui de toutes les autres bêtes de somme.

» L'espèce de chameau que nous appelons dromadaire porte ici le nom de *maihary*. Il n'est pas aussi commun en Barbarie qu'au Levant; il se distingue surtout du chameau ordinaire par son extrême vitesse. Les Arabes disent qu'il peut faire autant de chemin dans un jour qu'un de leurs meilleurs chevaux dans huit ou dix. Le cheik, qui nous accompagna au mont Sinaï et qui était monté sur un de ces dromadaires, prenait souvent plaisir à nous donner des preuves de sa célérité. En effet, nous le voyions quelquefois parcourir une distance considérable dans l'espace de quelques minutes. Cet animal diffère encore du chameau ordinaire, en ce qu'il a le corps plus rond et mieux fait, et qu'il n'a qu'une petite bosse sur le dos au lieu de deux.

» Les chameaux mâles, qui sont très doux et fort traitables dans toutes les autres saisons de l'année, deviennent furieux au printemps, qui est l'époque de leur accouplement, lequel a ordinairement lieu pendant la nuit. Les femelles portent presque une année entière, ou d'un printemps à l'autre ; les petits sont, dit-on, aveugles durant les premiers jours de leur naissance, comme le sont les chats et les chiens.

» Dans cette partie de l'Afrique, le gros bétail est généralement d'une plus petite espèce que le nôtre : un bœuf bien gras pèse rarement au-dessus de cinq ou six cents livres. Les vaches n'ont que peu de lait en proportion de leur taille, et quoiqu'elles aient abondamment de quoi pâturer depuis décembre jusqu'en juillet, elles ne donnent qu'un beurre médiocre. Ces vaches ont encore un autre défaut, qui est de perdre leur lait en perdant leur veau.

» Les brebis et les chèvres suppléent d'ailleurs aux vaches, et c'est principalement de leur lait que se font tous les fromages qui se consomment dans le pays. Au lieu de mulettes, les Arabes et les Maures se servent, surtout en été, des fleurs de l'artichaut sauvage pour faire tourner le lait; quand il est caillé, ils le versent dans de petits paniers, où ils le pressent fortement. Leurs fromages pèsent environ deux à trois livres chacun. Ils font le beurre en mettant la crême dans une peau de chèvre qu'ils suspendent aux deux extrémités de leur tente; ils le pressent ensuite également d'un côté et d'autre avec les mains, de manière à en faire sortir le petit lait, et ce qu'il y a de gras et d'onctueux reste dans la peau.

» Les chèvres de Barbarie ressemblent à celles des autres pays; mais il y existe deux espèces de brebis qui sont inconnues en Europe. L'une d'elles, qui est très commun dans tout le Levant et dans la régence de Tunis, est remarquable par la grosseur de sa queue. Elle est surtout très recherchée pour la qualité de sa laine; mais sa chair n'est ni aussi bonne ni aussi que tendre celle de l'autre espèce. Il n'y a que sa queue dont on fait beaucoup de cas, et qui fait la base des couscous et des pillaus ; elle est tout entière composée d'une graisse dure et qui a un goût de moelle.

» La seconde espèce de brebis qui se trouve dans le voisinage de Ghadamès, d'Ouragalah, et d'autres parties du Pahara, est presque aussi haute que notre daim, et lui ressemble assez, excepté pour ce qui est de la tête. Sa chair est sèche, et sa laine, qui a quelque rapport avec le poil de chèvre, est grossière ; ce que l'on peut attribuer à la chaleur du climat, à la rareté de l'eau et aux mauvais pâturages.

» On ne sait pas ce que c'est dans ce pays qu'un cheval hongre ou un mouton. On se borne, par une opération simple, à mettre les animaux mâles dont on n'a pas besoin pour la conservation de l'espèce, hors d'état de reproduire. Les Mahométans regardent comme un acte de cruauté de mutiler d'autres créatures que leurs semblables.

» Outre le bétail que l'on élève en grande quantité dans les villes et dans les villages, les Arabes ont des troupeaux considérables de chaque espèce. Il y a, par exemple, des tribus qui possèdent trois ou quatre cents chevaux, presque autant de milliers de chameaux, et un nombre beaucoup plus grand encore de bœufs et de brebis. Ils tuent rarement leur bétail, et se nourrissent principalement de lait et de beurre, ou de ce qu'ils obtiennent en échange pour leur laine. Quelle que soit la consommation en viande qui a lieu dans les villes et les villages, elle est fort au-dessous du nombre d'élèves que l'on fait chaque année; et si les habitans apportaient le moindre soin à leurs troupeaux, et les mettaient à couvert, au moins pendant la mauvaise saison, ils en auraient bientôt d'innombrables.

» Cette partie de la Barbarie abonde en bœufs sauvages que les Arabes appellent *bekker-el-ouache*. Les individus de cette espèce diffèrent du bœuf ordinaire, en ce qu'ils ont le corps plus rond, la tête plus plate, et les cornes plus rapprochées. Il y a quelque apparence que c'est l'animal que Bellonius nomme *bos africanus*, et qu'il croit, avec raison, être le *bubulus*, ou le buffle des anciens. Toutefois, d'après la description qu'il en fait, ce quadrupède ne serait guère plus grand qu'un chevreuil; tandis que celui dont je parle est de la taille et de la couleur du daim. Leurs petits s'apprivoisent facilement, et paissent avec les autres bœufs.

» Les Arabes donnent aussi le nom de bekker-el-ouache à une espèce de daim qui a précisément les cornes d'un cerf, mais qui n'est pas aussi grand. Ceux que j'ai vus avaient été pris dans les montagnes situées près de Sgigata, et m'ont paru d'un naturel très doux. La femelle n'a point de cornes; ce qui fait que les Arabes la nomment, par dérision, *fortase,* ou tête chauve.

». La *fichetâl* ou *leroui* est une espèce de chèvre si peureuse, que lorsqu'on la poursuit elle se jette de frayeur contre les rochers et dans les précipices. Elle est à peu près de la grosseur d'une génisse d'un an, excepté qu'elle a le corps plus rond, une touffe de poil de la longueur de cinq pouces sur chaque genou, et une autre dans la nuque, de près d'un pied. Sa couleur est la même que celle du bekker-el-ouache; mais ses cornes, cannelées et courbées en arrière comme celles des chèvres, ont plus d'un pied de long, et ne sont séparées sur le front que par un peu de poil, comme celle des moutons. A en juger par la taille, la forme, et plusieurs autres circonstances, on est porté à croire que la fichetâl est le *tragelaphus* des anciens. Il est vrai que Pline dit qu'on ne trouvait celui-ci que sur les bords du Phase; mais c'est probablement par une erreur du genre de celle que commet cet auteur lorsqu'il assure que le cerf n'est pas un animal d'Afrique.

» Outre la gazelle ou l'antilope ordinaire qui est très connue en Europe, il y en a encore ici une autre espèce qui a la même forme et la même couleur, à cette différence près qu'elle est de la taille de notre chevreuil, et que ses cornes ont quelquefois deux pieds de long. Les Africains l'appellent *lidmi*, et je crois que c'est le *strepsiceros* et l'*addace* des anciens. Bochart, sur la blancheur supposée de sa partie postérieure, trouve un grande ressemblance entre l'*addace* dont il est ici question, et le *dison* de l'Ecriture que notre version a rendu, d'après les Septante et la Vulgate, par le mot de chevreuil.

» Le bekker-el-ouache, de même que la gazelle, marche en troupe. Ces animaux se ressemblent d'ailleurs par la robe, la manière de courir, ainsi que celle de s'arrêter, et de faire volte-face à ceux qui les poursuivent. Les districts qui nourrissent l'une de ces deux espèces nourrissent aussi l'autre; mais c'est particulièrement sur les confins du Tell et du Sahara qu'on en trouve en plus grand nombre. Au reste Bochart et d'autres savans se sont trompés en prenant la gazelle pour un faon de chevreuil; car on entend toujours par ce mot, tant dans le Levant que dans la Barbarie, l'animal que nous appelons l'antilope.

» Le lion et la panthère tiennent le premier rang entre les bêtes féroces de ces contrées ; mais il n'y a pas de tigres. Les femelles des deux premières espèces ont deux rangs de mamelles comme la chienne, et mettent bas fréquemment trois, quatre et quelquefois cinq petits. Les Arabes disent que lorsque ceux-ci font leurs dents ils sont sujets à une fièvre violente, qui en enlève souvent trois ou quatre, et que c'est là la raison pour laquelle les lions et les panthères sont en moins grand nombre que les autres animaux sauvages. Quelle que soit la cause de cette diminution, soit qu'elle provienne en effet des obstacles qu'ils éprouvent dans leur dentition, ou de ce que les Arabes sont plus répandus dans l'intérieur du pays qu'ils ne l'étaient anciennement, soit enfin que l'usage plus général des armes à feu ait donné aux habitans le moyen d'en détruire plus qu'on ne le faisait jadis, toujours est-il certain qu'on aurait maintenant beaucoup de peine à trouver la cinquième partie des bêtes féroces que l'on conduisait alors à Rome pour les donner en spectacle au peuple.

» J'ai lu dans quelques descriptions de ce

pays que les femmes peuvent sans danger se familiariser avec le lion, et qu'en s'armant d'un bâton, et en lui parlant avec douceur, elles lui font perdre sa férocité, et l'éloignent ainsi des troupeaux confiés à leur garde. Il est possible que cela soit lorsque ces animaux sont bien repus : car alors ils perdent, dit-on, leur courage, et souffrent même qu'on leur arrache leur proie. Mais ces exemples sont rares, et il arrive souvent qu'ils dévorent les femmes ainsi que les hommes lorsqu'ils n'ont pas d'autre pâture.

» Le feu est la chose du monde qu'ils craignent le plus ; mais, malgré les précautions que prennent les Arabes à cet égard, malgré l'aboiement de leurs chiens, et les cris qu'ils font eux-mêmes pour les éloigner, il se passe peu de nuits sans que ces terribles animaux, méprisant toute espèce de dangers, ne se jettent au milieu de quelque douar, et n'y enlèvent quelques brebis ou quelques chèvres. Lorsque par hasard ils reviennent à la charge pendant plusieurs nuits de suite, alors les Arabes, après avoir exactement observé leurs traces, creusent sur leur route une fosse qu'ils recouvrent légèrement de roseaux ou de petites branches d'arbres, et parviennent ainsi souvent à les faire tomber dans le piége.

» La chair du lion, qui est fort estimée des Arabes, a assez de rapport avec celle du veau, tant pour le goût que pour l'odeur. Il paraît que les anciens Romains ne se piquaient pas de beaucoup d'exactitude en parlant des animaux, puisque, suivant ce que remarque Juste-Lipse, ils appelaient quelquefois un lion un ours, et une panthère un rat d'Afrique.

» Le *faadh* ressemble au léopard en ce qu'il est tacheté comme lui ; mais il en diffère à d'autres égards : il a, par exemple, la peau plus foncée et plus grossière, et n'est pas si farouche. Les Arabes croient qu'il provient du lion et de la femelle du léopard. Il se nourrit ordinairement de carcasses d'animaux morts ; mais il mange aussi des racines et des herbes comme le *dib* et le *dobbah*, et n'attaque les brebis et les chèvres qu'à la dernière extrémité. Ainsi cet animal ne peut guère être le *tôhs* ou loup-cervier des anciens, qu'ils décrivent comme étant très carnassier ; ce serait plutôt celui que Pline appelle *chamus*.

» Il existe deux autres quadrupèdes en Barbarie, qui sont tachetés comme le léopard ; mais leurs taches sont généralement plus foncées, et leur poil un peu plus long et plus doux. Le premier de ces animaux est une espèce de chat, d'un tiers plus petit que le léopard, et qui a quelque rapport avec le lynx, ou plutôt avec la petite panthère dont parle Appien.

» L'autre a une petite tête pointue, avec des dents, des pieds et des doigts semblables à la belette. Son corps, rond et mince, a environ un pied de long, et sa queue est marquée d'un bout à l'autre de petits anneaux noirs et blancs. Cet animal, de même que l'ichneumon, est très friand de volaille, et s'il était privé, comme il répand quelquefois une odeur fort agréable, on serait tenté de le prendre pour la civette; mais il a le corps plus délié et le nez plus pointu que celle-ci. Gessner suppose que la civette est une espèce de *thyos*, ou petite panthère d'Appien; mais ce que les anciens disent de ce quadrupède est si peu exact, que l'on ne sait trop à quelle espèce le rapporter; car, outre que la petite panthère est, à ce que je crois, une espèce de chat, elle devait être plus redoutable que l'animal dont je parle ici, et qui, d'après ce que les anciens disent eux-mêmes, était moindre qu'un renardeau. Quelques Maures l'appellent *gat el-berrany*, ou le chat étranger; d'autres le nomment *chib beardou*.

» Le dobbah est de la taille du loup; mais il a le corps plus plat, et boite naturellement du pied droit de derrière. Malgré ce défaut, il est assez léger, et plus difficile à prendre à la course que le sanglier. Il a le cou tellement raide, que lorsqu'il veut regarder en arrière ou seulement de côté, il est obligé de se tourner entièrement, comme le cochon, le blaireau, etc. Sa couleur est d'un brun sombre tirant sur le rouge, avec quelques raies d'un brun encore plus obscur. Le poil de la nuque a presque trois pouces de longueur, mais il est moins rude que les soies du cochon. Il a les pieds longs et armés d'ongles dont il se sert pour remuer la terre et en tirer des rejetons du palmier et d'autres racines, et quelquefois même des cadavres ; car les Bédouins, en particulier, ne sont pas dans l'usage d'enterrer leurs morts dans des lieux fermés, destinés à cet usage, comme nos cimetières. Lorsque les Arabes attrappent un de ce animaux, ils ont grand soin d'en enfouir la tête, ou du moins le cerveau, de peur, disent-ils, que l'on ne s'en serve pour quelque sortilége. Après le lion et la panthère, le dobbah est le plus féroce et le plus cruel de tous les animaux de la Barbarie. D'après sa conformation et ses habitudes, il y a toute apparence qu'il est plutôt l'hyène des anciens que la civette, qui est tachetée et ne se trouve point dans ce pays, ou que le blaireau, qui est plus petit, et qui paraît aussi y être entièrement inconnu.

» Le dib ou chacal est d'une couleur plus foncée, mais à peu près de la même taille que le renard. Il se nourrit, comme le dobbah, de racines, de fruits et de charognes, et glapit tous les soirs dans les jardins et dans les villages. Ray suppose que c'est ici le *lupus aureus* des anciens. Mais, d'après ce qu'en dit Appien, le *lupus aureus* doit être un animal beaucoup plus féroce.

» Le *gat-el-kallah* des Arabes, que les Persans appellent *siyah-ghoche*, et les Turcs *karra ko-lak*, c'est-à-dire chat noir, ou le chat aux oreilles noires, est de la taille d'un gros chat. Il a le corps couleur brun tirant sur le rouge, le ventre plus clair, et quelquefois tacheté; le museau noir, et les oreilles gris-foncé, avec les extrémités garnies d'une petite touffe d'un poil noir et raide, comme celle du lynx. Cet animal, peint par Charleton, est très différent du gat-el-kallah de Barbarie, qui a la tête plus ronde et les lèvres noires; mais du reste, il ressemble parfaitement à un chat. On a long-temps cru que ce quadupède, ainsi que le chacal, épiaient la proie du lion, d'où lui est venu le nom de pourvoyeur du lion; toutefois on a fort

4

lieu de douter de leur prétendue bonne intelligence. Il est vrai que durant la nuit, lorsque, suivant l'expression du Psalmiste « toutes les bêtes de la forêt sont en mouvement, celles-ci, comme les autres, bruyent après leur proie; et quand le soleil se lève, et que le lion se retire dans sa tanière, » on voit souvent le gat-el-kallah et le chacal ronger les débris qu'il a abandonnés. Cette circonstance, et le bruit que ces animaux, du moins le chacal, font en quelque sorte de concert avec le lion, et que j'ai souvent entendu moi-même, peuvent seuls favoriser cete opinion.

» Le *jird* et le *jerboa* (1) sont deux petits quadrupèdes inoffensifs qui habitent sous terre. Ils existent en grand nombre dans le Sahara; mais j'en ai vu aussi dans le voisinage d'Oran. Ils sont l'un et l'autre de la taille d'un rat; ils sont de couleur fauve avec le ventre blanc; ils ont les oreilles rondes et creuses, et ressemblent au lapin quant à la disposition des dents de devant et des moustaches; mais ils en diffèrent sous d'autres rapports. Le jird a la tête un peu pointue et toute garnie de poil. Les naseaux du jerboa sont plats et dégarnis, et pres-

(1) La gerboise d'Égypte. (*Note du traducteur.*

que de niveau avec sa bouche ; c'est en quoi il diffère de l'espèce apportée d'Alep, et dont Haym a donné la description. Les quatre pieds du jird sont à peu près de la même longueur, et sont terminés par cinq doigts, au lieu que ceux de devant du jerboa de Barbarie n'en ont que trois, et sont très courts. Ses pieds de derrière sont presque de la même longueur que son corps, et chacun d'eux a quatre doigts et deux éperons, si l'on peut donner ce nom à de petites griffes placées au-dessus du pied. La queue du jird est un peu plus courte que celle du rat ordinaire, mais elle est plus fournie. Celle du jerboa, qui est aussi longue que son corps, est jaunâtre, et a une touffe de poil noir à son extrémité. Celui-ci, quoique ses pieds de derrière soient beaucoup plus longs que ceux de devant, court, ou, pour mieux dire, saute avec beaucoup d'agilité. Il se sert de sa queue comme d'un gouvernail ou d'un contre-poids pour se diriger dans ses mouvemens ; il la porte ordinairent en l'air, et quelquefois recourbée ; le jird et le jerboa sont l'un et l'autre bons à manger.

» Quelques auteurs ont pris le jerboa pour le *saphan* de l'Écriture ; mais je remarquerai à cet égard que, quelque part que j'aie vu de ces animaux, je ne me suis jamais aperçu qu'ils se tinssent dans les rochers. Ils recherchent, au contraire, les terres fortes, et de préférence les sables du Sahara. Ils aiment beaucoup les roseaux, le lauréole, et quelques autres plantes qui sont particulières à ce désert; aussi, partout où nous en trouvions, nous étions sûrs de rencontrer des jerboas. La grande disproportion qui, comme je l'ai dit, existe entre leurs pieds de derrière et ceux de devant, et l'habitude où ils sont de se tenir debout sur leurs pieds de derrière, pourraient bien faire prendre ce petit animal pour un des rats à deux pieds d'Hérodote et de quelques autres auteurs.

» Outre les animaux dont je viens de parler, la Barbarie en nourrit aussi quelques-uns qui ne sont pas inconnus dans les autres régions du globe. De ce nombre sont le *dob* ou l'ours, le *cheddy* ou le singe, le *tezer-dia* ou l'ichneumon, le *tzur-ban* ou le porc-épic, le *kon-foude* ou le hérisson, le *thaleb* ou le renard, le *nimse* ou le furet, le *fert-el-heil* ou la belette, la taupe, le lapin, le lièvre, et le sanglier. On assure que le lion se nourrit principalement de la chair de ce dernier animal; cependant il ne paraît pas que celui-ci soit, pour son terrible adversaire, une proie aussi facile qu'on semble le croire, puisqu'on les trouve quelquefois morts l'un à côté de l'autre, également maltraités.

» Parmi les reptiles ovipares de la Barbarie se trouvent la tortue de terre et celle d'eau. Cette dernière a le corps plus plat que l'autre, et n'est pas bonne à manger. Les personnes douées d'une bonne vue peuvent facilement apercevoir des *taitah-bouiah* ou caméléons, sur toutes les haies. Ce petit animal a une langue longue de quatre pouces, et qu'il lance avec une rapidité étonnante contre les mouches et autres insectes qu'il veut attrapper. Les Maures et les Arabes font de sa peau, après l'avoir fait sécher, une espèce d'amulette qu'ils portent au cou, et qu'ils croient douée de la vertu de les préserver des influences d'un mauvais œil. Le mot *taitah* diffère peu du *letaa* de l'Écriture, que nous avons traduit par lézard. D'après Léon l'Africain, l'*ouarral* ou *guaral* est un lézard qui a quelquefois trente pouces de long. Il est ordinairement d'un rouge très vif, avec des taches noirâtres. Vansleben dit sérieusement que cet animal s'engendre des œufs pourris du crocodile.

» Le *dhab* ou *dab*, autre lézard dont parle aussi Léon l'Africain, ressemble assez, quant au corps et à sa queue écaillée, au *caudiverbera* de Gesner et de Jonston. *Tsab*, terme de l'Écriture qui répond à celui-ci, est traduit dans nos bibles par tortue.

» On trouve aussi dans ce pays le lézart vert commun; il est couleur brun-clair, et a la peau rayée de la tête à la queue, avec quelques raies jaunes. Le *chink*, que l'on voit souvent dans les boutiques des apothicaires et des droguistes, se tient presque toujours sous des pierres, ou dans des trous de vieilles murailles. Le *nigédiamah* ou *boukachache*, quoiqu'il entre souvent dans les maisons, et va même jusque sur les lits, préfère aussi les décombres. Il est de couleur noirâtre, et a de cinq à six pouces de long; il a la tête et le corps plats, et la queue semblable à celle du dab. J'ai souvent remarqué que chaque fois que cet animal s'arrête il remue la queue; ce qui porterait à croire que c'est le *caudiverbera* ou *l'uromaslix* de quelques auteurs. L'ouarral fait le même mouvement en courant sur la terre; les Arabes assurent gravement que quiconque reçoit un semblable coup de queue est aussitôt frappé de stérilité. Le serpent le plus remarquable de ce pays est le *thaibanne*; on m'a dit qu'il y en avait de neuf à douze pieds de long. Les serpens de cette espèce sont ceux qui ont le plus d'analogie avec celui que Régulus tua.

» Le *zurreike*, autre serpent du Sahara, a ordinairement environ quinze pouces de long ; son corps est mince, et il est remarquable en ce que, comme son nom semble l'indiquer, ses mouvemens ont une vitesse surprenante (¹). Peut-être est-ce le *jaculus* des anciens ?

» Le plus dangereux de tous ces serpens c'est le *leffah* ; il a rarement plus d'un pied de long, et a le corps plus gros que le zurreike. Le serpent que Lucain appelle *torrida dipsas* répond assez bien au leffah.

» Les Arabes disent qu'il existe entre le leffah et le taitah une antipathie aussi grande qu'entre le caméléon et la vipère, et qu'une seule goutte de la salive d'un taitah cause à un leffah des convulsions qui sont toujours suivies d'une mort immédiate.

Nous allons maintenant passer à l'ornithmlogie de la Barbarie. Outre l'aigle, on y trouve le *karaborno*, espèce d'épervier couleur cendrée, de la grandeur de notre buse, et qui a le bec noir, les yeux rouges, les pattes jaunes et cour-

---

(¹) Son nom vient de l'arabe *zurak*, qui signifie darder ou lancer. (*Note de l'auteur.*)

tes, le dos bleu-sale ou cendré, les ailes noires, le ventre et la queue blauchâtres.

» Le *graab-el-Saharra* ou le corbeau du désert, est un peu plus grand que notre corbeau ordinaire. Il a le bec et les pattes rouges; ce qui pourrait le faire prendre pour le *coracias* ou le *pyrrhocorax* des anciens.

» Le *chaga-rag* est de la forme et de la taille du geai; seulement il a le bec plus petit et les pattes plus courtes. Son dos tire sur le brun, sa tête, son cou et son ventre sont couleur vert-pâle, et il a des taches ou des cercles bleu-foncé sur les ailes et sur la queue; son ramage est désagréable. On le trouve sur les bords du Chélif, du Bouberak et de quelques autres rivières.

» Le *hou-baara* ou *hou-baary* est de la grosseur d'un chapon, mais il a le corps plus long. Il se nourrit de bourgeons d'arbres et d'insectes, comme le graab-el-Sahara, et comme lui il vit sur le bord du désert. Il a le corps couleur jaune-pâle, et partout tacheté de brun; les grosses plumes de ses ailes sont noires, et ont une tache blanche vers le milieu; celles du cou sont blanchâtres, avec des raies noires, et sont hérissées comme celles des coqs lorsqu'ils se battent. Son bec, qui est plat, a à peine un pouce et demi de long; ses pattes, comme celles de l'outarde, n'ont pas de doigts en arrière. On dit que son fiel et l'intérieur de son estomac sont très bons pour les maux d'yeux; aussi se vendent-ils quelquefois extrêmement cher. Il n'y a rien de plus amusant que de voir le grand nombre de tours et de stratagèmes qu'emploie cet oiseau pour s'échapper quand il est poursuivi par un épervier. Golius se trompe lorsqu'il le prend pour l'outarde, à laquelle il ressemble d'ailleurs par la couleur, le plumage et le nombre de ses doigts, mais qui est deux fois plus grande que lui.

» Le *rhaad* ou *saf-saf*, oiseau qui vit de grain et va toujours en troupe, n'a point non plus de doigt de derrière. Il y en a deux espèces. La plus petite est de la grandeur d'un poulet ordinaire; mais la plus grande est presque aussi grosse que l'hou-baara, et diffère de la petite en ce qu'elle a la tête noire et une touffe de plumes bleu-foncé précisément au défaut de la tête; elles ont toutes deux le ventre blanc, le dos et les ailes couleur de buffle avec des taches brunes; mais elles ont la queue plus claire et barrée de noir; elles ont le bec et les jambes plus forts que ceux des perdrix. On prétend que le nom de *rhaad* (qui en arabe signifie tonnerre) a été donné à cet oiseau à cause du bruit qu'il fait en s'élevant de terre, et celui de *saf-saf*, du mouvement de ses ailes quand il vole.

» Le *kitaouïah* ou le *lagopus* d'Afrique, comme on pourrait l'appeler, est un autre oiseau qui se nourrit de grain, vit en troupe, et est aussi privé de doigt derrière. Il habite les lieux les plus arides, au lieu que le rhaad se plaît dans les campagnes fertiles. Il ressemble à la colombe quant à la taille et à la forme, et a les pattes couvertes de petites plumes, comme les pigeons patus. Il a le corps d'une couleur livide, tacheté de noir, le ventre noirâtre, sur la gorge un croissant d'un beau jaune, et sur le bout de chaque plume de la queue une tache blanche; la plume du milieu est longue et pointue, comme la queue du pivert; sa chair est de la couleur de celle du rhaad, rouge sur la poitrine et blanche vers les jambes. Elle est également bonne à manger, et se digère facilement.

» La perdrix de Barbarie est la même que notre perdrix rouge; mais il y a une espèce de caille qui diffère de la caille ordinaire, en ce qu'elle n'a pas de doigt de derrière, et qu'elle est d'une couleur plus claire. L'une et l'autre sont des oiseaux de passage, ainsi que la bécasse, qui commence à paraître en octobre, et qui séjourne dans le pays jusqu'au mois de mars. Les Africains appellent cette dernière *hammar-el-hadjil* ou l'âne des perdrix.

» Parmi les petits volatiles se trouve une espèce de grive dont le plumage est aussi beau que celui de quelque oiseau d'Amérique que ce soit. Sa tête, son cou et son dos sont d'un beau vert-clair, ses ailes gris-cendré, sa poitrine blanche ou tâchetée comme celle de la grive; le croupion et les extrémités des plumes de sa queue et de ses ailes sont d'un beau jaune. Si l'on en excepte les pattes, qui sont plus courtes et plus fortes, cet oiseau ressemble, pour le bec comme pour tout le reste du corps, à la grive. Il n'est pas très commun, et on ne le voit qu'en été, dans la saison des figues.

» J'ajouterai à la nomenclature des petits oiseaux une espèce de moineau que l'on nomme *capsa*, et que l'on rencontre assez ordinairement dans les districts où croissent les dattes, à l'ouest du lac des Marques. Il ne diffère point du moineau ordinaire pour la grosseur, et il est de la couleur de l'allouette, excepté la poitrine, dont la teinte est plus claire, et luisante comme celle du pigeon. Son chant est délicieux, et surpasse beaucoup, tant sous le rapport de la douceur que de l'harmonie, celui du rossignol et du serin des Canaries. On a essayé plusieurs fois d'en transporter à Kairouan et dans d'autres villes, mais inutilement : ils ne font plus que languir dès qu'on les change de climat.

» On trouve aux environs de Bizerta, et dans quelques autres districts, une multitude d'allouettes couleur cendrée.

» Outre les oiseaux aquatiques que l'on connaît en Angleterre, il existe ici les espèces suivantes :

» L'*Anas platyrynchos* ou le pélican de Barbarie, comme on peut l'appeler, est de la grosseur d'un vanneau. Ses pattes sont rouges, et il a le bec large, plat, noir et armé de dents. Sa poitrine, son ventre et sa tête sont couleur de fer ; mais son dos est plus foncé, et il a sur chaque aile, près l'une de l'autre, trois taches : une bleu, une blanche et une verte.

» Le pélican de Barbarie à petit bec est un peu plus gros que le précédent. Il a le cou rougeâtre, et la tête ornée d'une petite touffe de plumes de la même couleur. Son ventre est tout blanc, et son dos bariolé d'une grande quantité de plumes blanches et noires. Les plumes de sa queue sont pointues, et ses ailes marquées de deux taches contiguës, l'une noire et l'autre blanche. L'extrémité de son bec est noire, et ses pattes d'un bleu plus foncé que ceux du vanneau.

» Le canard de Barbarie à tête blanche est de la grosseur du vanneau. Il a le bec large, épais et bleu ; sa tête est entièrement blanche, et son corps couleur de fer.

» Le canard de Barbarie à tête noir a les ailes tachetées comme celles du pélican à petit bec dont j'ai parlé. Il a le bec noir, long et étroit, les pattes d'une couleur qui tire sur le brun, le cou approchant du gris, le dos et les ailes noirâtres, et le ventre mêlé de blanc.

» La grise queue de Barbarie est moitié plus petite qu'aucun des oiseaux dont il vient d'être mention. Elle a le ventre blanchâtre, les pattes noires, le corps et les ailes grises, et a sur chacune de celles-ci une tache noir et une verte, environnée chacune d'un cercle blanc.

» Les habitans du pays comprennent ces différens oiseaux, ainsi que la sarcelle, le vanneau, et toutes les espèces de canards, sous la dénomination générale de *bruk*.

» La poule d'eau de Barbarie est plus petite que le pluvier. Elle a le bec noir, d'un pouce et demi de long ; la poitrine et le ventre brun-foncé ou couleur de rouille; le dos de la même nuance, mais encore plus obscure; le croupion blanc par-dessous, et rayé par-dessus de noir et de blanc; les ailes tachetées de blanc, et les pattes vert-foncé.

» Le francolin de Barbarie, est encore plus petit que le vanneau. Il a les pattes longues et noires, avec le doigt du milieu dentelé des deux côtés; le bec, qui a quatre pouces de long, est brun, mais noir au bout; la tête petite et couleur de rouille, le cou de la même nuance et le croupion blanc; le dos et les ailes sont d'un brun fort obscur, et ces dernières sont tachetées de blanc; la poitrine est mouchetée comme celle de la bécasse.

» L'*emsisy* ou l'oiseau du bœuf est de la grandeur du corlieu. Il est couleur blanc de lait partout le corps, excepté au bec et aux pattes, qui sont d'un beau rouge. Il vit ordinairement dans les prairies, et se tient auprès du bétail; sa chair est de mauvais goût, et se corrompt facilement.

» Le *bou-onk* ou le long cou est une espèce de butor un peu plus petit que le vanneau. Il a le cou, la poitrine et le ventre jaune-clair, le dos et le dessus des ailes noir de geai, et la queue courte; les plumes de son cou sont longues et rayées de blanc ou jaune-pâle; son bec, qui a trois pouces de long, est vert, et semblable à celui de la cigogne; ses pattes sont courtes et menues. Lorsqu'il marche, ou qu'il cherche sa nourriture, il allonge le cou de sept ou huit pouces; de là vient que les Arabes l'appellent bou-onk, le long cou, ou le père du cou.

» Les insectes et les vermisseaux qui existent en Barbarie sont plutôt nombreux que curieux. J'en ai vu de beaucoup d'espèces; mais il n'en est aucun, je crois, qui n'ait été déjà décrit. On y trouve une multitude de papillons, d'escarbots, etc., qui diffèrent autant les uns des autres par leurs formes que par la couleur de leurs ailes; mais je ne chercherai point à les décrire chacun en particulier, ce qui ne pourrait être que très fastidieux; je me bornerai à faire connaître un individu de chaque genre.

Il y a une espèce de papillon très remarquable qui a près de quatre pouces d'envergure, et tout le corps couvert de raies couleur châtin et jaune. Excepté les ailes inférieures, qui sont dentées et se terminent par un appendice étroit, ayant un pouce de long, elles sont fort joliment bordées de jaune; près de la queue est une tache incarnat.

» L'espèce la plus rare des libellules (¹) est celle qui est couleur rouille, a 3 pouces et demi de long, la queue large et les ailes tachetées. Il y en a une autre espèce de la même grandeur dont le corps est plus cylindrique, et dont la couleur approche assez de celle de la sauterelle ordinaire.

» A l'espèce de sauterelles que les naturalistes nomment *mante*, j'en ajouterai une de couleur brune, et qui a trois pouces de long, avec les pattes de devant armées de fortes scies de corne. Il en existe plusieurs autres de la même grandeur, de l'espèce capuchonée, et dont les ailes supérieures sont rayées d'un vert-clair, et les autres agréablement bigarrées d'incarnat, de brun et d'écarlate. Il y en a une troisième espèce qui a deux pouces de long avec de belles ailes vertes. Ce qui la caractérise particulièrement, ce sont deux antennes qui lui sortent du front en forme de plumets.

» Je n'ai jamais remarqué que les mantes se réunissent en grand nombre; mais il n'en est pas de même des sauterelles proprement dites, et dont il est si souvent parlé dans les

---

(¹) Genre d'insectes généralement connus sous le nom de *demoiselles*. (*Note du traducteur.*)

auteurs sacrés et profanes : car elles vont toujours par troupes innombrables. Celles que j'ai vues en 1724 et 1725 étaient beaucoup plus grandes que nos sauterelles ordinaires. Elles avaient les ailes tachetées de brun, et le corps et les pattes d'un beau jaune. Elles commencèrent à paraître à la fin de mars, le vent s'étant tenu quelque temps au sud. Vers le milieu d'avril, elles s'étaient si prodigieusement multipliées, que pendant le jour elles formaient des espèces des nuées qui obscurcissaient la clarté du soleil. Vers la mi-mai, après leur fécondation, elles commencèrent à se retirer graduellement dans les plaines de Mettijiah et autres lieux voisins, pour y déposer leurs œufs. Le mois suivant, parurent les jeunes sauterelles, qui, dès qu'elles furent écloses, se réunirent en essaim assez nombreux pour couvrir plusieurs centaines de toises carrées. Dès qu'elles furent ainsi rassemblées, elles s'avancèrent en ligne droite, grimpant aux arbres, aux murs et aux maisons, et dévorant sur leur passage tout ce qui était verdure. Afin de les arrêter, les habitans creusaient dans leurs champs et leurs jardins des fossés qu'ils remplissaient d'eau, ou disposaient sur une même ligne une grande quantité de bruyère, de chaume et autres matières combustibles auxquels ils mettaient le feu. Mais tout fut inutile : les fossés furent bientôt comblés, et les feux éteints par les myriades de sauterelles qui se succédaient sans interruption. Celles qui ouvraient la marche s'avançaient audacieusement, et celles qui suivaient serraient les premières de si près, qu'il leur était impossible de reculer.

« Ces sauterelles ayant ainsi vécu pendant près d'un mois, et détruit non seulement toute la verdure environnante, mais rongé les petites branches et l'écorce des arbres, dont elles avaient déjà dévoré les fruits et les feuilles, se trouvèrent enfin parvenues à leur grandeur naturelle, et changèrent de peau ; ce qu'elles faisaient en s'accrochant les pattes de derrière aux buissons, aux branches d'arbres et même aux pierres, et en exécutant ensuite un mouvement semblable à celui de la chenille quand elle marche. Leur métamorphose s'opérait en sept ou huit minutes, après quoi elles demeuraient pendant quelques instants dans une espèce d'engourdissement qui cessait toutefois dès que le soleil et l'air avaient donné quelque consistance à leurs ailes, et détruit l'humidité dont elles étaient enveloppées. Elles reprenaient alors leur première voracité, et devenaient même plus fortes et plus agiles qu'auparavant. Néanmoins, elles ne stationnaient pas long-temps dans le même lieu, mais se dispersaient comme leurs mères, après avoir déposé leurs œufs. Comme elles se dirigeaient toujours du côté du nord, il y a quelqu'apparence qu'elles finissaient par s'engloutir dans la mer; telle est du moins l'opinion des Arabes.

» Les sauterelles salées et frites se rapprochent du goût des écrevisses d'eau douce. Il était permis aux Juifs d'en manger. On trouve dans le Commentaire de Ludolphe, sur l'histoire d'Éthiopie, une dissertation ingénieuse où il cherche à prouver que les *chelloouin*, ou les cailles que les Israélites mangèrent dans le désert, n'étaient qu'une espèce de sauterelles ; mais le Psalmiste, qui les appelle de la volaille *ayant ailes*, contredit entièrement cette opinion. Je ne pense pas non plus qu'on ait produit jusqu'à présent une autorité assez irrécusable pour prouver que le mot grec *acrides* doive être pris pour le fruit d'un arbre, ou pour les sommités d'une plante. Il y a plus d'apparence qu'on a donné à la sauterelle le nom d'*acris* parce qu'elle se nourrit effectivement des sommités des herbages. Les acrides dont parle Aristote et d'autres historiens sont les sauterelles dont il est ici question. Les Septante ont toujours traduit *arbah* par le même mot, et il est naturel de penser que les auteurs du Nouveau-Testament l'ont compris d'une manière semblable. Ainsi les acrides dont il est dit que saint Jean-Baptiste se nourrisait dans le désert doivent aussi être de l'espèce de ces mêmes sauterelles; et si elles se montrent ordinairement dans la Terre-Sainte à l'époque où je les ai vues en Barbarie, on pourra savoir en quelle saison de l'année saint Jean commença sa mission.

» L'*ackrab*, ou le scorpion, dont les qualités pernicieuses sont généralement connues, tient, après les sauterelles, le premier rang parmi les insectes de la Barbarie. Il y en a de deux espèces : les uns longs et minces, les autres ronds et gros; ils ont tous deux une queue à six vertèbres : je n'en ai jamais vu qui en eussent sept, quoi qu'en disent quelques auteurs anciens. Ceux que l'on trouve en-deçà du Mont Atlas ne sont pas fort dangereux; leur piqûre ne cause qu'une légère fièvre, et un peu de thériaque de Venise fait bientôt cesser la douleur qu'elle produit. Mais les scorpions du Zab et de presque toutes les autres parties du Sahara sont non seulement plus gros et plus noirs, mais leur venin est aussi plus subtil et plus violent, et cause souvent la mort.

« La morsure du *boula-kaz*, espèce de tarentule du Sahara, n'est pas moins dangereuse que celle de ce dernier scorpion; c'est probablement le *rhax*, qu'Élien place au nombre des animaux de ce pays. On compte qu'il meurt vingt ou trente personnes par année de sa morsure, et de celle du *laffag*.

» Le moyen curatif en usage pour ces morsures est de cautériser la partie malade, ou d'y faire une profonde incision, puis de couper toute la chair environnante. Quelquefois on met le blessé jusqu'au cou dans le sable brûlant, ou dans une fosse échauffée de manière à le faire transpirer abondamment. Dans les cas peu graves, on se borne à appliquer sur la blessure des cendres chaudes ou de la poudre d'*algenna* (¹), avec deux ou trois tranches d'oignon, en forme de cataplasme. Je n'ai jamais ouï dire qu'on se servît en pareil cas d'huile d'olive, qui est cependant un spécifique certain contre la morsure de la vipère, en ayant toutefois soin de la faire chauffer avant de s'en frotter.

» Il n'y a guère de poissons sur cette partie

(¹) C'est notre troëne. (*Note du traducteur.*)

des côtes d'Afrique qui n'aient été décrits il y a long-temps par Rondelet, et qu'on ne trouve aussi sur la côte opposée de la Méditerranée, excepté le barbeau d'eau douce, qui est ferme et de bon goût, et qui n'a que deux barbes à la mâchoire inférieure; et la petite perche de Capsa, qui a la gueule relevée et les nageoires bigarrées; une grande plume de mer, et un petit polype de forme circulaire. Il y a quelques années qu'une baleine de soixante pieds de long fut jetée sous les murs d'Alger, événement qui fut regardé comme un prodige, et que les Algériens considérèrent comme le présage de quelque grand malheur.

» Parmi les crustacés que l'on trouve ici, je citerai d'abord le homare, bien qu'il n'y soit pas fort abondant; mais il n'en est pas de même des chevrettes et des langoustes, d'une espèce de crabe et des écrevisses, que l'on y pêche en grande quantité.

» Les œufs marins ou oursins esculens sont très communs dans ces parages; mais les genres n'en sont pas très variés : je n'en ai vu que de trois. La première est une espèce de pentaphiloïde d'une grande beauté, mais qui n'est d'aucun usage; les deux autres sont plus communes, et on en trouve sur tous les rochers.

La croûte calcaire qui les enveloppe a cinq sutures, accompagnées de plusieurs rangs concentriques de boutons, et chaque bouton a une épine ou lame mobile d'un pouce de long dans l'une de ces deux espèces, et de deux dans l'autre. La laite qui se trouve entre les sutures est la seule chose que l'on mange de ces animaux; elle est surtout fort estimée dans le temps de la pleine lune; on l'assaisonne avec du poivre et du vinaigre.

» Les côtes de Barbarie n'offrent pas non plus une grande abondance de coquillages. Il est vrai que l'on trouve sur le bord de la mer des débris de quelques espèces décrites par plusieurs auteurs, mais c'est en petit nombre. On avait autrefois à Tunis beaucoup d'huîtres que l'on y apportait du port de Bizerta; mais on croit que les grandes pluies qui eurent lieu dans ces parages il y a quelques années, en adoucissant les eaux de la mer, ont contribué à en diminuer le nombre. Il est vrai que l'on en voit souvent qui s'attachent à la quille, non seulement des navires qui font le cabotage le long des côtes, mais même de ceux qui ne font qu'un court séjour dans le port d'Alger; cependant, quelques recherches que l'on ait faites, on n'a pas encore pu en découvrir réunies en grand nombre. Il n'y a guère ici de pétoncles, parce que les bancs de sable y sont rares; mais il existe partout beaucoup de moules de la même espèce que celles d'Angleterre, si ce n'est qu'elles renferment presque toujours de petites crabes, comme il y en a aussi quelquefois dans les nôtres. Si la *solitanna*, qui, au rapport de Varron, pouvait contenir environ vingt bouteilles, se trouvait encore dans ces mers, elle suppléerait on ne peut mieux au manque de certains coquillages, et à la rareté de quelques autres.

CHAPITRE III.

Des sciences, des arts, des manufactures, des mœurs,
des usages et coutumes, de l'habillement, etc.

« Depuis plusieurs siècles les Mahométans ont singulièrement négligé les arts et les sciences, quoique à une époque ils aient été presque les seuls peuples qui s'appliquassent avec succès à l'étude de la philosophie, des mathématiques et de la médecine. La vie errante des Arabes, et la tyrannie avec laquelle les Turcs traitent les Maures, ne permettent ni aux uns ni aux autres de s'occuper des sciences, que l'on ne peut cultiver qu'en repos et en liberté. Pour les Turcs, ils sont la plupart d'un esprit si inquiet et si turbulent, si attachés à leur commerce et aux soins de s'enrichir, qu'ils ne sauraient avoir de goût pour l'étude. Ils m'ont même souvent témoigné combien ils étaient surpris de voir que les chrétiens pouvaient trouver quelque plaisir à passer leur temps et à dépenser leur argent dans des spéculations oiseuses qui ne leur apportaient aucun profit. Les Maures et les Turcs envoient leurs enfans mâles à l'école à l'âge d'environ six ans. Là ils apprennent à lire et à écrire. Ils ne se servent pas de papier pour écrire, mais d'une petite planche mince et carrée, légèrement blanchie, et de dessus laquelle on peut facilement effacer les caractères que l'on y a tracés. Lorsqu'ils ont fait quelques progrès dans la connaissance du Coran, qu'on leur enseigne d'abord, on les instruit ensuite avec soin de toutes les cérémonies de leur religion. Le salaire d'un maître d'école est de 2 sous par semaine, par élève. Quand un enfant se fait remarquer par une aptitude particulière et par des progrès extraordinaires dans ses études, ses parens le vêtissent magnifiquement, et le font monter sur un cheval richement harnaché ; puis ses camarades le conduisent ainsi par les rues, en célébrant son triomphe par des exclamations. Les amis de la famille le comblent alors de présens, et s'empressent de féliciter le père et la mère. Après qu'un enfant a passé trois ou quatre années à l'école, on lui fait apprendre un métier, ou bien on l'engage dans les troupes. Il y en a peu qui, dans ce dernier état, n'oublient bientôt tout ce qu'ils ont appris, excepté cependant les *sanjacktars* ou enseignes de l'armée, et ceux qui sont employés à la recette des tributs, et dans les bureaux de douane, attendu qu'ils sont obligés de tenir des comptes.

» Le peu de gens qui ont le loisir de se livrer à l'étude ne lisent guère que le Coran, et quelques commentaires assez inintelligibles que l'on en a faits. Tout le savoir de ces peuples se réduit aujourd'hui à un peu de géographie et à quelques traités incohérens et fort insipides sur l'histoire moderne ; car tout ce que leurs auteurs disent des temps qui ont précédé la venue de Mahomet n'est qu'un tissu de contes romanesques.

» Lorsque j'arrivai à Alger, je tâchai de faire connaissance avec ceux des habitans qui passaient pour avoir quelque instruction. Mais il est très difficile de se lier avec les Turcs et les Maures, tant à cause de l'éloignement naturel qu'ils ont pour les étrangers, que du souverain mépris qu'ils professent pour les chrétiens. Je parvins cependant à m'introduire chez le premier astronome de l'état, lequel était chargé, entre autres fonctions éminentes, de régler les heures de la prière. Mais je fus assez surpris de voir qu'il n'entendait pas assez de trigonométrie pour tracer un cadran solaire ; et que tout ce que l'on sait à Alger et à Tunis, en fait de navigation, se réduit à connaître les huit principaux rumbs de vent, et à dresser grossièrement une carte marine. La chimie, jadis la science favorite de ces peuples, n'a plus aujourd'hui pour objet chez eux que la distillation de l'eau de rose. Je n'ai vu qu'un petit nombre de leurs *tibibs* ou médecins qui connussent de nom Rasis, Averroès, et autres anciens médecins arabes. La traduction espagnole de Dioscoride est à peu près le seul livre qu'ils lisent, encore s'amusent-ils plus à en regarder les planches qu'à en méditer le texte. Le médecin du dey, qui est en même temps *emim*, ou président des autres médecins, me demandait un jour si les chrétiens connaissaient le *Bou-Kratt* (c'est ainsi que, par ignorance ou par affectation, il appelait Hippocrate), ajoutant qu'il était le premier des *hackiems* ou médecins arabes, et qu'il vivait un peu avant Avicenne.

» D'après ce que je viens de dire de l'état des sciences et de l'instruction publique dans ce pays, on ne doit guère s'attendre à ce qu'aucun art ou aucune science y soit portée à un certain degré de perfection. Ce n'est pas qu'ils manquent de gens qui professent la médecine, jouent de quelques intrumens, ou se livrent à des professions qui semblent exiger quelque connaissance des sciences exactes ; mais tout ce qu'ils font est purement par habitude et par routine, aidés il est vrai d'une mémoire très heureuse et de beaucoup d'intelligence. On ne peut donc attribuer à aucune espèce d'incapacité naturelle le peu de progrès que les Turcs et les Maures font dans les sciences et la littérature, puisqu'il est certain qu'ils sont au contraire doués de facultés intellectuelles incontestables, et je crois que s'ils voulaient se livrer à l'étude, et qu'ils y fussent encouragés, ils ne manqueraient pas d'y faire des progrès.

» Cependant, pour donner une idée du point où en sont aujourd'hui les sciences et les arts en Barbarie, je ferai d'abord remarquer que pour ce qui concerne la médecine, on y manque absolument de bons médecins, puisqu'il y a peu ou presque point de maladies dangereuses qui ne deviennent mortelles, ou du moins ne soient d'une très longue durée. Il est vrai que beaucoup de Mahométans professent une telle soumission pour le dogme de la prédestination, qu'ils se refusent opiniâtrement à toute espèce de conseils, et s'obstinent à ne prendre aucun genre de remède ; tandis que d'autres se moquent des secours de la médecine, et attendent leur guérison de la nature seule, ou bien ont recours à ce qu'ils appellent *magar-eah*, c'est-à-dire aux charmes et aux enchantemens. On voit par là ce que peut être la médecine à peu près dans tous les États ottomans. En Barbarie elle se réduit à quelques opérations et prescriptions que je vais faire connaître, et à l'usage des bains, que l'on emploie dans tous les genres de maladie, sans distinction d'âge ni de tempérament.

» Dans les rhumatismes et les pleurésies on fait au malade quelques piqûres avec un fer chaud sur la partie affectée, et on répète cette opération plus ou moins souvent, selon la violence du mal et la force du patient. On administre pour la fièvre une décoction de *globularia fruticosa*, racine appelée ici encens de terre. J'ai vu guérir des fièvres tierces et quartes avec de la scabieuse commune mangée en salade, et prise en décoction très forte. Un gros ou deux de racine de boustum (l'*aristolochia rotunda*) est le remède ordinaire pour la colique et les maladies occasionées par des vents; et la racine de boukoka (l'*arisarum*) pour la pierre et la gravelle. Je fus témoin un jour que le jeune fils de notre interprète rendit par l'urètre plus d'une pinte d'une liqueur glutineuse pour avoir mangé une grande quantité du pain ordinaire des Bédouins, qui est fait d'une égale quantité d'orge et de froment, et de racine de *boukoka* séchée au four et réduite en poudre. On se sert avec succès dans les diarrhées invétérées, d'une once de pierre stalactique, ou de la même quantité de poudre d'*orobanche mauritanica*. La méthode de traiter la petite vérole est fort simple : car elle ne consiste qu'à entretenir le malade dans une chaleur modérée, et à lui donner de temps en temps six ou huit grains d'alkermès dans du miel, pour faire sortir les boutons. Ils se servent de beurre frais pour en empêcher les traces, et frottent continuellement les paupières de poudre de mine de plomb, afin de garantir les yeux.

» On inocule la petite vérole en faisant une légère incision dans la partie charnue de l'une ou l'autre main, entre l'index et le pouce; après quoi la personne à qui on fait l'opération achète pour l'achever deux ou trois pustules, de quelque ami ou voisin qui en a d'une bonne qualité, et lui donne en échange le même nombre de noisettes, de dragées, ou de quelques autres bonbons : c'est ce que les Maures appellent l'achat de la petite vérole. On m'a dit que parmi les Juifs, cet achat seul, sans l'inoculation réelle, était considéré comme suffisant pour communiquer la variole. Quoi qu'il en soit, l'inoculation n'est pas très en vogue dans les parties de la Barbarie ou du Levant que j'ai visitées. La plupart des vrais Mahométans assurent que c'est tenter la providence, et s'attirer une maladie avant que la nature y soit disposée, que de pratiquer cette opération. Aussi ne manquent-ils pas de faire une foule de contes absurdes pour en décrier l'usage. Ils disent, par exemple, qu'une jeune personne d'une grande beauté ayant seulement acheté deux pustules, elle n'eut en effet que deux grains de petite vérole; mais que par malheur ce fut sur les deux yeux, de sorte qu'elle en devint aveugle.

» Les Arabes prétendent guérir toutes sortes de blessures provenant d'armes blanches ou d'armes à feu, en versant du beurre frais presque bouillant sur la plaie. Des personnes dignes de foi m'ont assuré qu'en effet elles avaient connaissance que beaucoup de gens étaient journellement guéris de cette manière.

» Pour adoucir et dissiper les enflures, les meurtrissures, les inflammations et autres accidens de cette nature, les Arabes se servent avec succès de feuilles d'*opuntia* torréfiées pendant un quart-d'heure dans les cendres, et qu'ils appliquent ensuite sur la partie malade, aussi chaudes qu'il est possible de les supporter ; on emploie aussi ce remède pour accélérer la suppuration des clous, des ulcères, des charbons de peste, et autres tumeurs semblables. J'en ai vu moi-même faire usage avec tout le succès possible dans la goutte. Pour les blessures et les meurtrissures légères avec inflammation, ou pour endurcir ou consolider les parties attaquées, ils se servent quelquefois de poudre de feuilles d'*alhuma*, reduite en pâte avec de l'eau chaude, et dont ils font un cataplasme qui donne à la peau, là où on l'applique, une couleur orange foncée, et tient durant plusieurs mois. Ce qu'il y a d'assez singulier, c'est que cette teinture passe bientôt dans le sang, et dans une seule nuit donne à l'urine la couleur du safran. Quant aux blessures récentes, et dans quelques autres cas analogues, ils se servent efficacement de feuilles de *madra-mam* (la *virga aurea glutinosa*.) Ils donnent comme un spécifique certain contre la sciatique de la racine de *toufailet* (la *thapsia*) torréfiée et appliquée très chaudement sur les hanches, ou réduite en onguent.

» Voilà les principaux remèdes en usage dans ce pays, et qui varient beaucoup, tant dans la préparation que dans l'application. Ceux que l'on emploie dans le traitement des accidens extérieurs le sont quelquefois avec tant de parcimonie, qu'il semble que le malade se soucie aussi peu de guérir que le médecin de le soulager, et que le succès leur est indifférent à tous deux; tandis que dans d'autres cas tout-à-fait semblables le médecin agit d'une manière tout opposée, comme s'il était persuadé, par exemple, que plus il ordonnera de cataplasmes, plus le malade guérira promptement. Ils n'en usent pas avec plus de précautions quant aux remèdes que l'on administre intérieurement; car une poignée d'herbes, soit vertes ou sèches, est la dose ordinaire dans la plupart des maladies. S'il s'agit de les faire prendre en décoction ou en infusion, on les pile ordinairement dans un mortier, après quoi on verse dessus une pinte ou au moins une demi-pinte d'eau bouillante, sans observer aucune règle. Les remèdes compliqués sont ici très rares. Il est vrai que les Maures prétendent en avoir reçu plusieurs, par tradition, de leurs ancêtres. Mais la petite quantité de drogues propres à leur préparation que l'on trouve dans les boutiques de leurs *tibids* ou médecins, et la circonspection avec laquelle ceux-ci s'expriment à cet égard, font grandement soupçonner qu'ils n'entendent pas mieux la matière médicale que les Arabes. La seule prescription de cette nature que j'ai vue est attribuée à un de leurs plus fameux marabouts, nommé Sidy Mohammed Zerôke, qui la recommande de la manière suivante : « La vie de tous les hommes est en la main de Dieu, et lorsque l'heure de chacun d'eux est venue, il faut mourir. Cependant il a plu à la providence de préserver différentes personnes de la peste, en prenant tous les matins, pendant que l'épidémie existe, une pillule ou deux composées de la manière suivante : mirrhe, deux parties; safran, une partie; aloës, deux parties; sirop de grains de myrte, quantité suffisante. »

» Ces peuples n'entendent pas mieux les mathématiques que la médecine, et ils considèrent les quarts de cercle, les astrolabes et les autres instrumens de leurs ancêtres, qui ont échappé aux ravages du temps, plutôt comme de simples objets de curiosité que comme des choses d'une utilité réelle. Outre plusieurs quarts de cercle destinés principalement à prendre la hauteur du soleil, j'en ai vu un à Tozer, d'un pied de rayon, et qui était très bien fait. J'ai eu aussi occasion d'examiner quelques-uns de leurs calendriers, qui tous ont été dressés par leurs ancêtres, et où la place du soleil, les signes du zodiaque, la durée du crépuscule, et les heures des prières, pour chaque jour, sont très exactement indiquées et distribués par colonnes avec beaucoup de symétrie; mais on ne s'en sert pas plus aujourd'hui que des instrumens de mathématiques; et lorsque le temps est couvert, et qu'ils ne savent plus comment régler leurs grandes et petites clepsydres sur leurs mauvais méridiens, ils sont obligés de s'en rapporter entièrement à leurs muezzims ou crieurs, quoique leur loi prescrive que les heures de leurs dévotions soient indiquées avec une scrupuleuse exactitude. Ils n'ont point d'autres méthodes pour mesurer le temps, et ne savent ce que c'est que des horloges publiques; de là provient apparemment leur aversion pour les cloches.

» Leur ignorance en mathématiques est telle, qu'ils n'ont pas les premières notions de l'arithmétique ni de l'algèbre, quoiqu'il paraisse d'ailleurs incontestable que leurs ancêtres ont été les inventeurs de l'une, et qu'ils ont fourni à toute l'Europe les caractères de l'autre. Cependant on trouve parmi leurs marchands beaucoup de bons calculateurs, et qui sont en état d'additionner et de soustraire de mémoire les plus grosses sommes. Ils ont aussi une manière de compter sur les doigts qui est assez singulière. Pour cela ils mettent leurs mains dans leurs manches, et, en touchant successivement l'une et l'autre d'entre elles, d'après de certaines combinaisons, ils résolvent les calculs souvent les plus difficiles, et terminent les affaires les plus importantes sans proférer un seul mot, et sans que ceux qui sont présens puissent même s'en apercevoir. Mais une chose beaucoup plus extraordinaire, si elle était aussi avérée que leur habileté à faire les calculs numériques, c'est la science de leurs *thalebs*, qui prétendent avoir une connaissance telle des nombres, qu'en les joignant et les combinant de différentes manières, ils sont à même de pouvoir découvrir les choses les plus secrètes, de faire et de rompre toute espèce de charmes, et d'exécuter beaucoup d'autres sortiléges du même genre.

» J'ai déjà dit que ces peuples possèdent plusieurs instrumens de musique; mais comme ils ne notent pas leurs airs, et ne jouent pas en partie, on peut douter si la musique doit être considérée chez eux comme une science. Celle des Bédouins ne consiste guère qu'en un seul air, qui est tout-à-fait en rapport avec leurs instrumens grossiers et leur génie agreste. Leur *arabebbah*, qui est une vessie assujettie par une corde, est leur instrument favori ; il paraît être très ancien, de même que leur *gaspah*, espèce de chalumeau ouvert aux deux bouts, avec trois ou quatre trous, suivant l'habileté du musicien, quoique d'ailleurs leurs airs s'étendent rarement au-delà de l'octave. Quelque simple que soit leur musique, elle paraît cependant assujettie à une certaine méthode. Leurs cantates ou chansons historiques sont précédées d'une espèce de prélude, et chaque stance commence par un petit air sur l'arabebbah, après quoi vient le récit qu'accompagne le *gaspah*.

» Le *tarr*, autre instrument des Bédouins, a la forme d'un tamis, et consiste en un cercle de bois mince, recouvert d'une peau de parchemin. C'est leur principale basse, et ils en jouent avec beaucoup d'adresse tour-à-tour avec les doigts, le dos et la paume de la main, selon que la mesure l'exige. Le tarr doit être incontestablement le *tympanum* des anciens ; c'est du moins ce que l'on peut conclure de son universalité dans toute la Barbarie, l'Égypte et le Levant, par la manière dont on le joue, et enfin par la forme même de l'instrument qui répond exactement à celui que l'on voit entre les mains de Cybèle et des Bacchantes, dans les bas-reliefs et dans les statues qui nous restent de l'antiquité.

» La musique des Maures est plus harmonieuse et s'exécute avec plus d'art que celle des Bédouins. Ils ont aussi une plus grande variété d'instrumens qu'eux. Outre plusieurs espèces de flûtes et de hautbois, ils ont le *rebebb*, qui est un violon à deux cordes, et qu'ils jouent avec un archet; l'*a-oude*, luth de basse à deux cordes, plus gros que notre viole, et que l'on joue aussi avec un archet; et enfin des guitares de différentes grandeurs, toutes montées d'une octave plus haut l'une que l'autre. Ils ont aussi perfectionné le tarr des Bédouins, en fixant sur les bords, avec un fil d'archal, de petites plaques de cuivre minces et concaves, lesquelles touchant les unes aux autres, suivant le plus ou moins de force avec lequel l'instrument est manié, rendent des sons assez mélodieux, et remplissent les vides qui autrement auraient immanquablement lieu dans leurs symphonies. Nonobstant cette diversité d'instrumens, et leur manière d'en jouer, il ne laisse pas d'y avoir beaucoup d'harmonie dans leur musique, dont ils exécutent au reste tous les morceaux par cœur. Ne connaissant pas une note, ils n'ont d'autre guide que leur oreille; et cependant ils savent si bien tous les morceaux qu'ils jouent, que j'ai souvent entendu vingt ou trente personnes jouer ensemble des nuits entières, en changeant contiuellement d'airs, sans jamais se tromper, et sans faire la moindre dissonance.

» Je ne veux pas omettre ici de parler de la musique des Turcs, qui n'est pas à la vérité aussi vive ni aussi animée que celle des Maures, mais qui est pourtant plus méthodique que celle des Bédouins. Ils ont deux principaux instrumens, dont l'un ressemble à un violon à long manche, et que l'on joue comme le rebaab, et l'autre à notre tympanon, avec des cordes de cuivre (1). On touche celui-ci avec les doigts, avec deux petits bâtons, ou bien avec un archet.

» Quoique chez les Turcs la musique des particuliers se réduit ordinairement à très peu d'instrumens, les beys et les pachas ne laissent pas d'en réunir presque toujours un grand nombre dans leurs concerts : tels que des flû-

(1) Le tympanon est un ancien instrument monté avec des cordes de fil-de-fer et de laiton, et que l'on joue avec deux petites baguettes de bois. (*Note du traducteur.*)

tes, des trompettes, des tambours, des timbales et des cymbales, dont l'effet est très martial, et comme l'on peut supposer qu'était celle des Corybantes dans les fêtes de Cybèle.

» De tous les arts, celui que les Maures entendent le mieux, c'est l'architecture; et la chose à laquelle ils attachent le plus de prix dans leurs habitations, c'est d'être commodément et largement logés. Cependant leurs *malloms* ou architectes sont plutôt considérés comme des espèces d'artisans que comme des gens qui exercent une profession libérale. Quoi qu'il en soit, comme il existe une grande analogie entre la construction des maisons de ce pays et celles dont il est mention dans l'Écriture-Sainte, je vais tâcher d'en donner une description assez exacte pour lever les doutes qui ont pu naître à cet égard, et qui ne proviennent que de ce qu'on n'a pas eu jusqu'ici une idée bien exacte de la manière de bâtir dans les premiers siècles du christianisme.

» Je dirai donc qu'il paraît certain que l'on a conservé en Barbarie et dans le Levant le genre de constructions alors généralement en usage, sans y avoir apporté le moindre changement. En effet ce sont toujours de grandes portes, des appartemens spacieux, des pavés de marbre, des cours environnées de hautes murailles, et quelquefois ornées de jets d'eau au centre; distributions d'ailleurs très convenables à la nature du climat ardent de ces contrées, et à l'humeur jalouse des hommes qui les habitent.

« Les rues des villes sont en général étroites, et ont souvent un rang de boutiques de chaque côté. A l'entrée des grandes maisons on trouve d'abord un porche avec des bancs placés de chaque côté : c'est là que le maître reçoit ceux qui ont à lui parler, et expédie ses affaires. Peu de personnes, pas même les plus proches parens, obtiennent la permission de pénétrer plus avant, à moins que ce ne soit dans des circonstances extraordinaires. On trouve ensuite une cour ouverte qui, suivant l'aisance plus ou moins grande du propriétaire, est pavée en marbre ou en quelque autre pierre de même nature. Ces cours répondent assez à l'*impluvium* ou aux *cava-œdium* des Romains. Dans les grandes solennités où l'on est obligé de recevoir beaucoup de monde, comme à l'occasion d'un mariage, de la circoncision d'un enfant, ou dans toute autre occasion semblable, il arrive rarement ou jamais que l'on fasse entrer la société dans les appartemens ; on se borne à l'introduire dans la cour, dont le pavé est alors couvert de nattes ou de tapis, pour la commodité de ceux qui veulent causer. Comme cette partie de la maison, que l'on appelle *el-ouest* ou le milieu, correspond exactement à ce que dit St. Luc, il est vraisemblable que l'endroit où Notre-Seigneur et les apôtres avaient coutume d'instruire le peuple était une cour à peu près semblable.

» Il est d'usage en été, et toutes les fois que l'on attend beaucoup de monde, de couvrir la cour d'un *velum* ou voile, qui est attachée par des cordes aux murs d'appui, que l'on peut plier et étendre à volonté, et qui est destinée à garantir cette enceinte de l'ardeur du soleil ou de l'inconvénient d'une averse. Le Psalmiste semble faire allusion à cet usage lorsqu'il dit : « Il étend les cieux comme un rideau. »

« La cour est ordinairement entourée d'une espèce de cloître, comme les *cava-œdium* des Romains l'étaient d'un péristyle ou d'une colonnade. Lorsque la maison a un ou plusieurs étages, il règne au-dessus du cloître une galerie qui a les mêmes dimensions, avec une balustrade ou des jalousies à l'entour. Du cloître et de la galerie, on entre dans de grands appartemens qui ont chacun toute la longueur de la cour ; mais rarement ou jamais de portes de communication de l'un à l'autre. Un de ces appartemens sert souvent au logement de toute une famille, surtout lorsque les parens permettent à leurs enfans mariés de demeurer chez eux, ou lorsque plusieurs familles louent une seule maison pour y loger ensemble. Telle est la raison pour laquelle les villes de Barbarie sont si peuplées, et que la peste y fait de si grands ravages.

« Dans les bonnes maisons, ces appartemens sont tapissés de velours ou de damas, depuis le plancher jusqu'à la moitié du plafond; le reste du mur est surchargé de toute espèce d'ornemens en stuc ou en plâtre. Le plafond est ordinairement boisé, et peint avec beaucoup d'art, ou divisé en plusieurs compartimens ou panneaux, avec des moulures dorées, et par-ci par-là des passages du Coran. Le prophète Jérémie fait sans doute allusion à ces ornemens, lorsqu'il dit des maisons de son temps qu'elles étaient « lambrissées de cèdre et peintes en vermillon. » Les planchers sont de briques ou de plâtre ; mais comme les Orientaux, au lieu de se servir de chaises, s'assaient par terre les jambes croisées, ou se couchent entièrement, le plancher est toujours couvert de tapis, qui, chez les gens riches, sont d'une grande magnificence, soit pour la matière, soit pour le travail. Ils ont aussi, pour s'en servir selon l'occasion, des carreaux de damas et de velours rangés tout autour du mur. C'est sans doute de cet usage dont le prophète Ézéchiel fait mention lorsqu'il parle de « coussins pour s'accouder le long du bras jusqu'aux mains. » A l'une des extrémités de chaque appartement se trouve une petite estrade, élevée de quatre ou cinq pieds au-dessus du plancher, avec une balustrade qui règne tout alentour; c'est là que sont placés les lits. L'Écriture-Sainte fait souvent allusion à cette estrade.

» L'escalier se trouve quelquefois dans le porche, quelquefois à l'entrée de la cour. Lorsqu'il y a un, deux ou trois étages, on continue cet escalier dans un coin de la galerie jusqu'au haut de la maison. Au bout de l'escalier est une porte que l'on tient fermée, afin d'empêcher que les animaux domestiques ne salissent la terrasse, et par conséquent l'eau qui en découle, et se rend dans les citernes qui sont sous la cour. Cette porte, comme la plupart de celles que l'on voit dans ce pays, ne tournent pas sur des gonds; mais elles sont assujetties à chaque extrémité par un jambage qui fait pivot, et dont le plus long entre dans le linteau, et l'autre dans le seuil. La porte de pierre dont parle Maundrel dans la description qu'il donne des sépulcres royaux qui sont à Jérusalem, est précisément faite de la même manière.

» Je ne me souviens pas d'avoir jamais vu d'escalier en dehors des maisons; d'ailleurs la manière dont elles sont bâties ne permet point cette disposition. On peut cependant monter et descendre l'escalier de chaque maison sans entrer dans les offices ni dans les appartemens, et par conséquent sans déranger qui que ce soit; ce qui explique suffisamment le passage de saint Mathieu, où il est dit que « celui qui sera sur la maison ne descendra point pour emporter quoi que ce soit de la maison », en admettant cependant que l'action dont il est ici question ait besoin de cette interprétation.

» Il y a quelquefois du côté de la rue un seul balcon où une fenêtre à jalousie, qui encore ne s'ouvre que pendant la célébration de certaines fêtes, durant lesquelles ont lieu des divertissemens accompagnés de nombreuses extravagances. Dans ces circonstances, tout le monde se fait un point d'honneur de décorer sa maison extérieurement et intérieurement aussi splendidement que possible. Chacun aussi, homme et femme, se vêtit le plus richement qu'il peut, et tout le monde court pêle-mêle, entre et sort partout sans gêne ni cérémonie. Ce que l'Ecriture dit de Jézabel à l'entrée de Jéhu à Jezraël, «qu'elle se mit à la fenêtre le visage fardé et la tête parée,» donne une idée très exacte de la conduite des femmes de l'Orient dans ces circonstances.

» La partie supérieure des maisons est toujours plate et couverte en bon plâtre de Terrace, d'où lui vient son nom en langue franque, lequel est aussi en usage parmi les habitans de quelques districts de l'intérieur. Cette terrasse est entourée de deux murs, l'un extérieur et l'autre intérieur, ou d'appui. Le premier s'avance sur la rue, et sert en partie de séparation avec les terrasses voisines ; il est souvent si bas, qu'il serait très facile à franchir. L'autre, qui s'élève du côté de la cour, est partout à hauteur d'appui ; il répond au mot de l'Ecriture que la Vulgate traduit par *lorica*, et qu'on a rendu dans notre version par celui de *défenses*. Au lieu de ce mur, quelques terrasses ont seulement des balustrades de pierre ou de bois. C'est de cette dernière espèce qu'était probablement le treillis

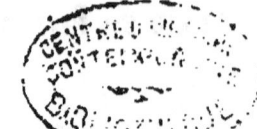

sur lequel s'appuyait Achazia, lorsqu'il tomba dans sa cour.

» Les terrasses servent à tous les usages domestiques, comme à étendre du linge, à sécher des figues et des raisins. On y prend aussi le frais le soir, on y cause, et on y fait ses dévotions. Si une ville est bâtie sur une surface plate ou dans une plaine, on peut, au moyen des terrasses, la parcourir d'un bout à l'autre sans passer dans les rues.

» Telle est en général la construction des maisons dans tout l'Orient. A la plupart des grandes maisons, on en ajoute une petite qui s'élève quelquefois un étage plus haut que l'autre, et ne consiste souvent qu'en une ou deux chambres et une terrasse. Il y a de ces petites maisons qui sont bâties au-dessus du porche ou de la grande entrée, et elles ont toutes les commodités des grandes, excepté le rez-de-chaussée. Il existe une porte de communication qui donne dans la galerie de la grande maison, et que l'on tient ouverte ou fermée à la volonté du maître, et une autre qui conduit directement par un escalier dérobé dans le porche ou dans la rue. Les Arabes donnent à la maison principale le nom de *dar* ou *bit*, et à la petite celui d'*olie* ou *oleah*. Celle-ci sert ordinairement à loger les étrangers. Les fils de la famille ont aussi la permission d'y garder leurs concubines, et le maître s'y retire souvent, soit pour se livrer en repos à la méditation, soit pour tout autre motif particulier. On s'en sert également comme de garde-meuble ou magasin.

» Les mosquées, que l'on appelle en arabe *mesg-jid*, sont bâties précisément comme nos églises (1). Au lieu de bancs, les Mahométans couvrent le pavé de nattes sur lesquelles ils s'asseient et se prosternent, en faisant beaucoup de contorsions. Au centre, à peu près, de chaque mosquée est une espèce de grande chaire entourée d'une balustrade, et élevée d'une demi-douzaine de marches. Chaque vendredi, jour de leurs assemblées religieuses, le moufti ou un imam (2) y monte, et explique quelque passage du Coran, ou exhorte le peuple à la piété et aux bonnes œuvres. Le côté de la mosquée qui regarde la Mecque, et vers lequel les Mahométans ont toujours le visage tourné pendant leurs prières, s'appelle *kiblah*. Il y a ordinaire-

(1) Il faut entendre ici les temples protestans.
(*Note du traducteur.*)
(2) C'est un prêtre subordonné au moufti.
(*Idem.*)

ment dans cette partie de la mosquée une niche vide, pour signifier la présence et en même temps l'invisibilité de Dieu ; et au côté opposé, une tour carrée, surmontée d'un mât de pavillon. C'est sur cette tour que le muezzim monte à des heures déterminées, et qu'après avoir déployé un petit drapeau, il appelle le peuple à la prière. Les Mahométans subviennent à l'entretien de leurs mouftis, de leurs imams, et de tous les individus attachés au service des mosquées, par le revenu de terres ou de maisons léguées par des particuliers, ou destinées par l'état à cet usage.

» Lorsqu'il s'agit d'enterrer quelqu'un, on porte son corps à la mosquée à l'heure de la prière de midi ou de l'après-midi, et alors tous ceux qui sont présens l'accompagnent à la fosse. Les Mahométans, dans ces cérémonies, ne marchent ni aussi gravement, ni avec autant de recueillement que les chrétiens ; ils se dépêchent, au contraire, autant qu'ils peuvent, et chantent, chemin faisant, quelques versets du Coran. La parfaite soumission et la résignation qu'ils ont à la volonté de Dieu ne leur permet pas, assurent-ils, de témoigner le moindre signe de douleur ou de tristesse à la mort de leurs parens ou de leurs amis, encore moins de se faire mutuellement des complimens de condoléance, quelque malheur qu'il leur arrive, ou quelque perte qu'ils puissent faire. Ils se contentent de dire aux plus proches parens du défunt : *Berka fe rassick*, c'est-à-dire la bénédiction soit sur votre tête.

» A l'exception d'un petit nombre d'individus que l'on enterre dans l'enceinte des mosquées, on transporte toutes les autres personnes décédées à quelque distance des villes et des villages, où il existe toujours un vaste terrain destiné à la sépulture des morts. Chaque famille y a une place distincte, laquelle est entourée d'un mur comme un jardin, et où les cendres de ses aïeux reposent en paix depuis plusieurs générations; car chaque corps a sa tombe séparée, avec une pierre à la tête et une autre aux pieds, portant le nom du défunt. L'entre-deux d'un tombeau à l'autre est planté de fleurs, et bordé de pierres, ou pavé de briques. Les tombeaux des personnes opulentes sont de plus surmontés de petites fabriques carrées ou de coupoles. Ces tombeaux sont entretenus avec un soin et une propreté remarquables. Pendant les deux ou trois premiers mois du décès d'un individu, les femmes de sa famille vont pleurer une fois par semaine sur sa tombe, et y faire leurs *parentalias* ou repas funèbres.

» Je crois devoir faire une remarque, relativement aux édifices et aux bâtimens dont j'ai parlé, c'est que le mortier et le ciment que l'on y emploie, surtout lorsqu'il s'agit de quelque ouvrage durable, sont aussi bons, et paraissent avoir la même consistance que ceux des Romains. Les citernes construites dans diverses parties de la régence de Tunis, par le sultan Ben-Égleh, offrent sans contredit le même degré de solidité que celles de l'ancienne Carthage, dont on a tant parlé, et sont encore aujourd'hui aussi intactes que si elles venaient d'être bâties, excepté là où on les a détruites à dessein.

» Voici comment les Maures font leur ciment. Ils prennent deux parties de cendre de bois, trois de chaux, et une de sable fin, qu'ils passent au tamis; après quoi ils mêlent intimement le tout ensemble, et battent ensuite ce mélange avec des maillets de bois pendant trois jours et trois nuits consécutifs, en y jetant alternativement, et à des intervalles déterminés, de l'eau et de l'huile, jusqu'à ce que le ciment ait acquis la consistance requise. Ils s'en servent principalement dans la construction de leurs voûtes, de leurs citernes et de leurs terrasses; mais les conduits de leurs aquéducs sont lutés avec des étoupes battues, de la chaux et de l'huile, sans y mêler de l'eau. Ces deux cimens acquièrent en peu de temps la dureté de la pierre, et sont impénétrables à l'eau.

» Au lieu de colle ordinaire, leurs menuisiers se servent souvent d'une composition faite avec du fromage qu'ils pilent d'abord dans un mortier avec un peu d'eau, jusqu'à ce qu'ils en aient fait sortir tout le petit-lait, puis une seconde fois en y mêlant un peu de chaux fine; après quoi ils appliquent ce mélange, avec le plus de promptitude possible, aux planches qu'ils veulent joindre ensemble. On m'a assuré que cette espèce de colle est si tenace, que quand une fois elle est sèche, l'eau même ne peut plus la détremper.

» Après avoir parlé des maisons de villes, nous tournerons nos regards vers la campagne, et nous dirons quelques mots sur les habitations des Kabyles et des Bédouins, les premiers desquels occupent pour la plupart les montagnes, et les autres les plaines de la régence. Ceux-ci vivent sous des tentes nommées en arabe *hymas*, à cause de l'ombre qu'elles procurent, et *bit-el-char*, c'est-à-dire maisons de poil, à cause de la matière dont elles sont faites. Les anciens latins les appelaient *mapalia*, et elles étaient de leurs temps, comme elles le sont encore aujourd'hui, garanties contre les ardeurs du soleil et les intempéries de l'air, par une simple couverture de crin ou de poil, semblable au tissu dont on se sert en Angleterre pour faire les sacs à charbon. Il s'ensuit que Virgile a eu raison de les nommer *mapalia tectis* (toits minces (1). Lorsqu'il y en a plusieurs réunies, depuis trois seulement jusqu'à trois cents, elles forment ce que l'on appelle une *douare*, et sont ordinairement rangées en cercle, ainsi que je l'ai déjà fait remarquer. Elles sont toutes de forme oblongue, et ressemblent assez, comme le remarque Salluste, à un vaisseau renversé; elles diffèrent cependant, quant à la grandeur, d'après le nombre des personnes destinées à les habiter, et sont, en raison de leur étendue, soutenues les unes par un, les autres par deux ou trois piquets, et distribuées par un ou deux rideaux en autant de pièces. Ces piquets ne sont que des perches droites ou des bâtons de huit à dix pieds de long sur trois à quatre pou-

---

(1). Voyez les *Géorgiques*, livre III.

ces de diamètre, et servent non seulement à soutenir la tente, mais encore, au moyen de crochets que l'on y enfonce, à suspendre les habits, les paniers, les selles, les armes, etc., des commensaux. Nous voyons dans le livre de Judith que le cimeterre d'Holopherne était aussi suspendu au pilier de sa tente. Ce pilier y est appelé « le pilier du lit, » peut-être parce que c'était la coutume alors, comme cela l'est encore aujourd'hui parmi les Arabes, de tourner le chevet du tapis, du matelas ou de la natte sur laquelle ils couchent, du côté du pilier le plus éloigné du bord de la tente. Le mot grec *Konoteion*, que notre version rend par *pavillon*, devrait être, selon moi, plutôt traduit par le mot filet ou gaze, qui laisse sous-entendre l'espèce de rideau (moustiquaire) dont les gens aisés se servent dans tout le Levant pour se garantir des moustiques et des moucherons. Quant aux Arabes, ils n'ont rien de semblable. Lorsqu'ils veulent se livrer au repos, ils se couchent tout simplement sur un tapis ou une natte étendue par terre, soit au milieu ou dans un coin de leurs tentes, enveloppés seulement dans leur *haïke*; mais ils n'ont ni lits, ni matelas, ni oreillers. Les gens mariés se retirent dans les compartimens formés par les rideaux;

les autres s'arrangent du mieux qu'il peuvent. Les descriptions que nous ont laissées Virgile et Pomponius-Mela, de la manière de vivre et de camper de ces peuples, sont tellement exactes, que l'on ne dirait certainement pas qu'elles ont été écrites il y a dix-huit siècles.

» Mais abandonnons les plaines, et des douares des Bédouins allons visiter les *dachekras* des Kabyles, lesquels sont composés d'un nombre plus ou moins grand de *gourbies*, comme les douares le sont d'hymas. Ces gourbies sont ordinairement construites en claies enduites de terre, en pierres provenant de quelques ruines du voisinage, ou bien en grands quartiers de terre glaise séchée au soleil. Le toit, qui est couvert en paille ou en gazon, repose sur une couche de roseaux ou de branches d'arbres. Il y a rarement dans ces gourbies plus d'une pièce, qui sert en même temps de cuisine, de salle à manger et de chambre à coucher. Il y existe cependant une partie séparée qui est destinée aux poulains, aux veaux et aux chevaux, ainsi que cela a lieu dans les hymas des Bédouins. Au reste, ces chaumières, qui sont vraisemblablement ce que les anciens appelaient *magalia*, par la nature de leur construction, sont stables, et ne peuvent point se transporter.

D'après ce que nous apprend Virgile, Carthage n'était, avant le règne de Didon, qu'un dachekra du genre de ceux dont il vient d'être question.

» A en juger par la situation et l'idiome propre et particulier des Kabyles, qui diffère matériellement de l'arabe, on est porté à croire que c'est le seul peuple de la Barbarie qui a quelque analogie avec les anciens habitans de l'Afrique. Car en admettant que les plaines et les parties cultivées de ces contrées aient été souvent conquises et reconquises, il est très probable que tous les districts montagneux, ou du moins la plus grande partie, n'ont pas subi le même sort; et que leurs habitans, grâce à la difficulté d'y pénétrer, n'ont point été troublés dans leur vie indépendante. Ainsi, tandis que les nomades et les autres peuples qui habitaient les villes et les villages du pays plat ont perdu par degrés l'usage de leur ancienne langue, et qu'il s'est introduit parmi eux de nouvelles lois et de nouvelles coutumes analogues au génie des conquérans, les Kabyles, s'étant retirés dans les montagnes, et s'y étant formés en tribus, ont conservé la plupart de leurs anciens usages. En outre, il est probable que se trouvant forcés par leur éloignement à n'avoir presque de relations qu'entre eux, cette circonstance aura encore contribué au maintien de leurs premières coutumes, et à la conservation, sans beaucoup d'altération, de leur langage primitif.

» Quoi qu'il en soit, je ne prétends pas donner mes conjectures, surtout sur ce dernier point, pour des faits positifs, parce que ce serait peut-être beaucoup hasarder que de vouloir établir quelque identité à cet égard après un si long laps de temps. En effet, il est difficile de croire que cet idiome ait pu se conserver si long-temps dans sa pureté, lorsqu'on considère que les Carthaginois, qui étendaient alors leur domination sur l'Afrique entière, depuis Cyrène jusqu'à l'Océan, devaient, tant par leurs conquêtes que par leurs colonies, avoir rendu en quelque sorte universelle leur langue, dont on trouve un spécimen dans la comédie de Plaute intitulée *Panulus*. D'ailleurs, l'ancienne langue de l'Afrique doit vraisemblablement avoir éprouvé des changemens encore plus considérables dans la suite des temps, par le séjour dans ces contrées, des Romains, puis des Vandales, qui y vinrent après eux. Quoi qu'il en puisse être, tout ce que l'on peut dire avec certitude, c'est qu'il n'y a pas la moindre analogie entre les mots primitifs du *choouah*, nom donné aujourd'hui à la langue en question, et les mots hébreux et arabes qui ont la même signification.

» Après avoir parlé des habitations des Kabyles, je donnerai ici quelques détails sur leurs vêtemens, leur manière de vivre et leurs occupations domestiques, la principale desquelles consiste dans la fabrication de leurs haïkes (nom qu'ils donnent à leurs couvertures de laine), et des tissus de poil de chèvre dont ils couvrent leurs tentes. Il n'y a que les femmes qui s'occupent de ce genre de travail, comme faisait jadis Andromaque et Pénélope. Elles ne se servent point pour cela de navette, mais dirigent chaque fil de la trame avec les doigts. Les haïkes, qui ont ordinairement dix-huit aunes de long et cinq à six pieds de large, forment l'habillement complet des Kabyles et des Arabes pendant le jour, et leur tiennent lieu de lit et de couverture pendant la nuit. C'est un vêtement léger, mais fort incommode, en ce qu'il se dérange et tombe souvent; ce qui oblige ceux qui le portent à le relever et à le rajuster à tout moment. Cet inconvénient explique de quelle utilité est pour eux une ceinture lorsqu'ils ont besoin d'agir, et par conséquent toute l'énergie de cette expression allégorique que l'on retrouve si souvent dans l'Écriture, « d'avoir les reins ceints. » La manière de porter la haïke, et l'usage que l'on en a constamment fait comme couverture, porte à croire que du moins les plus fines, c'est-à-dire telles que les portent les femmes et les hommes d'un certain rang parmi les Kabyles, sont ce que les anciens appelaient *peplus*. Il est très probable aussi que la toge des Romains était à peu près semblable à la haïke des Kabyles ; c'est du moins ce que l'on est porté à croire, à la manière dont sont drapées leurs statues. A la *fibula* ou agrafe dont les anciens se servaient pour fixer ce vêtement, les Kabyles ont substitué du fil ou une cheville de bois.

« Les bournouses, qui sont leurs manteaux, se tissent dans les douares et daus les dachekras, quoiqu'il s'en fabrique aussi dans la plupart des villes et des villages, ainsi que des haïkes. Le bournouse est tout d'une pièce, étroit autour du col, avec un capuchon pour couvrir la tête, et large dans la partie inférieure comme un manteau. Il y en a qui sont bordés d'une frange au bas, comme celui de Parthénaspe, et celui de Trajan, que l'on voit sur le bas-relief de l'arc de Constantin. Le bournouse, si on en ôte le capuchon, répond à peu près au *pallium* des Romains, et avec le capuchon au *bardocucullus* des Gaulois. C'est probablement aussi la même chose que la *saye* de Notre-Seigneur, dont il est dit « qu'elle était sans couture, et tissu tout d'une pièce depuis le haut jusqu'en bas; » et que la robe des Israélites, dans laquelle ils liaient leur maïs pour l'emporter, ainsi que le font encore aujourd'hui les Maures, les Arabes et les Kabyles, lorsqu'ils ont quelque chose de lourd à transporter.

» Il y a beaucoup d'Arabes et de Kabyles qui ne se servent du capuchon de leurs bournouses que contre la pluie et le froid; ils vont d'ailleurs la tête nue d'un bout de l'année à l'autre, comme le faisait autrefois Massinissa, en ayant seulement la précaution de se passer un petit lien autour de la tête, afin de n'être pas incommodés par leurs cheveux. C'est probablement de cette coutume que le diadème des anciens tire son origine, comme on le voit par les bustes et les médailles que nous a transmis l'antiquité; peut-être même ne servait-il d'abord qu'à cet usage, excepté lorsqu'il était orné de pierres précieuses? Mais les Maures, et les Turcs en général, ainsi que les Arabes des tribus les plus riches, portent sur le sommet de la tête une petite calotte rouge, dont la fabrication est une des principales industries du pays. Le turban, qui consiste en une bande longue et étroite de toile, de soie ou de mousseline, enveloppe cette calotte, de manière que la disposition des plis sert non seulement à faire reconnaître les divers grades dans l'armée, mais encore à distinguer les différentes classes d'individus : les marchands et les bourgeois des militaires. On voit aussi des coiffures et des ornemens de tête semblables au turban, sur les médailles, les statues et les bas-reliefs antiques. La calotte rouge paraît être ce que les anciens appelaient *tiare*.

» Quelques hommes portent sur leur haïke une veste ou tunique fort étroite, qu'ils nomment, je crois, *jibella* ; il y en a à manches et sans manches. Ce vêtement ressemble assez à la tunique des Romains et au costume sous lequel on représente ordinairement la constellation du bouvier, ainsi que la haïke. On est obligé, lorsqu'on travaille ou qu'on se livre à quelque exercice, de l'assujettir par une ceinture ; mais il arrive plus communément alors que les Arabes ôtent leur haïke et leur bournouse, et ne gardent que la tunique. C'est apparemment ici le vêtement dont Notre-Seigneur resta couvert, lorsqu'il est dit « qu'il ôta ses habits, et qu'il prit un linge et s'en enveloppa », ainsi que la robe de dessous dont se vêtit saint Pierre lorsqu'il est dit avoir été nu ; et l'habit que l'ange lui ordonna de mettre avant que de prendre sa robe. Or, comme la haike et le bournouse constituaient vraisemblablement à cette époque le véritable costume des Orientaux, comme ils forment encore aujourd'hui celui des Kabyles et des Arabes, il ne doit pas paraître extraordinaire, attendu la manière hyperbolique avec laquelle ces peuples sont dans l'habitude de s'exprimer, d'entendre dire d'un homme qu'il est nu lorsqu'il a seulement ôté ses vêtemens de dessus, et se présente en veste.

» Les ceintures des Kabyles ou des Arabes, qui font plusieurs fois le tour du corps, sont ordinairement de laine, artistement travaillées, et ornées de différentes figures. L'un des bouts, qui est retourné et doublé, est cousu des deux côtés, et leur sert de bourse; ce qui est conforme au sens dans lequel le mot zone se prend quelquefois dans l'Écriture. Les Turcs et les Arabes se servent encore de leurs ceintures pour porter leurs couteaux et leurs poignards ; et leurs hojias ou gens de plume, leurs écritoires.

« Les Turcs et les Maures portent ordinairement une chemise sous leurs tuniques ; mais en général les Arabes n'en ont point. Il est vrai cependant que dans quelques douares le mari et la femme sont obligés, par cérémonial, de mettre une chemise le jour de leurs noces. Toutefois, par une superstition fort ridicule, ils ne la quittent plus qu'elle ne soit entièrement usée. Les chemises des hommes ont des manches larges et ouvertes sans aucun pli au poignet. Celles des femmes sont faites de gaze et de rubans de différentes couleurs, cousues par bandes. Les Bédouins ne portent point non plus de caleçons, quoique les habitans des villes, tant hommes que femmes, ne paraissent jamais sans en avoir ; ils ne manquent surtout point d'en mettre lorsqu'ils sortent et reçoivent des visites. Les caleçons des filles sont distingués de ceux des femmes mariées, en ce qu'ils sont ornés de broderies à l'aiguille ou rayés de bandes de soie et de toile, comme était la robe de Thamar. Lorsque les femmes restent chez elles, elles ôtent leurs haïkes, quelquefois même leurs tuniques ; et au lieu de caleçons elles s'enveloppent seulement les reins d'une serviette. Il en résulte qu'une dame de Barbarie en déshabillé est précisément dans l'état où l'on représente le bon Silène dans l'Admiranda.

» Je dois remarquer, relativement à l'habillement des femmes moresques, que lorsqu'elles paraissent en public, elles s'enveloppent si exactement de leurs haïkes, que, quand même elles ne porteraient pas de voiles, il serait fort difficile de leur voir le visage. Mais en été, lorsqu'elles sont à la campagne, elles se promènent avec moins de réserve et de précautions ; seulement, si un étranger vient à les approcher, elles laissent tomber leurs voiles, et se couvrent le visage, comme nous lisons que le fit Rebecca à la rencontre d'Isaac. Elles portent généralement les cheveux très longs, ou bien elles en font une tresse qu'elles relèvent sur le derrière de la tête, et qu'elles entrelacent de rubans. Celles qui n'ont pas beaucoup de cheveux, ou qui ne les ont pas assez longs, en portent de postiches. Après cette première disposition de leurs cheveux, les femmes se coiffent d'un fichu triangulaire, brodé avec beaucoup d'art, qu'elles serrent fortement, et dont elles relèvent les angles sur la tresse dont il a été question. Les femmes d'un certain rang mettent par-dessus ce fichu ce qu'elles appellent une *sarmah*, qui n'en diffère pas beaucoup pour la forme, et qui est ornée de plaques d'or ou d'argent minces et flexibles, diversement gravées, et découpées comme de la dentelle. Enfin un mouchoir de crêpe, de gaze, de soie ou de toile peinte qu'elles ajustent autour de la sarmah, et dont les bouts leur pendent négligemment sur le dos, achèvent la toilette de tête des dames moresques.

» Toutefois, elles croiraient qu'il y manquerait quelque chose, si elles ne se teignaient pas les cils avec de l'*al-ka-hal*, qui est de la poudre de mine de plomb. Cette opération, qui se fait en trempant dans la composition un petit poinçon de bois de la grosseur d'une plume à écrire, et le passant ensuite entre les paupières, nous offre une explication à peu près positive de ce que le prophète Jérémie entend lorsqu'il dit : « Tu t'érailles les yeux avec du fard. » Dans l'Orient, comme en Afrique, les femmes croient que la couleur foncée que l'on parvient par ce procédé à donner aux yeux, contribue à augmenter leur douceur naturelle. Cet usage paraît être très ancien, ainsi que le prouve le passage de l'Écriture où il est dit de Jézabel qu'elle « se mit à une fenêtre le visage fardé ; » le texte de l'original porte littéralement qu'elle orna (ou peignit) ses yeux avec de la mine de plomb.

» Cette coutume n'était pas en usage dans l'Orient seul; car divers auteurs attestent qu'elle était connue des femmes grecques et romaines. En outre, j'ai vu tirer des catacombes de Sakara un morceau de roseau qui renfermait un poinçon de l'espèce dont j'ai parlé, et plus d'une once de poudre de mine de plomb.

» La fabrication des tapis forme une autre branche du commerce et de l'industrie de ce pays. Mais ils ne sont ni aussi beaux, ni aussi bons que ceux de Turquie, quoique d'ailleurs ils soient plus doux et à meilleur marché, et qu'on les préfère pour coucher. Il existe à Tunis et à Alger des métiers à fabriquer du velours, du taffetas et d'autres étoffes de soie. On fait aussi dans tout le pays de la toile grossière; la plus fine vient de Susa. La plus grande partie des objets manufacturés se consomment dans le pays, et l'on est même souvent obligé de faire venir des étoffes de soie et de la toile, de l'Europe et du Levant, parce que le peu qui s'en fabrique ne saurait suffire aux besoins des habitans. Je ferai remarquer à cette occasion que les exportations de la Barbarie se bornent à du blé ; il est à ma connaissance qu'avant la prise d'Oran par les Espagnols, nos négocians en tiraient par les différens ports des deux régences, jusqu'à sept et huit mille tonneaux par an. Les autres productions de ces contrées consistent en huile, peaux, cire et légumes ; mais la quantité des unes et des autres est très minime. Il s'y fait une si grande consommation d'huile, particulièrement dans la régence d'Alger, qu'il est rarement permis d'en vendre aux chrétiens pour l'exporter ; et quoique l'huile soit plus abondante aux environs de Tunis et de Susa, il n'y a que les marchands maures qui ont la permission d'en acheter, encore sont ils obligés de s'engager à ne l'envoyer qu'à Alexandrie, à Damiette, ou dans quelqu'autre port appartenant aux Musulmans.

» Toutes les denrées nécessaires aux besoins de la vie sont ici à très bas prix. Par exemple, on peut se procurer pour moins d'un centime (1) un gros pain, une botte de navets, et un petit panier de fruits. Une volaille vaut 25 centimes, un mouton environ 4 francs 40

(1) L'auteur dit la 676° partie d'un dollar.
(*Note du traducteur.*)

centimes, et une vache avec son veau 25 francs. Le blé ne coûte ordinairement, année commune, qu'un franc 50 à 1 franc 80 centimes le boisseau (1). Cette modicité de prix est un bienfait pour les habitans du pays, qui, comme tous les Orientaux, mangent beaucoup de pain. En effet, on compte que sur quatre personnes, il y en a trois qui s'en nourrissent exclusivement, ou tout au moins de pâtes faites avec de la farine d'orge ou de froment.

» Il existe dans toutes les villes et les villages des fours publics. Les Maures font ordinairement lever la pâte; mais il n'en est pas de même des Bédouins, qui, dès que celle-ci est pêtrie, en forment des gâteaux minces, qu'ils cuisent sur la braise ou dans un *ta-jen* (2). Telles étaient les pains, les beignets et les gâteaux sans levain dont il est si souvent mention dans l'Écriture-Sainte.

» Dans la plupart des familles on moût soi-même le froment et l'orge dont on a besoin. On a pour cet effet deux meules portatives, l'une desquelles, c'est-à-dire la supérieure, se

---

(1) Ces différens prix sont exprimés en argent d'Angleterre dans l'auteur. (*Note du traducteur.*)

(2) Vaisseau de terre plat, qui ressemble à une poêle à frire. (*Note de l'auteur.*)

meut au moyen d'un manche de bois ou de fer placé sur le bord. Lorsque la meule est grande, ou que l'on veut y mettre de la célérité, on emploie deux femmes pour la faire tourner ; car, de nos jours comme dans l'antiquité, ce sont toujours des femmes qui ici sont chargées de ce travail, et qui pour cela se placent ordinairement l'une vis-à-vis de l'autre, de manière qu'elles ont la meule entre elles; ce qui explique ce que dit Moïse en parlant de la servante qui est au moulin ; et ces mots de Notre-Seigneur « que deux femmes moudront au moulin ; et que l'une sera prise et l'autre laissée, » Athénée nous a conservé un passage d'Aristophane qui fait mention d'une coutume encore en usage de nos jours parmi les Bédouines, celle de chanter pendant tout le temps qu'elles s'occupent à cet ouvrage.

» Outre le bouilli et le rôti (plats qu'ils accommodent d'une manière fort délicate), les Turcs et les Maures mangent encore toutes sortes de ragoûts et de viandes fricassées. Chez les gens riches, on sert aussi un grand nombre de plats d'amandes, de dattes, de confitures, de laitage, de miel, et d'une multitude d'autres comestibles semblables dont il serait ennuyeux de faire ici l'énumération. J'ai vu quelquefois servir dans leurs fêtes plus de deux cents plats, qui étaient apprêtés au moins de quarante manières différentes. Mais les Bédouins et les Kabyles n'ont ni les ustensiles ni les commodités nécessaires pour faire des repas aussi splendides. Deux ou trois plats de bois, un pot et un chaudron, composent toute la batterie de cuisine du plus grand émir. Tous, depuis le plus pauvre Bédouin jusqu'au plus riche pacha, ont cependant la même manière de prendre leurs repas. Ils se lavent premièrement les mains, après quoi ils s'asseient, les jambes croisées, autour d'une natte ou d'une table basse. Mais ils n'ont pour tout linge de table qu'un grand essuie-mains qui est disposé autour de la natte. L'usage des couteaux et des cuillers n'est pas général parmi eux, leurs viandes étant bouillies ou rôties au point qu'il n'est pas nécessaire de les découper. Leur couscous, leur pillau, et autres mets du même genre que nous mangerions à la cuiller, se servent tièdes. Aussitôt que la table est servie, les convives mettent tous à la fois la main droite dans le plat, puis chacun en retire avec les doigts la quantité suffisante pour une bouchée, et en fait dans la paume de la main une petite boulette qu'il avale ensuite. Dès qu'un convive a mangé suffisamment, il se lève, et, après s'être lavé, s'en va, sans proférer un mot, et un autre prend aussitôt sa place. Il en résulte souvent que le valet succède à son maître ; car ces peuples ne connaissent pas l'usage d'avoir plusieurs tables. Lorsqu'ils prennent leurs repas, ou, pour mieux dire, toutes les fois qu'ils mangent ou boivent, qu'ils travaillent ou qu'ils entreprennent quelque chose, ils ne manquent jamais de prononcer avec beaucoup de respect et un grand sérieux le mot *bismallah,* c'est-à-dire au nom de Dieu ; et lorsqu'ils on fini de manger ou de travailler, celui d'*Alhamdilluh,* ou le Seigneur soit loué !

» Les Turcs et les Maures se lèvent en général de très bonne heure, et ne manquent jamais de faire leurs dévotions publiques au point du jour ; ensuite chacun se met à son ouvrage, ou vaque à ses affaires accoutumées jusqu'à dix heures, qui est ordinairement celle du dîner ; après quoi ils reprennent leurs occupations jusqu'à *lazaro,* qui est le moment des prières de l'après-midi, et durant lesquelles tout travail cesse, et les boutiques sont fermées. On soupe communément après la prière de *magreb* ou du soleil couchant ; on prie encore lorsque le guet commence sa ronde ; et on se couche dès qu'il fait nuit. (1). Beaucoup de gens oisifs passent la journée à causer dans des *haf-effs* (boutiques de barbiers), aux bazars ou dans les cafés ; tandis que nombre de jeunes Turcs et de Maures, ainsi que des militaires non mariés, font des parties de plaisir à la campagne, ou se divertissent dans quelques lieux publics ; ce qui, à la vérité, est expressément défendu par leur religion, mais que les magistrats sont souvent obligés de tolérer par différens motifs.

» Les Arabes sont éminemment paresseux, et n'exercent aucun art ni aucune profession ; ils passent leur vie entière soit à ne rien faire ou à s'amuser. Quand ils ne sortent pas, ils restent tranquillement chez eux à fumer au frais. Ils ne connaissent point les plaisirs domestiques, et ne savent ce que c'est que de causer avec leurs femmes, ou de jouer avec leurs enfans. Tout ce qu'ils aiment le plus au

(1) Il y a cinq prières : le première qui se fait au point du jour, et se nomme *caban* ; la seconde à midi, et se nomme *dohor* ; la troisième avant la nuit, en quelque saison que ce soit, et qui est appelée *lazaro* ; la quatrième et la cinquième, qui ont toujours lieu pendant la nuit, et que l'on nomme *magreb* et *lutamar*.

(*Note du traducteur.*)

monde, ce sont leurs chevaux, qui sont les seuls objets de leurs soins, ceux dans lesquels ils font consister leurs plus grandes jouissances ; et jamais ils ne sont plus satisfaits que lorsqu'ils se trouvent éloignés de chez eux, occupés à chasser, ou livrés à d'autres divertissemens.

» Il s'ensuit que les Arabes et les Orientaux, en général, sont très bons cavaliers. J'en ai vu au Caire qui ramassaient un *djerrid* (1) au grand galop; et il n'y a pas un Arabe qui ne puisse facilement terrasser un sanglier. On voit dans l'un des médaillons de l'arc de Constantin une chasse au sanglier très bien représentée ; cette chasse se fait encore aujourd'hui de la même manière chez les Arabes. Après avoir lancé la bête, on tâche de la fatiguer à force de tours et de détours, puis on lui décoche un javelot, ou bien on l'attaque la lance à la main. Lorsqu'il s'agit de la chasse au lion, on somme tous les hommes d'un même district de s'y trouver. Une fois réunis, ils forment, en raison de leur nombre et selon que le terrain le permet, une espèce de ligne de circonvallation de deux, trois

---

(1) Le *djerrid* est une baguette d'environ quatre pieds de long, et qui est ferrée à un bout. Les Arabes s'en servent comme d'une arme offensive et défensive.

(*Note de l'auteur.*)

ou quatre lieues de circuit. Ces premières dispositions prises, ceux qui sont à pied s'avancent avec leurs chiens et la pique à la main, puis battent les buissons et les taillis pour faire lever l'animal, tandis que les cavaliers les suivent à une petite distance, et se tiennent prêts à charger le lion dès qu'il paraît. Le cercle que décrivent les chasseurs se resserrant graduellement, il arrive souvent que l'enceinte se rétrécit au point qu'ils finissent par se toucher. Ces sortes de battues se bornent rarement à la chasse du lion ; car elles englobent aussi des chacals, des hyènes, des lièvres, et autres animaux sauvages. On a remarqué ici que lorsque le lion s'aperçoit qu'il est en danger, et quelquefois même en sortant de sa tanière, il se jette sur le chasseur qui se trouve le plus à sa proximité, et se laisse tailler en pièces plutôt que de lâcher prise.

» La chasse à l'oiseau est un des plus grands plaisirs des Arabes, et de tous les gens un peu aisés dans la régence de Tunis, dont les forêts et les bois fournissent abondamment des éperviers et des faucons que l'on dresse à cet effet. Il paraît même qu'il y a deux siècles cet État était célèbre pour ce genre d'oiseaux.

» Ceux qui chassent au fusil ne font pas

comme nous lever le gibier avec un chien; mais se couvrant par-devant d'un morceau de toile tendu sur deux bâtons, ils se promènent ainsi dans les endroits où ils croient en trouver. Cette toile est ordinairement barriolée de différentes couleurs; quelquefois même on y peint un léopard; et à la hauteur du visage il y a un ou deux trous, à travers lesquels le chasseur regarde pour voir ce qui se passe devant lui. Ce qu'il y a d'assez singulier, c'est qu'à l'aspect de cette figure, les oiseaux qui vont communément par volées et dispersés, comme les rhaads, les kitaouiahs, les perdrix et autres, se réunissent aussitôt par troupes nombreuses, et que même les bécasses, les cailles et autres oiseaux vivant isolément, s'arrêtent comme saisis d'effroi. Le chasseur profite de cette circonstance pour s'approcher de sa proie le plus possible, puis posant sa toile à terre et passant son fusil par l'un des trous destinés à éclairer sa marche, il tue ordinairement un très grand nombre d'oiseaux.

» Les Arabes ont encore une autre manière de faire la chasse aux perdrix, mais qui est beaucoup plus fatigante que celle que nous venons de décrire. On a remarqué qu'après les avoir fait lever deux ou trois fois de suite, ces oiseaux en deviennent si las et si abattus, que rien n'est plus facile pour ceux qui les poursuivent avec l'acharnement qu'y mettent les Arabes, de se jeter dessus avant qu'ils aient pu se relever, et de les assommer.

» Quant aux mœurs et aux coutumes des Bédouins, il est bon de dire qu'ils ont conservé un grand nombre d'usages de leurs aïeux, tel qu'il en est fait mention dans l'histoire sacrée et profane, et qu'à la religion près, on peut dire, jusqu'au costume, que c'est encore le même peuple que son isolement et sa vie nomade ont soustrait jusqu'à présent aux fréquens changemens qui se sont introduits parmi les habitans des villes. Lorsque deux Bédouins se rencontrent, ils s'abordent en se disant, comme le faisaient leurs pères, *salem alekum*, ou la paix soit avec toi ; souhait dont leur superstition a fait un compliment religieux, et qui en ce sens signifie : « Je souhaite que tu sois dans la voie du salut. » Avant que les Mahométans eussent conquis ce pays, on se disait en s'abordant : « Dieu te prolonge la vie » ; ce qui revient à l'ancien compliment punique, *havo adoni*, que l'on trouve dans Plaute. Les inférieurs baisent par déférence et par respect les pieds, les genoux, et les habits de leurs supérieurs ; les enfans et les neveux la tête de leurs père et mère, de leurs aïeuls et de leurs plus proches parens. La posture la plus ordinaire que l'on prend lorsqu'on se salue mutuellement est de mettre la main droite sur la poitrine. Mais quand on est intime, ou égal en âge et en dignité, on se baise réciproquement la main, la tête ou l'épaule. A la fête du bairam (1) et dans d'autres occasions solennelles, les femmes baisent aussi la main de leurs maris en les saluant.

» Les personnes du premier rang, dans ce pays, ne se font aucun scrupule de s'occuper de choses que nous autres Européens nous regardons comme au-dessous de nous. Par exemple, le plus grand personnage ne croit point s'humilier en allant prendre lui-même un agneau de son troupeau pour le tuer ensuite, pendant que sa femme prépare le feu et tout ce qui est nécessaire pour l'accommoder.

» Il est un autre usage qui contraste aussi assez avec notre manière de voir, mais qui paraît cependant assez naturel dans un pays où l'on marche pieds nus, sans autre chaussure

―――――

(1) C'est la Pâque des Turcs.

(*Note du traducteur.*)

que des sandales ; c'est d'offrir à tout étranger qui se présente dans une maison, de l'eau pour se laver les pieds. C'est toujours le maître de la maison qui la présente, qui souhaite la *marhabbah* ou la bienvenue à l'étranger, et se montre le plus prévenant de toute la famille. Le repas étant prêt, il ne se met point à table avec son hôte, mais se tient debout auprès de lui pour le servir.

» Néanmoins, toute cette politesse n'influe en rien sur les inclinations des Arabes. Naturellement perfides et voleurs déterminés, on les voit quelquefois dépouiller le matin sur le grand chemin ceux qu'ils ont accueillis la veille avec la plus touchante hospitalité. On les accuse non seulement de dévaliser ainsi les étrangers et tous ceux qu'ils surprennent sans défense, mais encore de nourrir des haines et des animosités héréditaires et implacables les uns contre les autres ; accomplissant ainsi, encore aujourd'hui, ce que l'ange prédit à Agar touchant Ismaël : « qu'il serait un âne sauvage ; qu'il leverait la main contre tous, et que tous leveraient la main contre lui. » Je dois cependant dire, à l'honneur des Maures occidentaux, que, depuis un temps immémorial, ils trafiquent avec différentes peuplades barbares qui habitent le long du Niger, sans les avoir jusqu'à présent jamais trompées, ni enfreint en aucune manière les traités qu'ils ont conclus ensemble, quoiqu'ils n'aient d'ailleurs aucun rapport direct les uns avec les autres. Voici comment leur trafic a lieu. Chaque année, en hiver, les Maures expédient une caravane nombreuse, portant une grande quantité de coraux et de colliers de verre, des brasselets de corne, des couteaux, des ciseaux et autres objets de quincaillerie. Arrivés au lieu indiqué, et à un jour déterminé par l'une des phases de la lune, ceux qui sont chargés de la conduite de la caravane trouvent, sur le soir, des petits tas de poudre d'or rangés sur une ligne. Les Maures placent alors auprès de chacun d'eux à peu près l'équivalent en articles qu'ils ont apportés, et que les Nigritiens enlèvent le lendemain matin s'ils sont satisfaits de l'échange, en laissant leur poudre d'or, sans y toucher. Dans le cas contraire, ils en diminuent ce qu'ils jugent équitable; et tout cela se passe sans la moindre supercherie.

» L'ancienne coutume des Nasamons, de boire dans la main l'un de l'autre en se donnant leur foi, est encore aujourd'hui la seule cérémonie matrimoniale en usage parmi les Algériens. Seulement les pères et mères des jeunes époux règlent d'avance les termes du contrat de mariage, où sont expressément spécifiés le montant du *saddock* ou de la dot, le nombre de robes, de bijoux et d'esclaves que l'épouse doit avoir en entrant dans la maison de son mari. Du reste, les futurs époux ne se voient point avant le jour de la célébration du mariage. Un mari peut renvoyer sa femme quand cela lui plaît, en lui rendant toutefois sa dot; mais il ne peut plus la reprendre, à moins qu'elle n'ait été remariée à un autre.

» On traite ici de puérilités les égards qu'en Europe on a pour les femmes, et l'on prétend que nos déférences pour le beau sexe sont autant d'infractions que nous faisons à la loi naturelle, qui assigne à l'homme la supériorité sur la femme. Il s'ensuit que les premières dames de ce pays ne sont regardées que comme des servantes d'une classe supérieure (rang qu'un grand jurisconsulte anglais assigne également aux dames de son pays), dont en effet elles remplissent à peu près les devoirs. Car, pendant que les maris se reposent nonchalamment, et que les enfans, garçons et filles, gardent les troupeaux, les femmes mariées sont occupées le jour entier à leur métier à tisser, à moudre du blé, ou à faire la cuisine. Mais leurs travaux ne s'arrêtent pas là ; il faut encore que le soir elles aillent chercher de l'eau dans des cruches et des outres, souvent à plus d'une lieue de distance, et quelquefois chargées de leurs enfans à la mamelle, qu'elles allaitent chemin faisant. Cependant, au milieu de tant de peines et d'embarras, les femmes des villes, comme celles de la campagne, ne quittent jamais aucun de leurs ornemens, tels que leurs brasselets, leurs maniches, leurs boucles d'oreilles et de nez (ces dernières sont encore en usage parmi les femmes arabes), et ne négligent même pas de se teindre les paupières, tant est grand l'amour des Africaines pour la parure !

» La plupart des femmes moresques passeraient pour belles, même en Angleterre. Quant à leurs enfans, ils ont assurément le plus beau teint que j'aie jamais vu. Il est vrai que les garçons, qui sont constamment exposés au soleil, et qui ne portent que la petite calotte rouge, brunissent bientôt; mais les filles, qui restent davantage à la maison, conservent leur beauté jusqu'à l'âge de trente ans, époque à laquelle elles cessent ordinairement d'être mères. Comme elles se marient souvent à onze ans, elles ont quelquefois des petits-enfans à vingt-quatre; et comme elles vivent aussi long-temps que les Européennes, ils n'est pas rare qu'elles voient plusieurs générations à un âge encore peu avancé.

» Dans leurs grandes fêtes, les femmes, pour témoigner leur allégresse, à l'arrivée de chaque convive, crient toutes ensemble et à plusieurs reprises *lou! lou!* Elles se servent aussi de cette exclamation aux enterremens et dans d'autres circonstances analogues; seulement, elles la prononcent alors d'une voix basse et d'un ton plus modeste, en l'accompagnant de profonds soupirs. L'expression dont St. Marc se sert à l'occasion de la mort de la fille de Jaïre fait sans doute allusion à cette coutume. On loue aussi pour les enterremens des femmes qui, semblables aux *præficæ* ou pleureuses des anciens, sont maîtresses passées en ces sortes de lamentations. En effet, elles jouent si parfaitement bien leur rôle, et gesticulent d'une manière si lamentable, qu'elles manquent fort rarement d'inspirer à toute l'assemblée une véritable tristesse.

» Il n'y a point de peuple au monde aussi superstitieux que les Arabes, ou que les Mahométans en général. Par exemple, ils suspendent cou de leurs enfans l'image d'une main ouverte, objet qu'ils peignent aussi sur leurs vaisseaux et leurs maisons, comme un antidote sûr contre un mauvais œil. J'attribue cette coutume à ce que le nombre cinq est regardé parmi eux comme un nombre malheureux. De là aussi l'expression « cinq (peut-être faut-il sous-entendre doigts) dans vos yeux ! » imprécation qu'ils emploient quand ils veulent se narguer des efforts de quelque ennemi peu redoutable. Les personnes d'un âge mûr portent toujours sur elles un petit rouleau de parchemin où se trouve transcrit un passage quelconque du Coran, qu'ils placent, comme les Juifs font de leur *philactères*, sur la poitrine ou sous leurs bonnets, afin de se garantir de toute fascination ou sortilége, de maladies, ou d'accidens fâcheux. Les Maures sont si persuadés de l'efficacité de ces amulettes, qu'ils les appliquent à tout, et en suspendent également au cou de leurs chevaux, de leurs bêtes de somme, et en général de tout leur bétail.

» Ils croient implicitement aux magiciens et aux sorciers, comme faisaient jadis les Égyptiens; et dans certaines occasions extraordinaires, particulièrement dans les maladies de langueur, ils ont recours à différentes cérémonies superstitieuses, comme de sacrifier un coq, un mouton ou une chèvre dont ils enterrent quelquefois le corps et boivent le sang, ou dont ils brûlent ou dispersent les plumes, la laine ou le poil. C'est une opinion généralement reçue dans ces contrées, que la plupart des maladies résultent de l'offense faite d'une manière ou d'autre aux *jenounes,* espèce de créatures qui, d'après les Mahométans, tiennent le milieu entre les anges et les démons. Ces êtres imaginaires, qui répondent assez aux fées de nos ancêtres, se plaisent, dit-on, à l'ombre des bois et auprès des fontaines, sous la forme de crapauds, de vers et autres insectes que l'on court souvent le risque d'écraser. Quand quelqu'un tombe malade, ou qu'il reçoit une blessure dont il reste estropié, ils s'imaginent aussitôt qu'il a offensé quelque jenoune, et appellent à l'instant même des matrones, qui, à l'exemple des anciennes enchanteresses, munies d'encens pur et d'autres parfums, se rendent un mercredi à quelque source du voisinage, et y sacrifient, comme je viens de dire, une poule ou un coq, une brebis ou un bélier, etc., suivant le sexe ou la qualité du malade, et la nature de la maladie.

» Les Mahométans ont une grande vénération pour leurs marabouts, qui sont en général des hommes d'une vie fort austère, toujours occupés à dire leurs chapelets, ou plongés dans la méditation. Cette sainteté est héréditaire, et l'on rend au fils le même respect et les mêmes honneurs qu'au père, pourvu qu'il observe un certain décorum, et qu'il sache prendre un air et un ton de gravité convenables. Il y en a parmi eux qui, comme leur prophète, ont la réputation d'avoir des visions, et de s'entretenir avec la divinité. D'autres vont encore plus loin, et prétendent faire des miracles, privilége dont Mahomet lui-même ne s'est jamais vanté.

Me trouvant un jour chez Sidy Mustapha, calife de la province occidentale (1), près de la rivière d'Arieu ou Ariou, il me raconta sérieusement, en présence d'un grand nombre de cheiks arabes qui disaient avoir été témoins du fait, qu'un marabout du voisinage, nommé Sidi-Ben-Makha-lak, lequel était présent, possédait une barre de fer massive qui, toutes les fois qu'il le lui ordonnait, produisait le même bruit et le même effet qu'un canon; et qu'une fois les

(1) C'est la province actuelle de Mascara.
(Note du traducteur).

Algériens ayant exigé une taxe exorbitante des Arabes qui étaient sous sa protection, il fit jouer sa barre, et mit toute leur armée en déroute. Comme le marabout prétendait avoir le pouvoir de répéter cette expérience aussi souvent qu'il le jugerait à propos, ce dont je témoignai quelque doute, je lui fis remarquer qu'il y aurait beaucoup d'honneur à lui de convaincre un chrétien de ce qu'il avançait; mais j'eus beau le solliciter, ainsi que toutes les personnes présentes, le rusé marabout eut trop d'esprit pour se soumettre à une pareille épreuve en ma présence.

» Je fus plus heureux dans une autre circonstance. Je me trouvais alors près de Sétif avec Sidy Achoure, marabout des Ammer, et fameux dans toute la province occidentale pour le pouvoir qu'il avait, disait-on, de vomir du feu. Je lui vis faire plusieurs fois ce prétendu miracle. La première, je fus très surpris de remarquer que sa bouche se remplissait tout à coup de flammes, et qu'il paraissait être dans un grand état de souffrance, quoiqu'il prétendît que non, et qu'il avait au contraire de fréquens entretiens avec Dieu. Mais, à la seconde fois, je découvris, malgré toute son adresse, la supercherie à laquelle il avait recours. Il se cachait la tête et les mains dans son bournouse, afin, disait-il, de s'entretenir d'une manière plus respectueuse avec la Divinité, quoique ce fût tout simplement pour allumer son feu sans que l'on s'en aperçût; ce dont j'eus la preuve en voyant qu'aussitôt qu'il avait fait ses dispositions pour faire paraître la flamme, on voyait tout à coup sortir de dessous le bournouse beaucoup de fumée accompagnée d'une odeur de soufre et d'étoupes, dont on voyait d'ailleurs des fils accrochés à sa barbe. La chose était palpable pour quiconque voulait le voir. J'en parlai à quelques Turcs qui étaient avec moi, et qui s'aperçurent aussi bien que moi de la charlatanerie de Sidy Achoure. Néanmoins il soutint à corps et à cris que personne n'avait son pouvoir : *ma kan chy kiff hou.*

» Ces peuples ont des prétentions non moins ridicules pour ce qui concerne ce qu'ils appellent le *jaffar-eah*, c'est-à-dire la connaissance de l'avenir. Il est vrai qu'ils ne sont pas encore d'accord entre eux sur la manière dont ils parviennent à obtenir ces révélations. Mais en général leurs prédictions sont conçues en termes si vagues, et sont ordinairement si absurdes, ou au moins si équivoques et si peu circonstanciées, que ce serait offenser le bon sens que de rechercher sérieusement les moyens qu'ils emploient pour cela. Quoi qu'il en soit, je dois cependant dire que je n'ai jamais rencontré un seul individu qui osât se vanter (bien que le nombre des enthousiastes et des gens soi-disant inspirés soit très grand dans ce pays) que cette science leur vînt de Dieu même. Quelques-uns l'attribuent au *magar-eah* ou aux enchantemens, et d'autres à l'astrologie, ou à la connaissance des astres. Mais leurs thalebs soutiennent qu'ils possèdent des prophéties d'Ali, gendre de Mahomet, qui renferment, assurent-ils, le détail chronologique des événemens les plus remarquables arrivés dans le monde jusqu'à lui, et de ceux qui doivent survenir dans la suite des siècles.

« Lorsque j'étais à Tunis, au printemps de 1727, on y parlait beaucoup de différentes prophéties tirées, à ce que l'on prétendait, en partie de l'ouvrage que je viens de citer, et en partie du jaffar-eah, et qui annonçaient qu'Hassan-Ben-Ali, le bey alors régnant, devait être immédiatement déposé par son neveu Ali-Pacha. Le fait est que Hassan-Ben-Ali avait une propension presque invincible à opprimer les plus riches d'entre ses sujets ; et que, par une politique mal entendue, il avait, depuis le commencement de son règne, beaucoup négligé les Turcs, et donné toute sa confiance à des Maures et à des renégats qu'il avait élevés et promus aux plus hautes dignités et à tous les emplois; tandis qu'Ali-Pacha, qui commandait sous lui en qualité d'aga des janissaires, s'était concilié l'affection des troupes et la bienveillance de tous les habitans, par son affabilité, sa droiture et sa générosité. Or, une brouillerie étant survenue entre ces deux personnages, et Ali-Pacha s'étant retiré dans les montagnes d'Uselett, où il s'était fait proclamer bey, en même temps qu'il dénonçait l'oppression qu'Hassan-Ali faisait peser sur ses sujets, ainsi que son injuste mépris pour les Turcs; griefs qu'il chercherait, disait-il, à redresser par tous les moyens en son pouvoir; il était assez facile de prévoir, sans le secours d'aucune prophétie, que la déposition en question pouvait arriver vers l'époque indiquée. Néanmoins Hassan-Ben-Ali, malgré toutes les probabilités, l'emporta sur leur jaffar-eah, et il est même probable que si les Algériens ne l'avaient pas déposé en 1735, il aurait laissé son fils paisible possesseur du trône.

• Il serait oiseux, au reste, de parler ici d'une foule d'autres prétendues prophéties dont les événemens ont prouvé la fausseté. Cependant il en est une très remarquable que je ne veux pas omettre, parce qu'elle peut se vérifier un jour ; c'est celle qui promet aux chrétiens le rétablissement de leur religion dans toutes les contrées qui leur ont été enlevées autrefois par les Sarrasins et les Turcs. Cette prédiction, comme j'ai déjà eu occasion de le dire ailleurs, est universellement admise dans tous les États mahométans, dont les habitans croient si bien à son accomplissement futur, qu'ils ferment soigneusement les portes de leurs villes tous les vendredis, depuis dix heures du matin jusqu'à midi, qui est, disent-ils, le moment marqué pour cette catastrophe.

» Il y a dans la plupart des villes et des villages de l'intérieur de la Barbarie une maison destinée à recevoir les étrangers; elle est sous la direction d'un *maharak* dont l'emploi est de les accueillir et de les défrayer pendant une nuit aux frais des habitans. A l'exception de ces asiles temporaires, je n'ai trouvé nulle part de khans ou auberges.

» Cet inconvénient nous parut d'autant plus grand, qu'il nous eût été très dispendieux et fort embarrassant de nous charger de tentes, outre les soupçons que tout ce bagage n'aurait pas manqué de faire naître chez les Arabes. Aussi, lorsque dans nos excursions nous ne rencontrions pas de villages de Kabyles, quelque campement d'Arabes, un bouquet d'arbres, ou les cavités d'un rocher, nous nous trouvions tour à tour exposés à la chaleur brûlante du jour, et à la fraîcheur pénétrante de la nuit.

» Quand cela arrivait, ce qui heureusement n'était pas souvent, nos chevaux avaient surtout beaucoup à souffrir, quoiqu'ils fussent l'objet de tous nos soins. Mais lorsque nous tombions dans un campement d'Arabes, nous étions toujours défrayés gratuitement, nous et nos montures. On nous offrait d'abord un plat de lait avec un petit panier de fruits secs, puis le chef de la famille nous présentait ensuite, soit une chèvre, un chevreau, une brebis ou un agneau, dont une moitié était aussitôt convertie en un couscous, tandis que l'autre était rôtie et mise de côté pour notre déjeûner ou notre dîner du lendemain.

» Quoique les tentes de ces nomades nous protégeassent contre les intempéries de l'air, elles étaient cependant tellement infestées de vermine et d'insectes de toute espèce, que nous n'y goûtions que très peu de repos, encore ce peu était-il troublé par la crainte que nous éprouvions à tout moment d'être mordus par quelque reptile.

» Mes libéralités étaient proportionnées à la manière plus ou moins bien dont nous avions été traités. C'étaient à-peu-près toujours soit un couteau, une couple de pierres à fusil, ou un peu de poudre à tirer, que j'offrais au chef de la famille, et qu'il recevait avec beaucoup de reconnaissance ; et à sa femme une paire de ciseaux, une grande aiguille, ou un écheveau de fil, surtout quand nous avions à nous louer de sa diligence et de sa manière d'accommoder le couscous.

» Quelquefois nous faisions douze à quinze lieues d'une traite ; mais ordinairement nos journées de marche n'étaient que de huit à neuf lieues. Nous nous levions constamment à la pointe du jour, dans la belle saison, et nous marchions jusque vers le milieu de l'après-midi ; après quoi nous cherchions quelque campement de Bédouins, que nous ne trouvions qu'à l'aide de la fumée qui s'en élevait, de l'aboiement des chiens, ou de leurs troupeaux errans çà et là.

» Quand on voyage dans la Terre-Sainte et sur les bords de la mer Rouge, il est toujours prudent d'être bien escorté; mais en Barbarie, où les Arabes sont tenus dans une grande sujétion, j'ai eu rarement besoin d'être accompagné par plus de trois spahis ou cavaliers turcs, et un domestique. Cependant, quand nous nous trouvions dans le voisinage de quelque horde indépendante, ou bien à la proximité de tribus en guerre les unes avec les autres, nous étions obligés de prendre un renfort de quelques soldats, et de nous tenir sur nos gardes.

» Il est toujours prudent pour le voyageur qui parcourt ces contrées d'adopter le costume des habitans, ou celui des spahis; car les Arabes sont très jaloux des étrangers, qu'ils prennent pour autant d'espions chargés de reconnaître leur pays, afin d'y faciliter une invasion; il ne leur entre pas dans l'idée qu'un chrétien puisse se donner la peine de voyager purement pour le plaisir de s'instruire ou de satisfaire sa curiosité.

» Il est impossible à un esprit pensant de ne pas donner carrière à ses réflexions à la vue des scènes de ruine et de désolation qui s'offrent fréquemment aux regards dans cette partie de la Barbarie. Comment, en effet, n'être pas frappé d'étonnement en voyant la solitude qui règne aujourd'hui au milieu de ces cités abandonnées, où s'élèvent encore quelques dômes, quelques portiques, indices de leur splendeur passée, et où Syphax et Massinissa, Scipion et César, les chrétiens orthodoxes et les Ariens, les Sarrasins et les Turcs, ont tour à tour donné des lois ? Tout, dans ces ruines célèbres, rappelle la faiblesse et l'instabilité de toutes les choses humaines !

» Je terminerai ce chapitre par quelques observations relatives à la forme du gouvernement établi dans les tribus arabes. Quoiqu'ils soient la plupart, depuis plusieurs siècles, sous le joug des Turcs, il leur est cependant permis d'avoir leurs propres magistrats, et d'exercer la justice à leur manière ; car, pourvu qu'ils se tiennent en paix et paient régulièrement la huitième partie du revenu de leurs terres, outre une petite capitation qui est aussi exigible tous les ans, les Turcs ne les troublent point dans la paisible jouissance de leurs lois et de leurs priviléges. Ainsi chaque douare peut être considéré comme une petite principauté sur laquelle préside ordinairement le chef de la famille la plus considérable, la plus riche et la plus accréditée. Cet honneur ne se transmet cependant pas toujours de père en fils ; mais suivant l'usage anciennement établi parmi les Numides, c'est-à-dire que lorsque l'héritier naturel est trop jeune, ou affligé de quelque infirmité, on choisit son oncle, ou bien celui de ses parens qui, par sa conduite et sa prudence, paraît être le plus en état de remplir les devoirs qui lui sont imposés. Quoique le chef d'un douare soit investi d'un pouvoir despotique, cependant c'est toujours avec assez d'équité qu'il arrange les différends qui y surviennent, en choisissant une ou deux personnes de chaque tente pour l'aider de leurs conseils. Les délits sont ordinairement interprétés de la manière la moins défavorable, et les plus grands crimes sont rarement punis autrement que par le bannissement. Un chef qui n'a sous lui qu'un seul douare s'appelle *cheik;* mais celui qui se trouve à la tête de toute une tribu, et dont l'autorité s'étend sur plusieurs douares, porte le titre de *cheik-el-kibir*, c'est-à-dire grand-seigneur ou ancien, ou bien *émir* ou prince.

CHAPITRE IV (1).

Du gouvernement d'Alger, du dey, de l'aga et des autres officiers de la milice, etc.

A dater de l'infructueuse expédition de Charles-Quint, la régence d'Alger resta long-temps sous la domination directe du grand-seigneur, qui la gouvernait par un pacha ou vice-roi. Mais comme l'administration de ces fonctionnaires ne tarda pas à devenir très oppressive, qu'ils s'emparèrent de tous les revenus de l'État, et même des fonds que la Porte envoyait pour payer la milice turque, dont la solde manquait souvent, et dont le nombre n'était jamais au complet, cette milice députa, au commencement du 17e siècle, un certain nombre de ses membres au sultan, pour lui exposer ses griefs, et lui représenter que si ces désordres continuaient d'avoir lieu, le mal ne ferait qu'empirer, et que les Arabes et les Maures se trouveraient bientôt à même de secouer le joug des Ottomans, en appelant à leur secours les chrétiens, avec lesquels ils entretenaient tou-

(1) Tout ce chapitre est tiré de l'Histoire d'Alger, par Laugier-de-Tassy.   (*Note du traducteur.*)

jours des intelligences secrètes; après quoi ils proposèrent d'élire parmi la milice un homme doué des capacités nécessaires, et qui, sous le titre de dey (1), serait chargé du gouvernement du pays, de lever le tribut sur les Arabes et les Maures de la campagne, lequel serait employé à la solde des troupes, qui seraient toujours tenues sur le pied de guerre; de pourvoir à tous les besoins de l'État; en un mot, qui serait à même de se soutenir par ses propres forces, sans avoir recours à la Porte. Ils s'engagèrent d'ailleurs à reconnaître toujours le grand-seigneur pour souverain, à respecter son pacha, à qui l'on continuerait de rendre les honneurs accoutumés, à lui payer le traitement qui lui était alloué, à le loger, et à l'entretenir, ainsi que toute sa maison, etc., à condition toutefois qu'il n'assisterait qu'aux divans généraux, où il n'aurait que voix consultative. Le grand-visir goûta d'autant mieux ces raisons, que cette nouvelle manière de gouverner épargnerait des sommes considérables

(1) Quelques auteurs français croient que l'on doit écrire *deï* ou *daï*, mot qui signifie en turc *oncle maternel*. Le dey porte en outre les titres de *beglerbeg* (prince des princes), et de *seraskier* (généralisime.)

(*Note du traducteur.*)

à la Porte, et que la milice serait mieux entretenue, et vivrait en meilleure intelligence. Il fit en conséquence agréer au grand-seigneur les propositions des députés, et expédia les ordres nécessaires pour leur exécution. A leur retour à Alger, ceux-ci les communiquèrent au pacha, qui se vit contraint de s'y soumettre. La milice nomma aussitôt un dey, et établit de nouvelles lois, qu'on lui fit jurer d'observer et de maintenir, sous peine de mort. Les pachas se contentèrent d'abord de leur pouvoir négatif; mais ils finirent par se former un parti assez puissant dans la milice pour faire étrangler les deys qui les offusquaient, et en mettre d'autres à leur place qui leur étaient plus dévoués. Mais Baba-Ali ayant été élu dey en 1710, malgré le pacha alors en fonction, il le fit arrêter et embarquer pour Constantinople, en le menaçant de le faire mettre à mort, s'il osait remettre le pied à Alger; puis il envoya aussitôt un ambassadeur à la Porte, pourvu de présens pour les visirs, les sultanes et les grands-officiers du sérail, et chargé de représenter au grand-vizir que l'expulsion du pacha avait été motivée sur ses intrigues, et que si on ne l'avait pas fait mourir, c'était à la seule considération du grand-seigneur; qu'au reste la milice était si outrée contre les pachas, qu'il serait très difficile de la contenir dans les bornes du devoir, si la même chose se présentait de nouveau; que peut-être même les massacrerait-elle, ce qui serait un grand scandale et un affront irréparable aux sublimes commandemens de la Porte; qu'enfin puisqu'un pacha était inutile et préjudiciable aux intérêts du gouvernement, il convenait mieux de n'en plus envoyer, et d'honorer le dey du titre glorieux de pacha; ce qui fut accordé.

Depuis cette époque, le dey se regarde comme souverain indépendant, allié seulement de la Porte-Ottomane, dont il ne reçoit aucun ordre, mais seulement des capigi-bachis ou envoyés extraordinaires, qu'il ne voit jamais de bon œil. Il est maître absolu, commande les forces de terre et de mer, dispose des emplois et des grâces, récompense et punit à son gré, et ne rend compte de sa conduite à personne. Toutefois, sa sûreté exige qu'il en agisse avec beaucoup de circonspection, afin d'éviter les fréquentes et dangereuses révolutions que suscite très souvent l'inconstance d'une milice féroce, difficile à contenir, et envers laquelle il faut en user avec une excessive rigueur, ou avec une extrême bienveillance.

D'après les lois du pays, l'élection d'un dey doit se faire à la pluralité des voix de la milice. Lorsque le trône vient à vaquer, toute celle qui se trouve à Alger se réunit à cet effet dans la maison du dey. Là, l'aga (le général de l'infanterie) demande à haute voix qui la milice veut élire pour dey; alors chacun donne sa voix, et celui qui réunit la pluralité est nommé. Tous les soldats s'écrient aussitôt ensemble, en le revêtant d'un cafetan, et en le portant bon gré malgré sur le siége royal : *A la bonne heure, ainsi soit-il; que Dieu lui accorde* (en le nommant par son nom) *félicité et prospérité; à la bonne heure, ainsi-soit-il!* Le cadi lit ensuite à haute voix les devoirs qui lui sont imposés, et lui dit, entre autres choses, que Dieu l'a appelé au gouvernement de l'État et au commandement de la milice; qu'il doit user de son pouvoir pour punir les méchans et favoriser les justes; mettre tous ses soins à faire prospérer le pays; fixer le prix des denrées en faveur des pauvres, etc.; après quoi tous ceux qui sont présens lui baisent la main, et lui promettent soumission et fidélité. Une heure ou deux suffisent pour l'accomplissement de cette cérémonie, qui ne se manifeste au dehors que par quelques coups de canons tirés des châteaux.

Mais il s'en faut bien que le choix d'un dey se fasse toujours paisiblement ; car tous les Turcs de la milice étant également aptes à être élevés à cette fonction, il y en a toujours quelques-uns de plus ambitieux que les autres, et qui fomentent des conspirations dans le but de s'emparer du pouvoir, en sacrifiant celui qui en est revêtu. Celui qui, dans ce cas, peut réunir le plus de partisans, et tenir la chose secrète jusqu'à ce qu'ils parviennent conjointement à s'introduire dans le palais du dey, est à peu près certain de le supplanter après l'avoir inhumainement massacré. Cela fait, il est aussitôt revêtu, par ses partisans, du cafetan de la victime, et proclamé de la manière suivante : *Prospérité à un tel, que Dieu a voulu élever au gouvernement de l'Etat et de la guerrière milice d'Alger!* sans que les membres du divan, qui sont présens, osent proférer un seul mot, parce qu'ils savent qu'ils paieraient de leur vie la moindre opposition. Ils s'empressent, au contraire, de donner l'exemple de l'obéissance, en baisant les premiers la main du nouveau dey. Il arrive assez ordinairement que celui-ci, afin de récompenser ses adhérens, fasse étrangler tous ceux qui étaient attachés à l'administration de son prédécesseur, principalement quand ils ne se soumettent pas de bonne grâce.

Le dey est l'esclave des esclaves. Il vit dans une continuelle méfiance, toujours occupé à déjouer les trames qui menacent ses jours, méditant et exécutant de sinistres vengeances contre ceux qu'il soupçonne de nourrir des projets ambitieux. Mais ce sont les têtes de l'hydre qui renaisssent à mesure qu'on les coupe. Souvent las d'une pareille existence, il en est qui cherchent à s'y soustraire par la fuite dans les montagnes du Couco. Toutefois, ce moyen ne ne leur réussit pas toujours, et souvent ils sont tués avant d'avoir pu mettre leur projet à exécution, surtout si on les soupçonne d'emporter de l'argent.

Lorsqu'un dey est massacré par le peuple, ses femmes sont dépouillées de tout ce qu'il a pu leur donner, et ses enfans sont réduits à la simple paye de soldats, et exclus de toutes les charges de l'État. Si, au contraire, il meurt de mort naturelle, ce qui est fort rare, il est révéré comme un saint; on l'enterre avec cérémonie, et on n'inquiète point sa famille.

Quelquefois l'élection d'un dey est suivie immédiatement de plusieurs autres. On a vu, par exemple, dans le même jour, six deys massacrés et sept élus. On ne fait pas plus de difficulté de reconnaître un Turc qui s'est fait dey par un assassinat, que celui qui est légalement élu, parce que, disent les Mahométans, ce qui doit arriver est écrit de tout temps, et n'arrive que par la volonté éternelle et immuable de Dieu.

Le dey ne sort de son palais que pour assister à certaines cérémonies, d'ailleurs peu nombreuses. Ce palais est un bâtiment qui appartient à l'État. Il est non seulement affecté à la résidence du dey, mais il est encore le siége de l'administration, de la justice, des finances, etc. Lorsque le dey est marié, il habite une maison particulière, avec ses femmes, ses enfans, ses domestiques. Il est d'ailleurs astreint à être presque toute la journée sur son trône, qui est placé au fond d'une grande salle du rez-de-chaussée, afin de rendre justice à tous ceux qui viennent la lui demander. Ce trône est un siége de pierre garni de briques, couvert d'un tapis de Turquie, et par-dessus d'une peau de lion. Il s'y assied après la première prière appelée *caban*, qui se fait à la pointe du jour, et y reste jusqu'à la seconde appelée *dohor*, qui a lieu un peu avant ou après midi, selon la saison. Il monte alors dans son appartement, y fait la prière, et y dîne seul, ou avec quelques-uns de ses officiers. Dès qu'il a dîné, il retourne à son siége, où il reste jusqu'à la troisième prière (lazaro.); il remonte alors de nouveau dans son appartement, y entend une espèce de musique composée d'une grosse caisse et d'une musette; puis il soupe, s'entretient familièrement avec quelques amis, et se couche de fort bonne heure. Pendant tout le temps qu'il vaque à ses fonctions, il est assisté de quatre secrétaires d'État appelés hojias ou cogias, qui sont assis dans un bureau élevé à sa droite, et toujours prêts à exécuter ses ordres; ils ont chacun différens registres pour inscrire, examiner et vérifier tout ce qu'ordonne le dey. Il est également environné du trésorier d'État, du bachaoux, des chaoux et de l'interprète de sa maison, aucun desquels ne peut s'absenter un seul instant tant qu'il est présent. C'est devant lui que sont portées toutes les causes, tant au civil qu'au criminel, et que chacun, depuis le premier jusqu'au dernier sujet de l'État, est admis à venir exposer sa cause, qui est jugée séance tenante sans frais, sans appel, et sans l'intermédiaire de qui que ce soit.

Vis-à-vis du palais du dey se trouve une vaste salle où s'assemblent les plus anciens officiers de la milice, et où ils se rendent à l'heure que le dey va occuper son siége, et n'en sortent que quand il se retire. Sur des bancs, à droite et à gauche de la porte du palais, sont assis d'autres officiers des troupes, qui y restent également pendant tout le temps que le dey est sur son trône, afin qu'il ait toujours quelqu'un prêt à exécuter les ordres qu'il peut avoir à donner, et que les particuliers soient sûrs de trouver à qui parler.

L'*aga* de la milice commande ordinairement toutes les troupes qui sont en garnison à Alger. Ce n'est à proprement parler qu'un poste d'honneur, une dignité, destinée à récompenser les services de l'officier qui en est revêtu; car il ne sort point d'Alger pendant tout le temps qu'il est en fonction. C'est le plus ancien soldat de la milice qui occupe ordinairement cet emploi, lequel ne dure toutefois que deux mois lunaires, afin qu'un plus grand nombre y aient part, chacun y étant appelé à son tour. Pendant ces deux mois, le titulaire a à peu près les mêmes attributions que nos commandans de roi. On lui remet tous les soirs les clés de la ville; c'est en son nom que se donnent les ordres aux troupes; et c'est dans sa maison que les Turcs sont punis secrètement, soit par la bastonnade, soit par la prison ou par la mort, d'après les ordres du dey.

Il y a une maison particulièrement affectée au logement de cet officier. Il est d'ailleurs entretenu aux frais du gouvernement, qui paie sa table, ses domestiques, etc.; il reçoit en outre 2,000 pataques-chiques (¹) pendant la durée de son commandement. Il ne peut avoir durant ce laps de temps avec lui, ni femmes ni enfans, et ne peut sortir que pour assister aux divans généraux, et à la paye des troupes, qui se fait en son nom de deux en deux lunes. Il sort alors toujours à cheval, et précédé de deux chaoux qui crient à haute voix : *Prenez garde à vous, voilà l'aga qui passe!* précaution assez nécessaire dans une ville dont les rues sont fort étroites et ordinairement obstruées d'une manière ou de l'autre. Dès que les deux lunes de son commandement sont passées, il jouit de la haute-paye jusqu'à sa mort.

Le *chaya* ou *bachi-boluk-bachi* est le plus ancien capitaine de la milice, et le successeur de l'aga; c'est aussi un grade auquel on parvient par ancienneté. Il préside à l'assemblée d'officiers, qui se réunit vis-à-vis de la mai-

---

(1) Environ 6,960 francs.
(Note du traducteur.)

son du dey ; il y reste tant que celui-ci est à son poste, et décide souvent de petites causes qu'il lui renvoie, soit qu'il ait trop à faire, soit pour tout autre motif. L'assemblée qu'il préside est composée des *aya-bachis*, corps très distingué, composé de vingt - quatre vieux capitaines ou chefs de compagnies, qui ont cédé leurs places à de plus jeunes officiers, et dont le plus ancien devient, successivement, et chacun à son tour, chaya, puis aga. Ils prennent toujours place d'après leur rang d'ancienneté. Ce sont les conseillers du divan. Ils doivent constamment accompagner le dey, et le suivent immédiatement dans les cérémonies publiques. Ils portaient autrefois des plumes blanches à leurs turbans ; mais cet usage est tombé en désuétude. La durée des fonctions du chaya est de deux lunes, après lesquelles il devient aga.

Les *mezouls-agas* sont d'anciens agas de la milice. Ils sont exempts de tout service, et peuvent vivre où bon leur semble ; ils sont fort respectés. Ils assistent aux divans généraux lorsqu'ils le jugent à propos ; mais ils n'y opinent point. Ils sont quelquefois aussi appelés auprès du dey pour avoir leurs avis.

Les *ayas-bachis* sont d'anciens boluk-bachis

ou capitaines vétérans d'infanterie, parmi lesquels on choisit, comme nous l'avons déjà dit, les chayas et les agas. Les ambassadeurs et envoyés dans les pays étrangers sont ordinairement tirés de ce corps; ils sont chargés aussi de porter les ordres du dey dans les différentes parties de la régence. C'est également l'un d'entre eux, alternativement, qui assiste à la visite de tous les navires marchands, au moment de leur départ. Cette visite a pour but de s'assurer qu'il ne s'y trouve aucun esclave fugitif.

Les boluks-bachis sont les capitaines de compagnies. Ils parviennent successivement par ancienneté au grade d'aya-bachis, après avoir été un an aga ou commandant de place. Ils sont distingués par un bonnet très élevé, et une croix rouge adaptée à un cuir, et qui leur pend sur le dos. On appelle agas des *spahis* les capitaines des compagnies de cavalerie.

Les *oldolhs-bachis* sont les lieutenans de compagnie. Ils parviennent également par ancienneté à être boluks-bachis, et à d'autres emplois plus élevés. Ils ont pour marque distinctive une bande de cuir qui leur descend depuis la tête jusqu'à la moitié du dos.

On voit, par ce qui précède, que l'on parvient par ancienneté aux différens grades de la milice. Il n'y a jamais de passe-droit à cet égard, et l'observation de cette règle est le plus sûr fondement de l'autorité du dey.

Les *vékilards* ou *vékilardgis* sont les commis aux vivres de l'armée. Chaque tente, qui est composée de vingt hommes, en a un, lequel a soin de fournir et de faire préparer les vivres nécessaires; il est aussi chargé du transport de la tente, du bagage, etc. Chaque tente a également un cuisinier qui est sous les ordres du vékilardgi. Ces employés portent un bonnet blanc en pyramide.

Les *peis* sont les quatre plus anciens soldats de chaque compagnie, et les *soulachs* ou *soulachis* les huit plus anciens après ces premiers, lesquels portent un bonnet de cuivre. Les soulachis sont distingués par un tuyau ou petit canon de cuivre placé sur le devant de leurs bonnets; ils sont armés de grands sabres dorés. Ils servent de gardes-du-corps au dey, et le précèdent à cheval, armés de carabines, lorsqu'il va en campagne.

Les *caites* sont des soldats turcs qui ont sous leur commandement un petit canton ou quelques douares maures, sur lesquels ils prélèvent le tribut, dont ils rendent compte au dey; il y en a aussi un attaché à chaque marché forain. Ce sont ordinairement des hojias-bachis auxquels on donne cet emploi.

Les *sagaïrds* ou *sagaïrdgis* sont des Turcs armés de lances. Il y en a dans chaque corps d'armée une compagnie de cent, dont le commandant porte le titre de *sagaïrdgi-bachi*; ils sont chargés de chercher, de garder et de fournir l'eau nécessaire à l'armée.

Les *beys* sont des officiers pourvus du gouvernement des provinces et du commandement des armées; ils sont nommés par le dey, qui les révoque à volonté. C'est une des fonctions auxquelles on ne parvient pas par ancienneté.

» Leur autorité est absolue là où ils commandent. Ils lèvent les impôts dans les villes, le tribut dans les campagnes, et perçoivent en un mot dans l'étendue de leur gouvernement tous les revenus publics, dont ils sont tenus de rendre compte au dey une fois par an, et d'en verser le produit dans le trésor de l'État. Toutefois, leur pouvoir cesse dans Alger, où on les reçoit d'ailleurs toujours avec beaucoup de cérémonial dans cette circonstance. Le public juge de l'importance des revenus par le nombre des voitures chargées d'argent qu'amènent ces fonctionnaires; et il en témoigne toujours sa joie par des cris bruyans. A leur arrivée au palais du dey, celui-ci les revêt aussitôt d'un cafetan. C'est un bonheur dont ils cherchent néanmoins à se dispenser quand ils le peuvent, incertains qu'ils sont de savoir quel est le sort qui les attend; s'ils seront traités gracieusement, ou s'ils laisseront leurs têtes, malheur qui leur arrive fréquemment pour les punir de leurs prévarications et de leurs concussions, mais surtout pour les dépouiller des biens immenses qu'ils acquièrent généralement par toutes sortes de moyens illicites. Lorsque, sous prétexte de maladie ou de la nécessité absolue de leur présence dans leurs gouvernemens, ils ne se rendent pas eux-mêmes à Alger, ils se font remplacer par un caïte.

Quels que soient les dangers attachés à leurs fonctions, on peut cependant dire que les beys sont autant de rois dans leurs gouvernemens, et beaucoup moins exposés que le dey aux caprices de la fortune. Ils ne visent qu'à s'enrichir et à amasser des sommes considérables; ce qu'ils ne peuvent faire qu'aux dépens de l'État et au détriment des peuples. Il est difficile, au reste, de les déplacer s'ils ne viennent pas à Alger; et il ne reste alors d'autre moyen de répression que de les faire assassiner par surprise, ce qui arrive quelquefois. Il en est qui, après avoir amassé de grosses sommes, s'enfuient secrètement en pays étrangers.

Les *hojias* ou *cogias-bachis*, c'est-à-dire grands écrivains, sont les secrétaires d'État. Il y en a quatre. Le plus ancien tient les comptes de la solde des troupes et des dépenses ordinaires et extraordinaires; le second, ceux des douanes; le troisième, ceux des revenus de l'État; et le quatrième, ceux des affaires étrangères et extraordinaires. Nous avons déjà dit qu'ils se tiennent constamment dans un bureau près du siége du dey.

Lorsqu'un consul étranger porte plainte au dey de quelque infraction faite au traité existant entre la nation qu'il représente et la régence, ou de quelque autre grief que ce soit, le dey ordonne au secrétaire d'Etat qui tient le registre des traités, de l'ouvrir et de répondre immédiatement aux plaintes du consul. Le secrétaire lit alors à haute voix l'article que le consul prétend avoir été enfreint. S'il a raison, on lui rend justice; mais s'il se plaint à tort, on lui refuse ce qu'il demande. Les affaires les plus importantes sont ainsi terminées dans le plus court délai.

Les hojias sont nommés par le dey. Ils ne

décident de rien que par ses ordres; mais comme ils sont de son choix, qu'ils sont ses conseillers intimes, et toujours près de lui, ils ont beaucoup d'influence, et leur avis est toujours d'un grand poids : ils le donnent ordinairement en particulier, et parlent rarement en présence des parties.

Le *cadi* est nommé et envoyé par la Porte-Ottomane avec l'approbation du grand moufti. Il n'a rien de commun avec le gouvernement, et ne doit s'en mêler en aucune manière; mais il juge et décide, en général, de tout ce qui est du ressort des tribunaux dans les autres pays, et est tenu à cet effet de rester toujours chez lui sans pouvoir en sortir que par la permission du dey; ses jugemens sont gratuits et sans appel. Toutefois, comme un cadi ne vient à Alger que pour s'enrichir, et que sa charge lui coûte toujours cher, il se laisse assez aisément corrompre par les parties. Néanmoins, le dey fait souvent juger dans son divan des affaires litigieuses qui sont de la compétence du cadi, surtout lorsqu'elles sont de quelque importance. En pareil cas il convoque tous les gens de loi de la ville.

Il y a aussi un cadi maure qui rend la justice aux gens de sa nation, lorsque le dey les lui renvoie; mais il ne reçoit aucun traitement, et est entièrement subordonné au cadi turc.

Le *hazenadar* ou *cazenadar* est le trésorier général de l'État. Il reçoit personnellement, en présence du dey et des quatre hojias, les fonds provenant des revenus de la régence, et en fait aussitôt le versement dans le hazena ou trésor, qui est une pièce située dans la salle même du divan. Le hazenadar doit tenir un compte général des dépenses de l'État; ce qui fait supposer qu'il doit être au moins un peu versé dans la comptabilité. Mais il n'en est pas toujours ainsi; car il arrive quelquefois qu'il ne sait ni lire, ni écrire. Toutes ses opérations se font en présence du divan ordinaire. Il est aidé d'un commis turc, appelé *contador*, qui fait les fonctions de caissier. Celui-ci a aussi quatre employés en sous-ordres, dont deux Juifs, l'un pour vérifier les monnaies douteuses, et l'autre pour peser toutes les espèces qui se perçoivent. Il fait connaître à haute voix toutes les sommes qu'il reçoit et paie; et le hojias-bachi en prend note sur son registre.

Le *chekelbeled* est un fonctionnaire chargé de la police de la ville; il est à la nomination du dey. Sa maison sert de lieu de réclusion aux femmes d'un certain rang qui ont mérité de subir cette peine, et qui y sont punies secrètement, comme les Turcs dans la maison de l'aga. Lorsqu'il se trouve au nombre des esclaves du dey quelques femmes ou filles de distinction dont il peut espérer une bonne rançon, il les confie à la garde du chekelbeled jusqu'à ce qu'elles soient rachetées.

Le *pitremelgi* ou *bethmagi*, c'est-à-dire directeur de la chambre des biens, est chargé de s'emparer, au nom du dey, de toutes les propriétés, tant meubles qu'immeubles, qui échoient à l'État, soit par l'esclavage ou la mort d'individus qui n'ont ni enfans, ni frères, et dont il est tenu de rendre un compte exact. De peur que l'on ne cache le décès de quelqu'un, nul ne peut être inhumé sans une autorisation de sa part; et comme les cimetières sont tous hors de la ville, il y a un commis à chaque porte pour recevoir ces autorisations.

Lorsqu'un individu meurt en ne laissant ni enfans, ni frères, le pitremelgi se saisit de ses biens, en payant toutefois le douaire de la veuve. S'il a des maisons, soit de ville ou de campagne, il les fait soigneusement fouiller, afin de s'assurer qu'il ne s'y trouve pas d'argent caché. Cette précaution provient de ce que beaucoup de gens riches enfouissent leurs trésors, et préfèrent passer pour pauvres, afin de n'être pas inquiétés par le dey, qui autrement pourrait leur demander de l'argent sous prétexte des besoins de l'État, les condamner à des amendes pécuniaires considérables pour la plus légère faute, ou même confisquer leurs biens sur le moindre soupçon d'avoir conspiré contre sa personne.

Le *hojia* ou *cogia - pingié* est le contrôleur général. Il est chargé de recevoir tout ce qui revient à l'État, pour sa part des prises faites en mer; il en fait la remise sur l'ordre du dey, soit pour être vendu de la main à la main, soit à l'enchère publique, et en tient compte aux secrétaires d'État.

Les hojias ou cogias du *deylik* (1) sont les écrivains du dey. Ils sont au nombre de quatre-vingt, et ont tous différens emplois. Les uns sont chargés de la distribution des vivres aux troupes, d'autres de la perception des droits sur les maisons, les boutiques, les jardins, les métairies, etc.; et d'autres de celle des droits imposés à l'entrée de la ville, sur le bétail, le cuir, la cire, l'huile et les autres productions du pays. Il s'en tient toujours deux à chaque porte,

---

(1) C'est-à-dire les domaines du dey.

(*Note du traducteur.*)

quelques-uns auprès du dey, et quelques autres auprès des secrétaires d'État ; il y en a aussi qui s'embarquent sur les gros bâtimens armés en course.

Le *drogman* ou interprète de la maison du dey est un Turc qui sait lire et écrire le turc et l'arabe. Il traduit toutes les lettres que le dey reçoit, soit de Maroc, de Tunis, ou des différentes parties de la régence, ainsi que celles des Algériens prisonniers chez les diverses nations chrétiennes. Il est dépositaire du sceau ou cachet du dey, qu'il ne quitte jamais, et scelle en sa présence les traités, les ordres, les dépêches, etc. Le dey ne signe jamais aucun écrit ; le sceau où est gravé son nom tient lieu de sa signature. Le drogman est toujours aussi auprès du dey, pour servir d'interprète aux Arabes et aux Maures qui viennent par un motif quelconque lui parler.

Les *chaoux* sont des espèces de sergens de la maison du dey. C'est un corps très considéré, et se qui compose de douze Turcs sous les ordres d'un *bachaoux*, *chaoux-bachi* ou grand-prévôt. Il y a eu plusieurs bachaoux qui ont été élus deys. Leur habillement est vert avec une écharpe rouge ; ils ont pour coiffure un bonnet blanc en pointe. Il ne leur est pas permis de porter aucune arme offensive ou défensive, pas même un couteau, ni un bâton ; et cependant ils arrêtent souvent les Turcs les plus puissans et les plus à redouter, sans éprouver jamais la moindre résistance. Mais on ne les emploie que dans les arrestations des Turcs, parce qu'ils croiraient au-dessous d'eux de mettre la main sur un chrétien, sur un Maure ou un Juif. Il y a un pareil nombre de chaoux maures, qui sont chargés des mêmes fonctions envers les Maures, les chrétiens et les Juifs ; mais il ne leur est pas permis de porter un ordre à un Turc.

Les deux bachaoux (celui des Turcs et celui des Maures) se tiennent toujours auprès du dey, pour recevoir ses ordres et les faire exécuter par les chaoux, qui sont constamment de service dans son palais.

Lorsque le dey a ordonné de faire comparaître un individu en sa présence, il ne faut pas que le chaoux qui a reçu l'ordre de l'amener s'avise de revenir sans en être accompagné. S'il ne l'a pas trouvé, et qu'il apprenne qu'il est à la campagne, il va l'y chercher ; et si par hasard il ne peut savoir où il est, il fait publier par un crieur public que ceux qui le savent aient aussitôt à le déclarer, sous peine d'être punis. Si l'on apprend ensuite que quelqu'un l'ait caché ou fait évader, le délinquant est alors puni très sévèrement, mis à l'amende, et quelquefois même puni de mort ; si l'affaire intéresse directement le dey ou l'État.

Les *gardiens-bachis* sont des Turcs qui ont le commandement des bagnes du deylik et le soin des esclaves. Chaque bagne a un de ces gardiens-bachis à leur tête, et il y a un bachi-gardien-bachi qui fait tous les soirs l'inspection des différens bagnes, répartit les esclaves pour les travaux journaliers, ou pour aller en course, fait punir ceux qui se sont rendus coupables de quelque faute, et rend compte chaque jour au dey de tout ce qui se passe. C'est aussi lui qui ordonne les différens préparatifs concernant les bâtimens destinés à mettre en mer. Ordinairement c'est un des plus anciens rais ou capitaines de corsaires qui occupe cette place ; son pouvoir est très étendu.

Le *rais de la marine* ou capitaine du port est un fonctionnaire d'une haute distinction, et qui jouit de beaucoup de crédit. On ne parvient point à cet emploi par ancienneté, mais par la seule volonté du dey, qui choisit ordinairement pour le remplir une personne âgée, expérimentée dans la marine, et de bonnes mœurs. Cet officier en a plusieurs autres sous ses ordres, appelés *gardiens du port*. Lorsqu'il arrive quelque navire, il se rend à bord avant qu'ils aient mouillé dans le port; et après avoir pris tous les renseignemens qu'il a besoin d'avoir, il va aussitôt en rendre compte au dey, et transmettre les ordres de celui-ci aux capitaines. Dès que les bâtimens sont entrés dans le port, il conduit ceux-ci devant le dey, qui les interroge. Il est aussi chargé de la visite de tous les navires des puissances chrétiennes qui sont sur leur départ, afin de s'assurer qu'ils n'enlèvent pas d'esclaves.

Il est juge absolu de tous les différends qui s'élèvent dans le port. Seulement, dans les cas graves, il convoque l'amiral et tous les rais dans le lieu de leur assemblée ordinaire, c'est-à-dire au bout du môle. Là, il leur soumet l'affaire, qu'ils décident à la pluralité des voix, en commençant par le plus ancien; après quoi il en fait son rapport au dey, avant que de faire exécuter le jugement, qui est d'ailleurs toujours confirmé.

Il commande la galiote de garde, qui est armée pendant tout l'été, et destinée à inspecter la côte chaque jour avant la nuit, et à aller reconnaître les bâtimens qui se présentent devant le port pendant le jour.

L'*amiral* n'est pas le plus ancien officier de

la marine, mais celui à qui il plaît au dey de donner le commandement du principal bâtiment de l'État. Il a le pas et les honneurs sur tous les autres capitaines, qui toutefois, excepté en mer, ne dépendent de lui qu'autant qu'il leur plaît. Néanmoins, lorsqu'il est reconnu pour un homme de capacité, le dey lui renvoie souvent la décision des affaires de la marine, et les capitaines, ainsi que les marchands, s'adressent volontiers à lui pour terminer leurs différends.

Les rais, ou capitaines de corsaires, forment un corps respecté et très considéré à cause des richesses que leurs courses procurent au pays, dont ils sont les plus fermes appuis. Chaque capitaine a une part dans la propriété du bâtiment qu'il commande, et les autres intéressés le laissent ordinairement maître de tout ce qui concerne l'armement, ainsi que de déterminer le moment qu'il juge le plus convenable pour se mettre en course ; ce qu'il fait quand bon lui semble, à moins cependant que son navire ne soit mis en réquisition pour le service de l'État ; car alors il ne peut se dispenser de s'acquitter de ce service, qui ne consiste cependant qu'à transporter les garnisons des places maritimes de l'une à l'autre. Du reste, ces officiers n'ont aucune part dans le gouvernement, et ne jouissent d'autre considération que de celle qu'ils s'acquièrent personnellement par leurs services, leur bonne réputation et leur bonheur. Un capitaine n'a point de traitement, et n'a part aux prises que comme armateur.

Les *soute-rais* sont les officiers de corsaires. Ils sont au choix des capitaines, et n'ont pas non plus d'appointemens ; mais ils ont quatre parts de prises.

Les *topigi-bachis* sont les maîtres canonniers, et sont aussi au choix des capitaines. Il y en a un dans chaque corsaire qui remplace le rais, soit en cas de mort ou de maladie ; ils n'ont que trois parts de prise. Lorsqu'ils possèdent de quoi s'intéresser dans un armement, ils parviennent facilement, ainsi que les officiers subalternes, à avoir un bâtiment sous leurs ordres.

Le *mézouard* est le lieutenant-général de police. Il a une compagnie de gardes à pied qui ne reçoivent d'ordres que de lui directement. Il observe et se fait informer de tout ce qui se passe dans la ville pendant le jour, la parcourt fréquemment pendant la nuit, et rend compte tous les matins au dey de ce qui est arrivé de nouveau durant les vingt-quatre heures. Il a plein pouvoir sur les femmes de mauvaise vie.

Elles sont sous son autorité particulière, et il en perçoit un tribut, pour lequel il verse tous les ans environ 24,000 francs dans le trésor de l'État. Toutes ces femmes sont renfermées dans sa maison, où elles sont distribuées par classes. Dès qu'il découvre quelque femme ou fille dont la conduite n'est pas très régulière, il a le droit de s'en saisir ou de lui faire payer une amende, pourvu qu'il puisse la surprendre une fois en flagrant délit. Au reste, il les loue aux Turcs et aux Maures qui viennent lui en demander. Il est chargé aussi des exécutions à mort, ainsi que de faire donner la bastonnade, quand il en reçoit l'ordre du dey. C'est toujours un Maure qui occupe cet emploi, lequel est très lucratif, mais fort méprisé.

La justice, tant civile que criminelle, se rend ici d'une manière très sommaire, sans écriture, sans frais et sans appel, soit par le dey, le cadi, ou le rais de la marine. Lorsqu'il s'agit de dettes, de conventions pécuniaires, ou autres traités de la même nature, le demandeur porte plainte directement au dey. La partie inculpée est aussitôt citée, amenée par un chaoux, et interrogée par le dey sur les différentes circonstances de l'affaire. Si le débiteur nie la dette, le créancier indique des témoins que l'on va chercher immédiatement, et dont on reçoit les dépositions, si ce sont des gens bien famés, autrement ils ne sont pas admis à déposer. Si la dette est prouvée, le débiteur reçoit quelques centaines de coups de bâton sous la plante des pieds, et est condamné à payer le double de sa créance. Si, au contraire, le demandeur est convaincu d'en avoir imposé au dey, c'est lui qui reçoit la bastonnade, outre qu'il est obligé de payer à l'accusé la somme qu'il lui a demandée.

Si le débiteur avoue la dette, et qu'il prouve par des raisons valables ou vraisemblables qu'il n'a pu l'acquitter à l'échéance, le dey s'en contente, lui demande combien il lui faut de temps pour se libérer (ce qui ne peut toutefois aller au-delà d'un mois), et lui accorde huit jours de plus. Mais si à l'époque fixée il n'a pas rempli sa promesse, sur la première réquisition du créancier, un chaoux se rend chez lui, fait descendre ses meubles dans la rue, et en vend publiquement jusqu'à la concurrence de la somme due, qu'il porte au créancier, sans en rien déduire pour frais ou tout autre motif. Si le débiteur est un homme non établi, il est mis en prison jusqu'à l'entier acquittement de ce qu'il doit, ainsi que des intérêts, sans aucun adoucissement, excepté quand il plaît au créancier d'en accorder. Une fois payé, celui-ci va remercier le dey, qui ordonne alors la mise en liberté du prisonnier.

Il en est à peu près de même de toutes les autres espèces de causes. Il n'y a que les contestations en matière de divorces et d'héritages qui sont portées devant le cadi, lequel ne doit faire qu'appliquer la loi, sans aucune interprétation, souverainement et sans appel. Dans le dernier cas, il fait dresser un inventaire des biens en litige; et, après avoir entendu les parties, il juge et donne à chacun ce qui lui revient.

Pour ce qui est de la justice criminelle, il est admis en principe qu'un Turc, quel que soit le crime qu'il ait commis, ne peut jamais être puni en public. Mais il est conduit à la maison de l'aga de la milice, où, selon la gravité du délit, et d'après les ordres du dey, il est étranglé, reçoit la bastonnade, ou est condamné à une amende pécuniaire. La sentence est prononcée par l'aga, et exécutée à l'instant même. Quant aux Maures, aux Juifs et aux chrétiens, aussitôt que le dey a prononcé la peine de mort contre quelqu'un d'entre eux, le coupable est conduit sur la muraille au-dessus de la porte de Babazon, d'où il est précipité avec une corde de laine au cou, dont l'une des extrémités est attachée à un pieu planté en terre. Il est des condamnés qu'on laisse tomber sur des crocs en fer fixés aux murailles, et dont les corps y restent jusqu'à ce qu'ils tombent en lambeaux : ce sont ordinairement des voleurs de grand chemin qui sont condamnés à ce terrible supplice. De plus on brûle vif, hors de la porte de Babalouet, tout Juif qui est seulement soupçonné d'avoir agi ou mal parlé du dey ou du gouvernement.

Lorsqu'un coupable ne mérite pas la mort, on lui administre sur-le-champ le nombre de coups de bâton auxquels il est condamné, c'est-à-dire depuis trente jusqu'à douze cents, qui sont comptés très exactement.

Les voleurs sont punis sévèrement ; mais les esclaves peuvent friponner avec impunité : car ils en sont toujours quittes pour une correction plus ou moins sévère de la part des personnes auxquelles ils parviennent à dérober quelque chose.

Le Maure qui est surpris volant la moindre bagatelle est aussitôt condamné à avoir la main droite coupée, à être promené sur un âne, le visage tourné vers la queue, sa main pendue au cou, et précédé d'un chaoux qui crie : « Voilà la punition réservée aux voleurs. » Tout marchand qui est convaincu de vendre à faux poids est puni de mort. On parvient cependant quelquefois à faire révoquer la sentence à force d'argent.

Les Juifs ont leurs magistrats et leurs propres juges, auxquels le dey renvoie les affaires de leur nation. Mais les parties qui se croient lésées peuvent en appeler au dey.

Les chrétiens libres sont jugés par leurs consuls respectifs, sans aucune intervention du dey, qui, au contraire, prête à ceux-ci, quand le cas échoit, l'appui de son autorité pour l'exécution de leurs jugemens. Mais si un chrétien a une contestation avec un Turc, un Arabe ou un Maure, la cause est alors portée devant le dey, qui prononce la sentence en présence du consul de la nation à laquelle appartient le chrétien, et qu'il fait toujours appeler en pareil cas. Quelquefois aussi, lorsqu'il connaît l'équité d'un consul, il s'en remet entièrement à sa décision.

La garde de la ville d'Alger est confiée à la tribu des Biscaras, que leur émir répartit tous les soirs dans les rues, où ils couchent devant les boutiques des marchands, soit sur des nattes, des matelas, ou sur le pavé. Ces boutiques sont sous leur surveillance spéciale; et si par hasard il arrive que l'on parvienne à y voler, ils répondent de la valeur des objets enlevés, paient et sont punis sévèrement. Leur émir doit au dey un tribut annuel, qu'il répartit ensuite sur chacun d'eux.

CHAPITRE V (¹).

De la milice d'Alger, de sa force, de sa composition, de sa solde, de ses camps, de sa manière de combattre, etc. Observations diverses.

Les forces militaires d'Alger sont diversement évaluées depuis 25,000 ou 30,000 jusqu'à 100,000 hommes, dont 15,000 à 16,000 Turcs ; le reste se compose de Bédouins de la partie méridionale de la régence, qui sont sous la domination du dey, ou avec lesquels il a contracté des alliances.

Parmi les soldats de la milice figurent le dey, les beys ou lieutenans-généraux, les agas ou gouverneurs de place, les secrétaires d'État, l'amiral, les rais ou capitaines de la marine, et en général tous les officiers du gouvernement.

Tous les Turcs qui arrivent à Alger et se font incorporer dans la milice sont ordinairement des gens sans aveu, sans ressources et de mœurs dépravées, qui viennent du Levant, d'où ils ont été obligés de s'enfuir pour se soustraire au châtiment dû à leurs crimes. Ils n'ont

---

(¹) Comme le chapitre précédent, la plus grande partie de celui-ci est empruntée à l'Histoire d'Alger, par Laugier de Tassy. *(Note du traducteur.)*

besoin, pour être admis dans ce corps, que de prouver qu'ils sont Turcs. On y reçoit aussi les chrétiens renégats, et les Cologlis; nom donné aux individus nés de Turcs et de femmes arabes ou maures. Mais les Maures et les Arabes en sont absolument exclus, parce qu'ils sont toujours suspects aux usurpateurs de leur patrie, qui les tiennent dans une sujétion qui ne diffère guère de l'esclavage.

Tous ceux qui composent cette milice jouissent de grands priviléges, et regardent avec le dernier mépris ceux qui n'en font pas partie. Ce sont les hauts et puissans seigneurs du pays. On leur donne le titre d'*effendi* ou seigneur, tandis que l'on ne qualifie les autres individus que de *sidy* ou monsieur. C'est parmi eux que l'on choisit les deys, les beys et autres principaux officiers de l'État. Ils sont exempts de toute espèce d'impôts et des droits de capitation. Ils ne peuvent point être punis en public, et le sont rarement à huits clos. Ils se soutiennent tous à tort ou à raison contre les Arabes et les Maures; et le dernier d'entre eux fait trembler par un regard les plus puissans d'entre ces derniers, qui leur doivent partout la préséance, sous peine d'être maltraités à l'instant même. Ils sont, au reste, fiers, insolens et très difficiles à gouverner. Il est vrai qu'ils obéissent au dey avec une profonde soumission tant qu'il maintient son autorité, soit par la douceur, par la force, ou par adresse ; qu'il n'enfreint pas les lois établies, et surtout que leur solde est régulièrement payée ; car, si elle vient à être, par hasard, différée d'un jour seulement, rien n'arrête les murmures de cette milice hautaine, et le dey est souvent victime d'un aussi court retard. Outre leur paye ordinaire, tous les soldats qui ne sont point mariés sont logés dans des casernes grandes et commodes, appelées *cacheries*, et qui sont pourvues de fontaines, pour faire leurs ablutions. Ils ont une grande chambre à trois, et des esclaves payés par l'État pour les servir.

Il est alloué à chacun d'eux quatre pains par jour; ce qui est beaucoup plus qu'il ne leur est nécessaire; quant à la viande, ils ont le privilége de l'acheter à un tiers au-dessous de ce qu'elle est taxée pour le public. Toutefois, ces différens avantages n'existent que pour ceux qui ne sont pas mariés ; car ceux qui le sont sont obligés de se nourrir et de se loger avec leur seule paye.

La raison qui fait ainsi distinguer les soldats mariés de ceux qui ne le sont pas provient de ce que l'Etat est héritier naturel des Turcs ou des Maures qui meurent, ou qui tombent dans l'esclavage, sans avoir ni enfans, ni frères. Il s'ensuit que comme il est frustré de cet avantage lorsque les soldats se marient, il se croit dispensé de leur donner autre chose que la simple paye ; ce qui en empêche beaucoup de se marier. Il existe aussi un autre motif pour cela: c'est que les garçons nés de Turcs et de femmes arabes ou maures ne sont point considérés comme Turcs. Il est vrai qu'ils sont reçus dans la milice comme soldats; mais ils ne parviennent point aux différentes charges de l'État, et ne jouissent point, en un mot, des priviléges accordés aux soldats turcs. Le gouvernement a eu recours à ces restrictions pour éviter que les soldats ne s'alliassent en trop grand nombre avec les femmes du pays, et ne se rendissent ainsi un jour redoutables à l'État, par l'augmentation de leurs familles. Les Maures et les Arabes sont également exclus du corps de la milice, par les mêmes motifs. Nous croyons devoir remarquer à ce sujet qu'il n'y a point ou peu de femmes turques à Alger. Elles ont en horreur ce pays, qu'elles regardent comme le réceptacle de tout ce qu'il y a de plus vil et de plus méprisable dans les États ottomans. Les véritables Turcs se contentent d'y avoir des concubines du pays, ou des esclaves chrétiennes.

Lorsqu'un soldat turc devient captif, il est censé mort pour l'État; et à la première nouvelle qu'en reçoit le gouvernement, il s'empare de ses biens, meubles et immeubles, lorsqu'il ne laisse ni enfans ni frères. Ainsi que nous l'avons déjà dit, s'il a le bonheur d'échapper d'esclavage, ou qu'il parvienne à payer sa rançon, l'État, à son retour, est quitte envers lui en lui faisant compter une année de solde, afin de le mettre à même d'acheter un fusil, un sabre, et les autres armes qu'un soldat est obligé d'avoir. Un Turc n'est estimé à Alger que s'il est soldat; aussi le sont-ils tous, et ne respirent-ils que la guerre.

Les Algériens professent le plus profond mépris pour toutes les nations; ce qui provient probablement de l'habitude où ils sont de se voir, dès leur bas âge, entourés d'esclaves de tous les pays. Mais ils portent ce mépris encore plus loin envers les Espagnols, les Portugais et les Maltres, qui, après les Turcs, sont, par suite de leurs préjugés nationaux, ceux de tous les peuples qui ont la plus haute idée d'eux-mêmes.

Avec beaucoup de vices, les Turcs d'Alger ont cependant quelques bonnes qualités. C'est ainsi que les plus relâchés d'entre eux ne prononcent jamais le nom de Dieu en vain, ni le mêlent dans leurs discours familiers ; et qu'ils ne jouent à aucun jeu, excepté aux dames et aux échecs ; encore l'argent en est-il formellement exclus, et n'intéressent-ils la partie que pour du café, des sorbets, quelques pipes de tabac, ou autres bagatelles semblables.

Loin de se trouver humiliés de leurs défauts physiques, ils s'en font au contraire un honneur, et ne demandent pas mieux qu'on les désigne par les épithètes de borgnes, de bossus, de boiteux, de manchots, etc.

Il leur est défendu, et ils considèrent comme un véritable déshonneur, de jamais piller durant le combat, quelque facilité qu'ils en aient; ils abandonnent cet avantage aux Maures et à leurs esclaves. Mais après le combat ils usent de toutes leurs prérogatives.

Ils se font un point d'honneur de laisser toutes les nations professer librement leurs différens cultes, et témoignent toujours beaucoup de considération à ceux qui paraissent religieusement attachés à leurs croyances.

Tout soldat admis dans la milice est inscrit

dans une compagnie, sans y être attaché particulièrement, mais seulement pour y recevoir la solde. La paye n'est pas la même pour tous. D'abord fixée à fort peu de chose, elle augmente progressivement tous les ans d'environ 50 aspres (1), ainsi que dans différentes circonstances particulières, comme à l'occasion de l'élection d'un nouveau dey, d'une victoire, d'une guerre, d'une paix, de quelques réjouissances publiques, de la réception d'un envoyé du grand-seigneur, d'une action d'éclat, etc. Il s'ensuit que plus un soldat acquiert d'ancienneté, plus sa paye augmente, et qu'au bout de dix, douze, ou quinze ans au plus, il parvient à la haute-paye, que l'on appelle *paye serrée*, parce qu'alors elle n'augmente ni ne diminue plus.

La paye primitive d'un soldat est de 275 aspres (4 francs 59 centimes), et la haute-paye de 6 piastres courantes (69 francs 60 centimes), pour deux lunes.

On compte à Alger, comme dans tous les États ottomans, par mois lunaires, et leur année est composée de douze lunes, comme la

---

(1) L'aspre est une très petite monnaie d'argent qui vaut à peu près 1 centime 2/3. (*Note du traducteur.*)

nôtre de douze mois ; ce qui fait une différence d'environ onze jours par année. Leurs mois lunaires parcourant ainsi tour à tour toutes les saisons, leur lune de ramadan ou de carême se trouve tantôt en été, tantôt au printemps, en automne et en hiver.

La paye se fait régulièrement de deux en deux lunes, en présence du dey, de l'aga de la milice, des aga-bachis et autres officiers du divan. Chacun la reçoit en personne dans le palais du dey, des mains du cantador, et en bonnes espèces d'or ou d'argent, qu'il fait examiner et peser par le vérificateur.

» Tous les officiers de l'État, depuis le dey inclusivement, ne reçoivent de traitement fixe que la paye de simple soldat. Mais il est alloué à chaque emploi un certain droit sur l'entrée et la sortie des marchandises, les ancrages, la vente et le rachat des esclaves, etc. Les Turcs qui sont parvenus à être mezoul-agas, ou aux autres grades qui dispensent de services ultérieurs envers l'État, ou ceux qui ont été blessés ou mutilés de manière à ne plus servir, jouissent de leur paye entière jusqu'à leur mort, dans quelque partie de la régence qu'ils veulent se fixer. Mais ceux qui quittent le service avant le temps voulu, et sans cause légitime, ce qui est considéré comme ignominieux, en perdent la moitié. Une grande punition pour un soldat, est de subir une diminution dans sa paye; mais cela arrive rarement.

Le jour fixé pour le paiement de la solde, tous les officiers du gouvernement s'assemblent dans la grande salle du divan et toute la milice dans la cour. L'aga, tenant alors le registre de la solde à la main, prend la place du dey, qui se tient près de lui, et fait l'appel général, en commençant par le dey lui-même, qui reçoit d'abord sa paye, et tous les autres successivement.

Chaque soldat est en outre libre d'exercer une industrie ou une profession quelconque, soit à terre ou en mer, quoiqu'il soit cependant toujours tenu d'être prêt à marcher.

Au lieu de bataillons et d'escadrons, on compte par camps, qui comprennent un certain nombre de tentes. Ces tentes sont de forme ronde, et peuvent contenir trente hommes à l'aise. Les chevaux sont attachés à des piquets par une jambe, et les harnais sont suspendus dans la tente.

Chaque tente est composée d'un bolak-bachi, d'un oldak-bachi, du veki-ardgy, et de dix-sept oldaks ou soldats, c'est-à-dire de vingt combattans, outre quelques Maures armés, qui sont chargés de la conduite des bagages, etc. Le gouvernement fournit six chevaux ou mulets pour le transport de chaque tente, des vivres, de l'habillement, des munitions et des malades.

Les bagages précèdent ordinairement les troupes ; de manière que, lorsqu'elles arrivent là où elles doivent camper, les soldats trouvent leur cuisine prête, et n'ont autre chose à faire que de se reposer. On a soin d'avoir en réserve, à l'arrière-garde, des chevaux de rechange, pour remplacer ceux qui peuvent mourir ou se blesser en route.

Lorsqu'il sort un camp d'Alger, le dey nomme un aga et un chaya, pris parmi les aga-bachis, et dont l'emploi est d'y rendre la justice tant civile que criminelle, attendu qu'il est défendu aux officiers d'infliger la moindre punition aux soldats ; ils doivent s'adresser à cet effet à l'aga, qui ordonne ce qu'il juge convenable. Le dey nomme aussi deux chaoux pour exécuter les ordres de l'aga et du chaya.

Les soldats marchent à tour de rôle, sans exception, et sans passe-droit ; tous sont à pied, officiers et soldats, excepté le bey, l'aga et le chaya.

La cavalerie est aussi distribuée par tente de vingt hommes, avec le même nombre d'officiers, et de Maures chargés du fourrage et du soin des chevaux.

Il part tous les ans, au printemps, d'Alger, trois camps, plus ou moins forts, selon le besoin : ce sont le camp du Levant, celui du Ponent, et celui du Midi. Chacun de ces corps de troupes va joindre le camp particulier du bey qui doit le commander, lequel se trouve alors en campagne avec sa milice ordinaire.

Le bey jouit d'une autorité absolue dans son camp, à l'exception de l'administration de la justice, qui est réservée à l'aga. Ce n'est d'ailleurs que dans les circonstances particulières qu'il assemble son divan, qu'il préside toujours; ce conseil est composé de l'aga, du chaya et des boluks-bachis, qui opinent tous par rang d'ancienneté.

Comme les Maures se retirent à peu près toujours dans l'intérieur du pays à l'approche des troupes, le bey a constamment soin de se pourvoir de gros bétail, de moutons, de biscuit, d'huile et d'autres objets d'approvisionnemens que les Maures sont obligés de fournir, ainsi que les chameaux, les chevaux et les mulets nécessaires pour remplacer ceux qui peuvent manquer pendant la campagne, qui est ordinairement de six mois.

Les camps ont pour objet de maintenir les Arabes et les Maures dans l'obéissance ; de lever le carache ou tribut, que l'on fait payer double à ceux qui s'y font contraindre ; de mettre à contribution les districts qui ne sont pas entièrement soumis ; et enfin d'acquérir de nouveaux sujets, ce que les beys font en pénétrant assez avant dans les déserts du Beled-ul-Djérid. Mais comme il y a un grand nombre de districts dans ces déserts qui, attendu leur stérilité, ne paient pas le tribut, les beys ne font guère de campagnes sans y enlever beaucoup d'esclaves ; genre de spoliation qui leur est d'autant plus facile, que les Maures, n'étant point unis entre eux, se trahissent volontiers les uns les autres.

Les beys doivent d'ailleurs en agir avec beaucoup de prudence dans ces expéditions, parce que les troupes ne s'avancent point qu'elles ne soient assurées de leur retour. Elles n'observent, au reste, aucun ordre de marche régulier : tout dépend de la volonté du chef, jusqu'à ce que l'on soit en pays étranger.

Pour marcher à l'ennemi, les beys réunissent un certain nombre de tentes ou compagnies, tant de cavalerie que d'infanterie, dont ils forment des espèces d'escadrons et de bataillons, et dont ils confient le commandement, soit à des agas, soit à des boluks-bachis, qui ont chacun leur bannière ou étendart.

Quand l'armée s'avance en pays ennemi, elle est disposée de la manière suivante : l'avant-garde, composée d'un gros corps d'infanterie, deux escadrons de cavalerie sur les ailes, le reste de l'infanterie sur deux rangs, les bagages, deux autres escadrons de cavalerie en arrière, aussi sur les ailes, et l'arrière-garde composée d'un bataillon d'infanterie. La disposition est à peu près la même quand on en vient aux mains, excepté que les bagages sont derrière. En cas d'échec, les corps, tant de cavalerie que d'infanterie, doivent toujours se rallier derrière le corps principal. Les Maures auxiliaires se tiennent par pelotons sur les ailes, pour donner suivant les circonstances. Nous avons déjà eu occasion de remarquer qu'il est expressément défendu aux Turcs de piller pendant le combat; cet ordre est toujours scrupuleusement observé.

Le corps de la marine est très considéré à Alger ; mais ce qu'il y a de vraiment surprenant, c'est que dans un pays où il n'y a que fort peu de bois de construction, et point de mâture, de cordage, de toile à voiles, de goudron, d'ancres, etc., on puisse entretenir un aussi grand nombre de bâtimens que ceux qui y existent. Voici comment cela s'explique. Quand les Algériens construisent un navire, il leur suffit d'avoir suffisamment de bois neuf pour l'élever au-dessous de la flottaison, ce qu'ils obtiennent à Bougea; ils suppléent au reste en dépeçant avec beaucoup d'adresse et d'économie les bâtimens qu'ils prennent.

A l'exception d'un seul navire, qui est commandé par l'amiral, et qui appartient à la régence, tous les autres sont la propriété de différens armateurs.

Les capitaines ont la liberté d'armer quand il leur plaît, et de croiser où bon leur semble, excepté quand ils sont mis en réquisition par l'État, soit pour le transport des garnisons d'un lieu à un autre, soit pour l'approvisionnement d'Alger. Le dey peut aussi les envoyer en course quand il le juge à propos, ou leur ordonner de se joindre aux flottes du grand-seigneur, toujours au compte des armateurs.

Lorsqu'un bâtiment périt ou est pris, les armateurs sont tenus d'en acheter ou d'en faire construire un semblable, la marine de la régence ne pouvant subir aucune diminution dans ses forces. Cette obligation est de rigueur, et est toujours ponctuellement remplie. Au reste, le gouvernement étend ce principe aux maisons même de la ville d'Alger, qui appartiennent la plupart à des Cologlis ou à des Maures. Il en résulte que s'il y en a de démolies par suite d'un bombardement ou de tout autre accident, les propriétaires sont tenus de les rebâtir dans l'année même; sinon le dey s'empare aussitôt de l'emplacement et des matériaux, et les fait vendre à son profit.

Le nombre de bâtimens armés de la régence s'élève ordinairement à vingt, tant grands que petits. Il ne doit jamais être moindre. En 1724 il était de 24, dont 2 vaisseaux de 52 et 50 pièces de canon, et 6 frégates de 38 à 44 pièces (1).

L'État perçoit le huitième de toutes les prises, c'est-à-dire des esclaves, dont le dey a le choix, des marchandises et des bâtimens; le reste se partage par moitié entre les armateurs et les équipages. La plupart des capitaines sont propriétaires de leurs navires, ou y sont au moins intéressés.

Lorsqu'un capitaine veut aller en course, il

---

(1) Avant l'expédition de lord Exmouth, en 1816, la marine algérienne consistait en une frégate de 44 pièces de canon, 5 corvettes de 18 à 24 canons, 5 briks, goëlettes, etc.
(*Note du traducteur.*)

en demande la permission au dey, qui ne la refuse jamais, excepté dans les cas que nous avons fait connaître. Cette permission obtenue, le capitaine s'occupe de mettre son navire en état, au moyen de ses propres esclaves, de ceux des armateurs et des particuliers, qui les font embarquer, afin de les faire participer aux prises qui peuvent être faites, et dont ils retiennent la plus grande partie. Dès que le bâtiment est radoubé, on y embarque des vivres pour deux lunes et quelquefois pour trois ; puis le capitaine arbore son pavillon, et fait tirer un coup de canon. A ce signal, qui annonce que le corsaire doit mettre à la voile le lendemain, tous ceux qui veulent s'embarquer pour faire la course, soit Turcs, Maures ou autres, car on ne refuse personne, se rendent à bord.

Chaque Turc est armé d'un fusil et d'un sabre, et pourvu d'une couverture pour tout bagage. Les Maures, dont tout le service consiste à aider la manœuvre des canons, n'ont qu'une haïke ou un bournouse, qui leur sert à la fois de vêtement et de couverture. Rien n'égale leur poltronerie, leur ignorance et leur malpropreté.

Il y a toujours à bord de chaque corsaire un aya-bachi ou quelque ancien soldat qui y fait les fonctions d'aga ; il est chef de la milice, et rend la justice aux Turcs. Le capitaine ne peut rien entreprendre sans avoir préalablement pris son avis. Au retour du bâtiment, cet aga rend compte au dey de la conduite du capitaine ; et si celui-ci est convaincu d'avoir manqué à son devoir, ou d'avoir laissé échapper quelque navire, soit en ne l'ayant pas combattu assez long-temps, soit d'avoir cru trop légèrement à la bonté de ses papiers, il est sévèrement puni. Le rais Mezomorto, qui fut depuis dey d'Alger, se trouva une fois dans ce cas. Accusé par l'aga et la milice de son corsaire, le dey lui fit donner cinq cents coups de bâton sur la plante des pieds, et le renvoya en course.

Les esclaves chrétiens, dont on embarque toujours un assez grand nombre sur les corsaires, servent en qualité d'officiers-mariniers et de matelots.

Les officiers sont tous Turcs ou Cologlis. Ils ne se mêlent jamais avec les Maures, qui, ainsi que les esclaves, ne peuvent jamais monter sur le gaillard d'arrière, ni entrer à la sainte-barbe, à moins d'y être appelés par le capitaine ou par quelque Turc.

L'état-major est toujours désigné d'avance. Quant aux officiers subalternes, on les choisit ordinairement parmi les plus anciens de l'équipage, lorsque le bâtiment est sous voile. Comme chacun est libre de s'embarquer, les équipages des corsaires sont plus ou moins nombreux, selon la réputation des capitaines.

Il existe à l'égard de ces bâtimens une particularité assez singulière, c'est que s'il se trouve à bord, au moment où ils font une prise, un passager de quelque nation et de quelque culte que ce soit, il en a sa part, parce que les Turcs sont portés à croire qu'ils doivent à sa présence le bonheur d'avoir fait une aussi bonne rencontre.

Lorsqu'un corsaire fait une prise, pour peu qu'elle soit importante, il l'escorte lui-même à Alger; si elle n'est que d'une valeur médiocre, il se borne à en enlever l'équipage, et met dessus un soute-raïs et quelques Maures pour la conduire à la même destination; mais si elle n'est d'aucune valeur, il la coule bas après s'être emparé de son équipage, et l'avoir désagréée complétement. On sait de suite à quelle nation appartient une prise, parce que le corsaire qui l'a faite en arbore ordinairement le pavillon à son mât de beaupré. Quand un corsaire a fait une riche prise, il tire le canon d'intervalle en intervalle, jusqu'à ce qu'il soit arrivé dans le port, et même avant d'être en vue. Dès qu'il est en rade, le rais de la marine se rend à bord pour s'informer de la prise, du nombre des esclaves, de la quantité et de la qualité des différentes espèces de marchandises, etc.; de tout quoi il va aussitôt rendre compte au dey.

Après avoir mouillé dans le port, le capitaine conduit tous les esclaves au palais du dey, où les consuls des puissances étrangères sont aussitôt appelés, et qui, en présence du dey, demandent a ces infortunés s'il s'en trouve parmi eux de leurs nations respectives. S'il s'en présente, les consuls s'informent d'eux-mêmes s'ils étaient passagers ou s'ils faisaient partie de l'équipage du bâtiment pris. Dans le premier cas, ils sont remis à leurs consuls; mais s'ils ont été pris les armes à la main, ils sont de droit esclaves. Le dey fait alors ranger tous ceux qui sont dans ce cas, et en prend huit à son choix, lequel tombe ordinairement sur le capitaine, les officiers-mariniers, les ouvriers, et surtout les charpentiers, qu'il envoie conjointement au bagne du gouvernement; les autres sont conduits au basistan ou marché aux esclaves, où il s'en fait une première vente, et où les *délls* ou courtiers les promènent l'un après l'autre, en faisant connaître à haute voix leurs bonnes qualités, leurs professions, et le prix que l'on en offre. Mais ces ventes ne s'élèvent jamais bien haut, parce qu'il s'en fait une seconde au palais du dey, où l'esclave est remis entre les mains du plus offrant et dernier enchérisseur. L'État retire un bénéfice considérable tant de la vente des esclaves que de leur rachat, qui est de dix pour cent du prix d'enchère. Le dey emploie à la construction des bâtimens de guerre tous les esclaves qui y sont propres, comme les charpentiers, les calfats, les forgerons, etc.; il prélève les deux tiers sur les journées que leur paient les armateurs de ces bâtimens, et leur laisse l'autre tiers.

Les esclaves des particuliers peuvent être divisés en deux classes : ceux qui sont achetés pour le service personnel des acquéreurs, et ceux qui le sont par des marchands dans le but d'en obtenir de fortes rançons. Les premiers sont plus ou moins heureux ou malheureux, suivant les qualités mutuelles des maîtres et des captifs. Mais, de quelque manière qu'il en soit, les maîtres sont naturellement intéressés à ménager leurs esclaves, de peur qu'ils ne tombent malades et meurent.

Quant aux autres, ils sont réellement à plaindre, parce qu'ils se trouvent au pouvoir d'hommes insensibles qui cherchent à tirer d'eux tout le parti possible, et à en venir à leurs fins à force de mauvais traitemens.

Les esclaves de l'État paraissent avoir été beaucoup moins malheureux à l'époque où écrivait M. Laugier de Tassy (1), qu'ils ne le sont aujourd'hui. Voici la description que le capitaine anglais Croker, envoyé à Alger en 1815, fait de la prison des chrétiens.

» Cet affreux séjour se trouve dans une des rues les plus étroites d'Alger. Une petite cour carrée qui est à l'entrée sert aux captifs à prendre l'air. Leur nourriture journalière consiste en deux pains noirs, d'une demi-livre chacun; ceux qui travaillent ont de plus dix olives. Mais comme les travaux cessent le vendredi, qui est le jour de repos des Turcs, ces infortunés restent enfermés toute la journée, et ne reçoivent autre chose du gouvernement algérien que de l'eau. Heureusement que la charité d'un aga turc y supplée. Cet homme humain, qui avait éprouvé dans sa jeunesse le

---

(1) Auteur d'une histoire d'Alger publiée en 1727.
(*Note du traducteur.*)

malheur d'être esclave, a fait une fondation destinée à fournir le vendredi une livre de pain à chaque prisonnier. Il est digne de remarque que c'est un Mahométan, un Algérien, qui a le premier contribué au soulagement des malheureux esclaves; et que le pouvoir qui les retient dans les fers, quelque tyrannique qu'il soit, veille néanmoins à la fidèle exécution de cette disposition bienfaisante. De cette cour, dit le capitaine Croker, je montai par un escalier de pierre dans une galerie autour de laquelle régnait un certain nombre de chambres humides et dont le plancher était en terre; de fortes grilles de fer assuraient l'inviolabilité des portes et des fenêtres. Deux de ces pièces contenaient vingt-quatre espèces de cadres suspendus les uns au-dessus des autres, et formés uniquement de quelques branches d'arbres entrelacées. Quelques pitoyables que fussent ces lits, il fallait encore payer pour être admis à s'y reposer! L'odeur en était si infecte, qu'une des personnes qui m'accompagnaient fut sur le point de se trouver mal. »

Le capitaine Croker visita aussi l'hôpital espagnol, ainsi nommé parce qu'il est entretenu aux frais de l'Espagne. Il y vit, étendus sur la terre, des infortunés de tous les âges et de tous les sexes : des vieillards, des femmes et des enfans. Tous avaient les jambes tellement enflées et ulcérées, que leurs plaies paraissaient incurables. Il remarqua surtout, au milieu de plusieurs autres femmes, une pauvre sicilienne qui fondit en larmes en lui disant qu'elle était mère de huit enfans, et en lui en montrant six qui étaient esclaves avec elle depuis treize ans ! La plupart de ces femmes avaient été enlevées dans des descentes faites par les Barbaresques sur les côtes de l'Italie. En quittant ce lieu d'horreur, le capitaine rencontra des esclaves mâles que l'on ramenait du travail au bagne, conduits par des infidèles armés d'énormes fouets ; plusieurs d'entre eux étaient pesamment chargés de chaînes.

La relation publiée par M. Pananti de sa récente captivité à Alger, fournit d'autres détails sur le même sujet. Après avoir résidé plusieurs années en Angleterre, il s'embarqua, pour retourner dans sa patrie, sur un navire sicilien qui fut capturé par un pirate, et conduit à Alger. Parmi ses compagnons d'infortune se trouvaient un M. Torrini, un chevalier Rossi, sa femme qui était anglaise, leurs deux enfans, et une jeune Sicilienne qui allait épouser à Palerme celui qui avait reçu le don de son cœur, et dont les malheurs forment un épisode touchant dans l'ouvrage de M. Pananti. Dès qu'ils eurent mouillé dans le port d'Alger, on les conduisit à l'amirauté, où ils trouvèrent, sous un vaste tendelet qui ombrageait le devant de l'édifice, les membres de l'amirauté assis et environnés d'une pompe vraiment barbare. « On nous demanda, dit M. Pananti, nos papiers, qui furent d'abord examinés avec une scrupuleuse attention et beaucoup de gravité, puis présentés au consul anglais, afin de savoir s'il avait quelqu'un de sa nation à réclamer. Le consul reconnut au premier coup-d'œil l'insuffisance de nos titres; mais, guidé par la bonté de son cœur et par les sentimens de compassion que lui inspirait notre triste position, il usa de tous les moyens en son pouvoir pour nous soustraire au sort qui nous menaçait; son humanité s'étendit même à des personnes nées dans des pays alliés à la France, alors en guerre avec l'Angleterre : elles étaient malheureuses, et c'en était assez pour qu'il leur accordât sa protection. Mais le raïs Hamela, l'un des principaux membres de la marine, soutint avec force les droits des capteurs; il établit la plus subtile distinction entre ce qu'il entendait par être domicilié ou originaire d'un pays, et se montra dans cette discussion un fort habile jurisconsulte selon le code africain. Les mots : bonne prise! esclaves! prisonniers! circulèrent aussitôt de bouche en bouche dans le conseil, et furent bientôt entendus par la foule assemblée au dehors, laquelle, par ses cris et par ses vociférations, semblait applaudir à cette espèce de décision. Le consul réclama alors officiellement la dame anglaise et ses deux enfans ; ce qui lui ayant été accordé, le chevalier Rossi, son mari, s'avança, et demanda aussi sa libération, attendu qu'il avait épousé une anglaise, et qu'il était père de deux sujets britanniques. Sa demande ayant été aussi accueillie, il rejoignit sa femme et ses enfans. Le consul fit une nouvelle tentative en notre faveur, mais inutilement. Cette résolution fut immédiatement suivie des mots *schiavi! schiavi!* (esclaves! esclaves!) qui furent répétés aux acclamations par la multitude. » Le conseil s'étant levé peu après, l'attroupement se dispersa, et le consul anglais était parti longtemps avant que les malheureux captifs fussent revenus de leur douloureux étonnement. Bientôt cependant une garde commandée par un officier turc les conduisit à travers une partie de la ville, et au milieu d'une foule de spectateurs, dont le nombre en était d'autant plus grand que c'était un vendredi, et que le peuple sortait dans ce moment des mosquées. En arrivant au palais du dey, les premiers objets qui frappèrent leurs regards furent, six têtes sanglantes rangées devant la porte d'entrée, et pardessus lesquelles il leur fallut passer pour entrer dans la cour. Après avoir paru devant le dey, M. Pananti et ses compagnons furent menés au bagne des esclaves chrétiens. Dès qu'ils parurent dans la cour, ils furent aussitôt environnés d'une multitude d'esclaves couverts de haillons, et dont les traits portaient l'empreinte des plus douloureuses souffrances. Les maux auxquels ils étaient en butte semblaient avoir flétri leur ame, et, en détruisant les plus doux sentimens de la nature, les avoir rendus insensibles à l'infortune des autres : aussi ne donnèrent-ils aux nouveaux arrivans aucun témoignage de cette compassion à laquelle ils avaient lieu de s'attendre de leur part. M. Pananti obtint bientôt sa liberté par suite des démarches bienveillantes de M. Macdonald, le consul anglais; et il employa le surplus du temps qu'il passa à Alger, à recueillir des renseignemens précieux sur l'état actuel de la Barbarie.

Il est difficile de dire quelque chose de positif sur le commerce d'Alger. Aux productions de son sol mentionnées dans le chapitre troisième, on peut ajouter du coton, des raisins, des figuiers, des dattes, des plumes d'autruches, de l'essence de rose, de l'or en poudre venant de l'intérieur; des chevaux, du bétail, ainsi que du sucre, du café et des marchandises manufacturées provenant des prises faites sur les nations européennes. On y importe de la poudre à canon, des armes à feu, des pierres à fusil, du bois de construction, et toutes sortes d'approvisionnemens destinés pour la marine; des draps fins, des étoffes d'or et d'argent, du coton en laine, des épices, de l'étain, du fer, du plomb, du mercure, des toiles, de l'alun, du riz, de la cochenille, du savon, de la couperose, de l'aloès, du vermillon, du bois de teinture, etc. Les Anglais ont acheté le monopole exclusif de ce commerce. Au reste, le brigandage des corsaires d'Alger, qui serait nuisible à des nations commerçantes, est devenu, par la nature même du gouvernement, le soutien des forces et de la marine d'Alger.

Les espèces monnayées en circulation à Alger appartiennent pour la plupart aux nations maritimes de l'Europe; mais les plus communes sont le doublon et la piastre d'Espagne, qui valent, le premier environ 84 fr., et la seconde 5 fr. 40 cent. Les espèces de la régence sont des sultanins d'or de la valeur d'environ 11 fr., et des aspres, petite monnaie d'argent valant à peu près 1 centime deux tiers. La pataque-chique (*pataca-chica*) est une monnaie de compte qui vaut 231 aspres, ou 3 fr. 48 cent.

La même incertitude existe à l'égard des revenus et des dépenses publiques. Les premiers, qui proviennent en grande partie des tributs, des présens levés sur les puissances européennes, de la rançon des esclaves, du monopole des grains, des taxes arbitraires imposées sur les étrangers, et des droits insignifians que paient les marchands maures, juifs et chrétiens, s'élèvent, d'après Rehbinder, a environ 4,000,000 de francs; le même auteur n'évalue les dépenses qu'à 2,300,000 francs. Si le dey éprouve un besoin pressant d'argent, il y remédie quelquefois en donnant l'ordre d'étrangler un ou deux beys ou quelques Maures opulens, dont les richesses deviennent alors sa proie; de faire une excursion chez les Bédouins, ou bien de déclarer la guerre à quelque nation européenne. On assure, au reste, qu'il y a dans ce moment (1830) plus de trésors accumulés à Alger (surtout en argent) que dans toute autre ville du monde; et que les sommes qui se trouvent amassées dans les coffres du dey s'élèvent à 40,000,000 de piastres, c'est-à-dire plus de 200,000,000 de francs.

Les États d'Europe, qui n'ont jamais pu se réunir pour mettre un terme aux pirateries des Barbaresques, ont pris le parti de conclure avec eux des traités de paix toujours précaires. D'un autre côté, les grandes puissances, par une politique peu généreuse, ont long-temps cherché à se conserver la navigation libre de la Méditerranée aux dépens des petites. Cependant toutes consentent aujourd'hui à être honteusement tributaires des forbans d'Alger, sous différentes dénominations. Par exemple, le royaume des Deux-Siciles leur paie un tribut annuel de 24,000 doubles piastres (240,000 francs), outre des présens de la valeur de 20,000 doubles piastres (200,000 francs). La Toscane, en vertu d'un traité conclu en 1823, n'est sujette à aucun tribut; mais son consul est obligé de faire en arrivant un présent de 25,000 doubles piastres (250,000 francs). La Sardaigne, par suite de la médiation de l'Angleterre, est aussi exempte de tribut; mais elle paie une somme considérable à chaque changement de consul. Le Portugal a conclu avec Alger un traité sur les mêmes bases que les Deux-Siciles. L'Espagne ne paie pas de tribut, mais fait des présens à chaque mutation consulaire. L'Angleterre est tenue à un présent de 600 livres sterling (150,000 francs) à la même occasion, malgré le traité conclu par lord Exmouth! Les Pays-Bas, qui coopérèrent à l'expédition de cet amiral, sont compris dans le traité en question, et ne paient pas de tribut dans ce moment; mais le dey ne cherche que l'occasion de rompre ses stipulations avec eux. Par la protection de l'Angleterre, les villes de Hanôvre et de Brême ont obtenu les mêmes conditions; mais, à leur arrivée à Alger, leurs consuls sont obligés de payer de très fortes sommes. L'Autriche, par la médiation de la Porte-Ottomane, est exempte de tribut et de présens consulaires. Quoique par ses traités avec Alger, la France ne lui doive aucun tribut, elle a cependant, jusqu'à ces derniers temps, consenti à lui envoyer des présens. L'État de l'église doit à la protection de la France de ne pas payer de tribut. La Suède et le Danemark paient un tribut annuel, consistant en munitions navales, de la valeur de

4,000 doubles piastres (40,000 francs), outre un présent de 10,000 doubles piastres (100,000 francs) au renouvellement de leurs traités, c'est-à-dire tous les dix ans, et ceux que font leurs consuls en entrant en fonctions. Les États-Unis d'Amérique, par suite d'un traité conclu peu après celui de lord Exmouth pour l'Angleterre, ont obtenu les mêmes conditions que cette dernière puissance.

« Les peuples qui habitent la Barbarie, dit un écrivain judicieux, gémissent sous un joug qu'ils sont impatiens de rompre. Esclaves de quinze ou vingt mille Turcs ramassés dans les boues de l'Empire Ottoman, ils sont de mille manières différentes les victimes de cette audacieuse soldatesque. Leur division en un grand nombre de tribus, dont les intérêts sont opposés, est cause de cet asservissement, et perpétue leur sujétion. Les gouvernemens qui les régissent, attentifs aux dissensions de ces sociétés particulières, ne cessent d'alimenter leurs discordes pour les mieux contenir. Ils ont surtout recours à cette politique machiavélique quand ils veulent détourner le mécontentement des peuples par des querelles intestines. C'est ainsi qu'ils soulèvent contre telle peuplade dont ils croient avoir quelque chose à redouter une peuplade voisine qu'ils font toujours triompher par les secours qu'ils lui prêtent. Mais un pouvoir assis sur une base aussi mobile ne peut avoir jeté des racines bien profondes, et rien ne serait plus aisé que de le renverser.

» Nul secours étranger ne retarderait d'un instant sa chute. La seule puissance que l'on pourrait soupçonner de désirer de la prévenir, l'Empire Ottoman, n'est pas assez satisfait du vain titre de protecteur que les régences lui accordent pour y prendre un vif intérêt; d'ailleurs, depuis deux siècles, la Porte n'a pour ainsi dire pas de marine, et son ancienne milice n'existe plus.

» Mais à quel peuple est-il réservé de dompter ces forbans qui glacent d'effroi nos paisibles navigateurs ? Aucune nation ne peut le tenter seule ; car si l'une d'elles l'osait, peut-être la jalousie de toutes les autres y mettrait-elle des obstacles secrets. Ce doit donc être l'ouvrage d'une ligue universelle. Il faut que toutes les puissances maritimes concourent à l'exécution d'un dessein qui les intéresse toutes également. Ces États, que tout invite à s'allier, à s'aimer, à se défendre, doivent être fatigués des malheurs qu'ils se causent réciproquement. Qu'après s'être si souvent unis pour leur destruction mutuelle, ils consentent donc à prendre les armes pour leur conservation : la guerre aura été du moins une fois utile et juste.

» Il est très présumable qu'elle ne serait pas longue si elle était conduite avec l'intelligence et l'harmonie convenables. Chaque membre de la confédération, attaquant simultanément l'ennemi qu'il aurait à réduire, n'éprouverait qu'une faible résistance. Qui sait même s'il en trouverait aucune? Les peuples conquis, mis tout à coup hors d'état de se défendre, abandonneraient vraisemblablement à leur fatale destinée des maîtres et des gouvernemens dont ils n'ont jamais senti que l'oppression. Peut-être la plus noble, la plus grande des entreprises, coûterait-elle moins de sang et de trésors à l'Europe que la moindre des querelles dont elle a été si long-temps déchirée.

» On ne fera pas aux hommes d'État qui formeraient ce plan l'injure de soupçonner qu'ils borneraient leur ambition à combler des rades, à démolir des forts, à ravager des côtes. Des idées si étroites seraient trop au-dessous des progrès de la raison humaine. Les pays subjugués serviraient à dédommager les vainqueurs, et chacun des alliés viendrait au partage, en raison du contingent qu'il aurait fourni à la ligue philantropique. Les conquêtes seraient d'autant plus sûres que le bonheur des vaincus en serait la suite. Ces pirates, ces écumeurs de mer, deviendraient bientôt, à l'aide de bonnes lois, des hommes nouveaux. Élevés insensiblement jusqu'à nous par la communication de nos lumières, ils abjureraient avec le temps un fanatisme que l'ignorance et la misère avaient seules jusque là nourri dans leurs ames, et se souviendraient toujours avec attendrissement de l'époque mémorable de notre bienfaisante conquête. Puisse un semblable projet se réaliser un jour ! »

CHAPITRE VI.

Description de la province de Mascara ou Tlemsen.

La province de Mascara est bornée au nord par la Méditerranée et la province d'Alger; à l'est par celle de Titerie; au sud par le Djérid ou Beled-ul-Djérid; et à l'ouest par l'empire de Maroc. Elle a environ quatre-vingts lieues dans sa plus grande longueur de l'est à l'ouest; et, d'après Shaw, vingt cinq lieues seulement, dans sa plus grande largeur du nord au sud (1). Sa surface est presque entièrement entrecoupée de montagnes et de vallées; mais sa partie septentrionale, c'est-à-dire le littoral de la Méditerranée, et celle qui avoisine le désert d'Angad, sont tout-à-fait montueuses. « Ces montagnes, dit Shaw, ont une telle analogie entre elles, et sont si rapprochées les unes des autres, qu'il est assez difficile de distinguer la chaîne qui forme la continuation du mont Atlas. Toutefois, je crois que cette chaîne se compose des montagnes

---

(1) Shaw n'entend ici que la partie cultivable de cette province appelée le Tell, car sa véritable largeur est d'environ 75 lieues.   (*Note du traducteur.*)

connues, sous les noms de Souf, de Tell, Tafaroouy, Ellcalla, Béni-Zerouall, Merdjidja, Elcadara et Miliana, qui traversent toute la province, et s'aperçoivent de très loin. On trouve d'abord à l'ouest Tôount, village frontière de l'empire de Maroc, qui est à huit lieues et demie à l'est-nord-est de Maisirda (Maroc), et qui correspond parfaitement à l'*Artisigu* de l'Itinéraire d'Antonin.

« Le cap Hone, que les habitans appellent aussi Ras-Honneine et Mellack, est à environ quatre lieues et demie au nord-est de Tôount, et termine la chaîne des montagnes de Trara. Comme ce cap est le plus remarquable des différens promontoires situés à l'est de la Moulouia, on peut naturellement supposer que c'est celui que Ptolomée désigne sous le nom de Grand-Promontoire, et qu'il place à peu près de la même manière, quoiqu'il soit, d'après moi, à quelques lieues plus à l'ouest de *Siga*. Le petit port d'Honneine, qui est peut-être le *Cæcili* de l'Itinéraire d'Antonin, n'est qu'à une faible distance du cap Hone. Depuis Honneine jusqu'à Tackom-brit et à l'embouchure de la Tafna dans la mer, c'est-à-dire l'espace d'environ cinq lieues, la côte se dirige au sud-est.

» Vis-à-vis de l'embouchure de la Ta na, on trouve l'*Acra* de Scylax, petite île qui forme le port d'Harchegoune, où les plus grands bâtimens sont en sûreté.

» Depuis l'embouchure de la rivière de Tafna, la côte se dirige un peu à l'est, puis au nord pendant neuf lieues, en faisant quelques petits détours jusqu'au Ras-Azintoure, appelé dans nos cartes marines cap Figalo. L'enfoncement de la côte, depuis Mellack jusqu'à Azintoure, forme un golfe considérable que les Maures appellent aussi Harchegoune, et qui est peut-être le *Sinus Laturus* de Pomponius Mela, ainsi que l'*Haresgol* de Léon l'Africain, et de quelques géographes modernes, qui l'ont vraisemblablement pris pour le nom d'une ville.

» Les différens dachekras ou tribus qui se trouvent à l'ouest de la Tafna se nomment Oul-Hasa, du nom des habitans, d'où est peut-être venu celui de la montagne dont parle Léon l'Africain.

» Sur le bord occidental de la Tafna, près de la mer, sont les ruines de l'ancienne *Siga*, qui était une ville royale des rois numides. Son nom moderne est Tackom-brit, probablement le *Tebecritum* de Léon l'Africain.

» La Tafna, qui est la rivière la plus considérable de cette province, et qui coule à l'ouest du Chélif, est formée de plusieurs autres moins importantes, et dont les principales sont la Bar-ba-ta, le Sik-ack et l'Isser. La Bar-ba-ta prend sa source au sud-ouest, et, autant que j'en puis juger par la situation des lieux, elle reçoit la petite rivière d'Oudjida, avant de pénétrer dans les montagnes de Trara. La Tafna, qui prend sa source dans les montagnes de Béni-Snouse, conserve son nom jusqu'à la mer. Béni-Snouse est le nom d'une tribu qui habite plusieurs dachekras à environ douze lieues au sud d'Harchegoune. Le Sik-ack est un torrent rapide qui se trouve à deux lieues au nord de Tlemsen, sur la route de Tackom-brit. Une de ses sources est légèrement thermale, et cependant poissonneuse, d'où lui vient son nom d'Ain-el-Houte ou la fontaine aux poissons. L'Isser a sa source au sud-est, dans les montagnes des Benisme-al, tribu qui habite les bords du désert. Abulféda en parle comme d'une rivière considérable; et, à en juger par sa position et l'analogie des noms, ce doit être l'*Assara* de Ptolomée, et peut-être l'*Isaris* de l'anonyme de Ravène. Toutes ces petites rivières se réunissent à quelque distance de la mer.

» Ainsi, en comparant les lieux et les rivières

que je viens de décrire avec la géographie ancienne, on trouve que la Tafna est la *Siga* de Ptolomée, Tackom-brit la ville à laquelle il donne aussi ce nom, et Honneine le *Gypsaria*, ou plutôt le *Portus-Cæcili* de l'Itinéraire d'Antonin, par la raison que ces différens lieux sont situés entre le Grand-Promontoire et la rivière *Assara*. Pline, comme Ptolomée, place *Siga* à l'est de la Moulouia, dans la Mauritanie Césarienne. Mais on ne sait que conclure de ce que dit Pline, quand il ajoute que *Siga* est situé vis-à-vis de *Malacha*, aujourd'hui Malaga, en Espagne, attendu que cette ville n'étant qu'à soixante-treize lieues à l'ouest nord-ouest de Tackombrit, elle ne serait pas à sa véritable position. De plus, si *Siga* était sous le même méridien que Malaga (car c'est ainsi qu'il faut entendre ces mots de Pline, *ex adverso*), la Tingitanie, qu'il avait déjà raccourcie, aurait encore moins d'étendue; et la Moulouia, qui la borne à l'est, ne serait ainsi qu'à vingt-cinq lieues de l'Océan-Atlantique. Il faut donc donner un autre sens à ce que dit Pline, ainsi que je l'expliquerai ailleurs. Mais dans tous les cas, il est hors de doute que *Siga* occupe réellement la position que nous lui assignons à quelque distance de la Moulouia. Mon opinion, à cet égard, est fondée sur l'autorité de l'anonyme de Ravène, et sur celle de l'Itinéraire d'Antonin, qui placent *Siga* à onze lieues à l'ouest du *Flumen-Salsum* des anciens. On peut dont conclure de ce qui précède, sans craindre de se tromper, que la Tafna est l'ancienne *Siga*, et Tackombrit la ville du même nom, qui paraissent l'une et l'autre avoir été connues de Scylax, toutefois avec cette différence qu'il appelle la ville *Sigum*.

» Après avoir laissé la rivière Tafna et l'île d'*Acra* au sud-sud-est, on arrive à une petite baie que l'on appelle ordinairement le port d'Im-mi-si. Il existe une tradition parmi les Arabes, d'après laquelle ce serait ici le port de l'ancienne ville de Trans-rant, qui n'est plus aujourd'hui qu'un monceau de ruines, à trois quarts de lieue de la mer, dans la plaine de Zeidoure. Près de ces ruines coule un petit ruisseau qui, après avoir arrosé le pays des Ouelled-Halfa, se jette dans le port d'Im-mi-si. Il faut que l'une ou l'autre de ces villes soit l'ancienne *Camarata*, que l'Itinéraire d'Antonin place à une égale distance du *Portus-Sigensis* et du *Flumen-Salsum*.

» A trois lieues au nord-ouest du port d'Immi-si se trouve l'embouchure de l'Oued-el-

Mailah, qui est le *Flumen-Salsum* ou Rivière-Salée des anciens, ainsi nommé de la qualité saumâtre de ses eaux; c'est aussi la signification de son nom arabe. Il prend sa source dans le Souf-el-Tell, petit district situé à dix lieues au sud-est. Ses eaux, qui sont d'abord très salées, le deviennent moins à mesure qu'il approche de la mer, et qu'il reçoit un plus grand nombre de ruisseaux d'eau douce. Dans la plaine de Zeidoure je trouvai ses eaux beaucoup trop saumâtres et trop pesantes pour être bues. Mais il y en a si peu de bonnes dans ces contrées, que les Arabes y sont habitués, et en boivent sans répugnance.

» Le Si-nan est le plus considérable des petits affluens de l'Oued-el-Mailah. Il prend sa source dans la plaine de Zeidoure, où il serpente agréablement, et change de nom suivant les lieux qu'il arrose. Peu après s'être réunies à l'Oued-el-Mailah, ces deux rivières se jettent ensemble dans le golfe d'Harchegoune.

» La tribu de Ceffa occupe le district montagneux situé au nord-nord-est de la rivière d'Oued-el-Mailah. Au bord de la mer est le petit port de Madagh, à trois lieues à l'est du Ras-Azintoure.

» A deux lieues vis-à-vis de Madagh est la

plus grande des îles Ha-biba, où l'on trouve de l'eau douce et un abri pour de petits bâtimens. Sur le continent au sud-est, et au-dessous de Cheffa, on aperçoit la petite ville d'Andalouse, bâtie par une colonie de ces Maures andalousiens qui furent chassés d'Espagne au commencement du siècle dernier.

» A deux lieues et demie au nord-est d'Andalouse est la plus petite des îles Ha-biba ; et vis-à-vis de cette île, l'embouchure de la rivière Kasaab, ainsi nommée des roseaux qui croissent sur ses bords. Cette rivière prend sa source dans les montagnes voisines, et se jette dans une petite baie qui est bornée à l'est par le cap Falcon, comme nos matelots l'appellent, et que les Maures nomment Ras-el-Harche-fa, c'est-à-dire le Promontoire-Raboteux. Lorsque je passai près de ce cap, dans le mois de décembre, je remarquai que différentes parties de la côte étaient ensemencées de froment et d'orge, mais que le promontoire lui-même était un rocher aride. Ces signes de fertilité pourraient faire douter que ce soit ici le *Metagonium* de Strabon ; et quoique sa position soit, il est vrai, opposée à celle de la nouvelle Carthage, il n'en est cependant éloigné que de trente lieues; ce qui ne fait pas le tiers des trois mille stades dont parle Strabon

» A l'est du cap Ras-el-Harche-fa est une belle baie dont le fond est de sable, et qui n'est exposée qu'aux vents du nord-est ; les Maures l'appellent le port de Ras-el-Harche-fa. C'est dans cet endroit que les Espagnols débarquèrent dans leur dernière expédition contre Oran.

» Deux lieues plus loin, dans la même direction, se trouve le port de Mers-el-Kébir, le *Portus-Magnus* des Romains, ainsi nommé par sa grandeur et sa profondeur. Il y en a un autre à deux lieues de là, sous les murs d'Oran, que les Maures appellent par opposition Mers-el-Seighher, le Petit-Port. Mais comme il est exposé aux vents du nord, les navires n'y mouillent guère que dans la belle saison. Le port de Mers-el-Kébir, Mazalquivir, ou Mersalcabir, comme le nomment les Espagnols, est formé par une langue de terre qui s'avance près de cent toises dans la baie, et l'abrite des vents du nord et du nord-est. Le château construit pour sa défense était, lorsque je le vis, plus remarquable pour sa grandeur que pour sa force et son architecture, quoiqu'il y en eût une grande partie, particulièrement à l'ouest, qui était taillée dans le roc avec assez d'art. Tout près de ce château sont quelques ruines qui n'occupent toutefois qu'un petit espace; il pourrait se faire que ce fussent celles de la ville dont parlent Pline et quelques auteurs modernes.

» Si donc on admet que Mers-el-Kébir soit le *Portus-Magnus* des anciens, et l'Oued-el-Mailah le *Flumen-Salsum*, ce dont on ne saurait douter, attendu la ressemblance des noms, on sentira le peu de fond que l'on peut faire sur ce que les anciens disent de la position et de la distance de ces deux villes. Car l'Itinéraire d'Antonin porte cent sept milles romains (1) entre le *Flumen-Salsum* et le *Portus-Magnus*; au lieu qu'il n'y en a tout au plus que cinquante-quatre (20 lieues). On éprouve le même embarras pour déterminer la position exacte de *Crispæ*, de *Gilva-Colonia*, de *Castra-Puerorum*, et des *Portus-Divini*, que l'Itinéraire d'Antonin place aussi sur cette côte. Si, en prenant Madagh pour *Crispæ*, ou plutôt pour *Gilva-Colonia*, et Andalouse pour *Castra-Puerorum*, l'on double le Ras-Azintoure, on trouvera que la distance du *Flumen-Salsum* à Madagh n'est que de neuf lieues et demie, au

---

(1) 264 lieues et demie de 2,000 toises, le mille romain étant de 756 toises. (*Note du traducteur*).

lieu de douze que porte l'Itinéraire. La différence sera encore moindre entre *Gilva* et *Castra-Puerorum*, et entre ce dernier endroit et les *Portus-Divini;* en sorte que la distance entre les deux premières villes ne sera que de deux lieues trois quarts au lieu de sept et demie; et entre les deux dernières, que de trois lieues trois quarts, au lieu de vingt-trois que l'on trouve dans l'Itinéraire.

» Il existe encore d'autres objections quant au *Portus-Divini;* car si les anciens n'ont parlé que d'un seul et même lieu, il est impossible de faire cadrer ensemble les différentes positions que Strabon et Ptolomée leur ont données relativement au *Portus-Magnus.* Que si ce sont deux ports distincts, tels qu'ils sont indiqués dans l'Itinéraire d'Antonin, il faut que ce soient les deux baies du Ras-el-Harchefa. Ainsi, en comptant depuis celle qui est située le plus à l'ouest jusqu'au *Portus-Magnus,* on ne trouve que vingt lieues, au lieu de quinze que porte l'Itinéraire. Il est vrai que Cellarius a en quelque manière remarqué avant moi que Strabon, en plaçant son *Portus-Deorum* à six cents stades (226 lieues), à l'est de la ville de *Siga,* en a en quelque sorte fixé la position près de ce lieu.

» Mais quoi qu'en dise Strabon, et quoique toute espèce de bâtimens puissent trouver un abri dans l'un ou l'autre de ces ports contre les vents du nord-ouest et du nord-est, qui sont les plus fréquens et les plus à craindre dans ces mers, il est possible que par ces grands noms de *Portus-Divini* et *Portus-Deorum* les anciens aient voulu parler de quelques autres ports plus sûrs et plus commodes. Ne pourrait-il donc pas se faire que le *Portus-Divini* fût le *Portus-Magnus* ou le port d'*Arsenaria?* ou celui-ci le *Teon-limen* de Ptolomée; et l'autre, qui est plus à l'ouest, le *Teon-limen* de Strabon? Leurs positions répondent d'ailleurs à celles qu'indiquent ces auteurs.

• Oran est à deux lieues au sud-est de Mers-el-Kébir, et à environ vingt-deux lieues au nord-est de Tlemsen. C'est une ville fortifiée, et qui a près de huit cents toises de circuit. Elle est bâtie sur le penchant et au pied d'une haute montagne qui s'élève au nord-nord-ouest, et au sommet de laquelle s'élèvent deux châteaux qui commandent la place. On voit au bord de la mer, à quelques centaines de toises, Mers-el-Seighher, et à l'extrémité nord-ouest de la baie, Mers-el-Kébir. A une très petite distance à l'ouest de la montagne dont il vient d'être question, il y en a une autre, appelée, je crois, Mazetta, qui est plus élevée que la première. Elles sont d'ailleurs séparées par une vallée; ce qui fait que leurs sommets paraissent entièrement isolés, et servent de point de direction aux navires en mer. Au sud et au sud-est sont deux autres châteaux, bâtis au niveau de la partie inférieure de la ville, mais entre lesquels serpente aussi une vallée profonde qui forme comme un fossé naturel dans la partie méridionale de la place. Au haut de cette vallée, en passant sous les murs, se trouve une source d'eau excellente, qui a plus d'un pied de diamètre. Le ruisseau qui en sort suit les sinuosités de la vallée, et alimente abondamment les fontaines de la ville. Toute cette vallée offre une multitude d'objets pittoresques, tels que des plantations d'orangers, des chutes, des cascades dont les eaux coulent à travers des bosquets d'une délicieuse fraîcheur. Près de la source il y a un autre château qui défend la ville et les matamores ou fosses où les Arabes conservent leur blé.

» La ville d'Oran n'a que deux portes, qui sont toutes d'eux du côté de la campagne. Celle qui est appelée la porte de Mer, parce qu'elle est la plus voisine du port, est surmontée d'une grande tour carrée que l'on pourrait armer en cas de besoin. Près de l'autre, appelée la porte de Tlemsen, on a élevé une batterie. La *casauba* ou citadelle est située au nord-ouest, dans la partie la plus élevée de la place. Le côté opposé, c'est-à-dire vers Mers-el-Seighher, est défendu par un bastion régulier. On peut juger, par ce qui précède, qu'Oran est une place importante ; et que sans la peur panique qui s'empara des habitans lors du débarquement des Espagnols, ils auraient pu opposer une longue résistance. Durant le temps que les Espagnols restèrent maîtres d'Oran, ils y bâtirent plusieurs belles églises, et autres édifices publics, dans le goût des anciens romains, mais avec moins de solidité. Ils ont aussi imité les Romains, en plaçant dans les frises et autres parties de leurs bâtimens des inscriptions en leur langue, qui donnent une médiocre idée de leur style lapidaire (1).

(¹) Oran fut pris par les Espagnols, sous le cardinal Ximenès, en 1509; repris par les Maures en 1708, et enlevé une seconde fois, en 1732, par les Espagnols, qui toutefois l'ont restitué récemment au dey d'Alger, en ne conservant que le château de Mers-el-Kébir. Oran est situé par les 35° 50' de latitude nord, et les 2° 50' de longitude ouest du méridien de Paris. (*Note du traducteur.*)

» Je n'ai trouvé aucune antiquité romaine à Oran ni à Giza, village habité par une petite tribu d'Arabes, et dont le nom a beaucoup de rapport avec la *Quiza* ou *Colonia* des anciens, qu'ils placent immédiatement après le *Portus-Magnus*, c'est-à-dire à peu près dans la position de Giza.

» Pline met sa *Mulucha*, et Ptolomée sa *Chylemath*, entre *Quiza* et le *Portus-Magnus*. Il est vrai qu'entre ce dernier endroit et Oran, on passe un petit ruisseau qui prend sa source à une centaine de toises de la mer ; mais il n'y a point de rivière de ce nom plus près que l'Oued-el-Mailah d'un côté, et Sigg de la l'autre. Ainsi cette rivière, qui a tant embarrassé Pline et Ptolomée, n'existe pas, du moins dans la position qu'ils lui assignent.

» En s'avançant au nord-nord-est, on trouve, à quatre lieues de Giza, le petit village de Canastel, qui est situé très agréablement au milieu d'un grand bois d'oliviers, et au pied d'une haute chaîne de montagnes. Cette chaîne, qui s'étend jusqu'à Gibel-Ker au sud, et au cap Ferrat du côté de la mer, sépare les golfes d'Oran et d'Arziou. Les Arabes disent que ces lieux servent de retraite à un grand nombre de lions et de sangliers ; et en effet nous vîmes des traces de ces animaux dans les bosquets et les vallées que nous traversâmes.

» A deux lieues au nord-nord-est de Canastel, s'avance le cap Ferrat, qui est le *Mesaff* d'Edrisi. Ce promontoire est remarquable par un rocher élevé, qui en est à une petite distance dans la mer, et qui a assez de ressemblance avec un vaisseau sous voile.

» A cinq lieues au sud-sud-est de ce cap, est le port d'Arziou, appelé par les Maures *Béni-Zeian*, du nom d'une tribu de Kabyles du voisinage, autrefois très considérable. Il a à peu près la même forme que le *Portus-Magnus*; mais il est plus étendu, et méritait beaucoup mieux l'épithète de *Divini* que les deux ports dont nous avons parlé. Ptolomée place son *Portus-Deorum* entre *Quiza* et *Arsenaria*, qui ne peut être, comme je l'ai déjà remarqué, que le port d'Arziou; surtout si Giza ou Oran est l'ancienne *Quiza*. Je dois cependant faire observer ici que Ptolomée ne met son *Portus-Deorum* qu'à dix minutes à l'est, et à quinze minutes au sud de *Quiza*; à vingt minutes à l'ouest d'*Arsenaria*; et à cinq au sud; ce qui ne cadre aucunement avec le gisement de la côte, ni avec la position des lieux environnans.

» Arziou, l'ancienne *Arsenaria*, est à environ

une lieue de son port, comme le dit Pline; en arrière s'étend une belle et riche plaine de plusieurs lieues de long. Mais vers la mer il existe différens précipices, qui le défendent de ce côté. L'eau dont on y fait usage se trouve au-dessous du niveau de la mer; ce qui est peut-être cause qu'elle est un peu saumâtre. Elle provient de différens puits creusés près des précipices dont je viens de parler, et qui paraissent aussi anciens que la ville même. Il existe parmi les habitans une tradition d'après laquelle il paraîtrait que leurs ancêtres jouissaient de l'avantage d'avoir de très bonne eau, qu'ils recevaient par un aquéduc. Pour m'en convaincre, ils me montrèrent quelques arches qui, d'après moi, ne sont point celles d'un aquéduc, parce que l'on n'en découvre aucune trace entre Arziou, la Sigg et le Talilet, qui sont les seules rivières qui pussent l'alimenter. Il faut donc que ces arches soient les débris de quelque autre édifice, dont il serait toutefois difficile de dire le genre, par le peu qui en reste. Pour suppléer en quelque sorte au manque d'un aquéduc, les fondateurs d'Arziou y avaient fait construire un grand nombre de citernes destinées à recevoir les eaux pluviales. Toutefois, les habitans actuels n'ont pas conservé à ces citernes leur usage primitif, et en ont fait leurs demeures.

» On trouve parmi les ruines d'Arziou des chapiteaux, des fûts, des bases de colonnes, et d'autres ruines antiques. Un magnifique chapiteau d'ordre corinthien, en marbre de Paros, sert de support à l'enclume du maréchal du lieu; et dans la maison du *kaïde* (1), je découvris par hasard, à travers les trous d'un tapis de pied en lambeaux, un pavé en mosaïque d'une grande beauté. J'y vis aussi une chambre sépulcrale de quinze pieds carrés, sans niches ni ornemens, mais dont les murs étaient couverts d'inscriptions latines, en lettres capitales romaines.

» A deux lieues au sud d'Arziou, se trouve une vaste étendue de terrain couverte de salines, et d'où les tribus du voisinage tirent tout le sel dont elles ont besoin. Ces salines seraient un véritable trésor sous un autre gouvernement, attendu leur abondance, la facilité qu'offre leur exploitation, celle du transport, et le voisinage de la mer. En hiver tout cet espace ressemble

---

(1) Nom arabe donné au principal magistrat dans toutes les villes, bourgs et villages de ces contrées, et d'où dérive le mot espagnol *alcayde* ou *alcade*.

(*Note de l'auteur.*)

à un lac ; mais en été l'eau s'évaporant par la chaleur du soleil, le sel se cristallise en très peu de temps.

» En se dirigeant à l'est, et à deux lieues d'Arziou, on voit deux ports à galères pratiqués dans une partie très escarpée et très rocailleuse de la côte. Ils paraissent avoir été autrefois tous deux protégés par un même fort qui s'élevait au-dessus, et qui était abondamment pourvu d'eau provenant d'une montagne du voisinage, au moyen d'un aquéduc, lequel subsiste encore, et pourrait être réparé à peu de frais.

» Un peu plus loin est l'embouchure des rivières de Sigg et d'Habrah, qui se réunissent à environ une lieue avant que de se jeter dans la mer. Le Talilet, qui descend des montagnes de Taforooui, s'y joint aussi lorsqu'il n'inonde pas la plaine en se débordant.

» La Sigg ou Sikke prend sa source dans les montagnes de Sidy-Ali-Ben-Djoube, à seize lieues au sud-ouest. Dans la plaine de Tessailah on lui donne le nom de Makerra, et celui de Sigg à son entrée dans celles de Mildy. On pourrait croire que la Sigg est l'ancienne *Siga,* si l'on ne s'en rapportait qu'à l'analogie des noms. Mais les anciens géographes placent la *Siga* beaucoup plus à l'ouest. Toutefois, il semble que le nom de Sigg lui vient plutôt du mot arabe *Sikk* ou *Sakih*, qui signifie une rigole, ou un petit fossé destiné à l'arrosement des terres, tels qu'en font les habitans des plaines de Midly.

» La Habrah a ses sources à vingt lieues au sud. La principale d'entre elles, qui est à Nisrag, sort de terre avec bruit, et une grande impétuosité. On trouve sur la rive gauche, à huit lieues de la mer, une source thermale appelée *hammaile* ou bain chaud ; il y existe aussi plusieurs anciennes citernes. Jusque-là, la Habrah porte le nom de Tagia ; mais elle prend ensuite celui d'Ouadi-el-Hamman, ou la Rivière des Bains, qu'elle conserve jusqu'à ce qu'elle parvienne, à travers différentes montagnes et vallées, aux mêmes plaines qu'arrose la Sigg, et où elle est connue sous la dénomination d'Habrah, du nom d'une tribu de Bédouins qui campent sur ses bords.

» Les rivières de Sigg et d'Habrah offrent à leur confluent une largeur assez considérable. Leur embouchure s'appelle el-Muckdoh, c'est-à-dire le gué : c'est en effet dans cet endroit que l'on passe ces rivières pour se rendre d'Arziou à Mostagan, quoique ordinairement leurs eaux se perdent dans les sables, excepté durant la saison des pluies. Ces rivières, attendu leur position relativement à *Arsenaria*, devraient être le *Cartennus* de Ptolomée et la *Cirat* de Marmol; mais, quelques recherches que j'aie faites à cet égard, je n'ai pu trouver aucun nom qui eût le moindre rapport avec la Sigg.

» Masagran ou Mazachran, petite ville entourée d'un mur en terre, est située sur le versant occidental d'une chaîne de collines, d'où la vue plane sur la mer, dont elle est à environ cent toises, et à cinq lieues nord-est d'el Mockdah. L'espace compris entre cette ville et Mostagan est occupé par un grand nombre de vergers, de jardins, et de maisons de campagne, agréablement disséminés le long du rivage. Une chaîne de montagnes qui s'élève au sud-est abrite ce district des vents nuisibles, et lui fournit de nombreux cours d'eau.

Mostagan ou Mustiganin s'élève en amphithéâtre au bord de la mer; mais elle est partout entourée de montagnes du côté de la campagne. Cette ville, qui est un peu plus grande qu'Oran, est, après Tlemsen, la plus considérable de la province. Les habitans assurent qu'elle doit son origine à la réunion de plusieurs villages contigus les uns aux autres, assertion que semblent confirmer d'assez grands espaces vides que l'on remarque dans son enceinte. Au centre, on voit les ruines d'un ancien château moresque qui, par sa construction, paraît avoir été bâti antérieurement à l'invention des armes à feu. L'angle nord-ouest, qui domine sur la mer, se compose d'une forte muraille en pierre de taille. Mais il y a un autre château fort, bâti plus régulièrement, et où il y a une garnison turque. Cependant, comme Mostagan est dominée par les hauteurs qui l'environnent, sa principale force consiste dans une citadelle construite sur l'une de ces hauteurs, et qui commande la ville et le pays d'alentour.

» La force et la bonté de ses murailles, particulièrement au nord-ouest, portent à croire qu'elles sont l'ouvrage des Romains. Il est vrai que je n'y ai trouvé aucun autre débris d'architecture ancienne. Mais Mostagan et Masagran sont si bien situées, et si bien pourvues d'eau, qu'il est douteux que les Romains ne s'y soient pas établis. Au reste, Pline et Ptolomée assignent à leur *Cartenna* la même position astronomique que Mostagan, et l'Itinéraire d'Antonin donne la même distance entre *Arsenaria* et *Cartenna*, que celle que je trouve entre Arziou, Masagran et Mostagan. Il faut donc que l'une ou l'autre de ces villes, ou peut-être toutes les deux, aient été colonisées par des habitans de *Cartenna*; ou bien, attendu leur proximité et la communauté des terres qui existe entre elles, et qui a probablement toujours existé, qu'elles aient été jadis réunies, et ne formaient qu'une même ville sous le nom de *Cartennæ* au pluriel, comme Ptolomée l'écrit.

» A trois lieues au nord-nord-est de Mostagan, il existe une source d'eau excellente, entourée de ruines. Les Arabes donnent à ce lieu le nom de *Kol-mita* (c'est-à-dire *tous morts*), en mémoire d'un combat qui se livra près de là, et dans lequel tous ceux du parti le plus faible furent passés au fil de l'épée. La forme de ces ruines, et leur distance à environ une lieue et demie de *Cartenna*, feraient supposer que ce sont les restes du *Lar Castellum* de l'Itinéraire d'Antonin.

» A une lieue un quart au nord-ouest de Kol-mita est l'embouchure du Chélif, dont le nom est une corruption du mot *Chinalaph*, de l'ancienne géographie. C'est la rivière la plus considérable de la régence. Elle sort du Sahara (1), à environ trente lieues au sud-est. Ses sources, que l'on appelle, de leur nombre et de

(1) L'auteur a voulu dire ici le désert d'Angad.
(*Note du traducteur.*)

leur proximité mutuelle, *Sebbeine-Aine* ou *Sebaoun-Aioun*, c'est-à-dire les soixante-dix sources, se jettent, peu après leur réunion, dans le Nahr-Ouassol, petit ruisseau qui prend alors son nom.

» De là, le Chélif coule d'abord à l'est l'espace de douze lieues, et reçoit le ruisseau de Midroe, situé à dix lieues sud-est des soixante-dix sources. Il se dirige ensuite du nord au sud, pendant seize lieues, jusqu'au village de Sidy-Ben-Tyba, après avoir traversé le lac Titerie ; puis il tourne à l'est, et décrit une ligne presque parallèle à la côte de la mer, où il se jette par 36° 10' de latitude nord.

» Après l'Harbine, l'affluent le plus considérable du Chélif est l'Oued-el-Foddah ou la Rivière-d'Argent, qui s'y jette à quatorze lieues à l'ouest. Cette rivière prend sa source dans l'Oua-nache-rise, haute montagne dont le sommet est ordinairement couvert de neige, et qui renferme des mines de plomb. Après les grandes pluies, l'Oued-el-Foddah charrie des particules de ce minéral, dont quelques-unes s'arrêtent sur ses bords, et brillent comme de l'argent au soleil, d'où lui est venu son nom. A sept lieues à l'ouest-sud-ouest de l'Oued-el-Foddah, vis-à-vis de Mazouana, le Chélif reçoit l'Arhiou, qui prend sa source à six lieues au nord-nord-ouest de Sebbeine-Aine, et coule sur une ligne presque parallèle à la Mina; puis cette dernière rivière, dans le district d'el-Mildy-ga, à cinq lieues à l'ouest d'Arziou, et à cinq au sud-est de Gibel-Diss. Elle est formée de deux bras, l'un situé à l'est, et qui prend sa source à seize lieues et demie au sud du point où il se joint au Chélif, et l'autre appelé l'Oued-el-Abdt, à seize lieues au sud-ouest. Ces deux bras, après avoir arrosé chacun environ six lieues de plaine, se réunissent près du tombeau de Djilelli-Ben-Omar, qui était un marabout très estimé. Le Chélif reçoit en outre l'Ouarissa, la Tagia, le Rouina, et quelques petits ruisseaux. Ebn-Said, cité par Abulféda, dit que, comme le Nil, le Chélif croît en été; mais je suis persuadé qu'il n'en est rien.

» Nédroma ou Nédrone est situé tout près de ces montagnes, un peu au sud-est de Tooûnt. Cette ville, que sa position favorable et la fertilité de son territoire font supposer avoir été anciennement d'une grande importance, et peut-être même la *Celama* ou l'*Urbara* de Ptolomée, n'offre plus aujourd'hui de remarquable que ses fabriques de poteries.

» A sept lieues sud-est de Nédroma, s'élèvent les montagnes des Béni-Snouse, aussi célèbres pour leurs figues et leurs pommes de pin, que la tribu des Béni-Snouse qui les habite l'est pour le nombre de ses villages, dont le plus considérable est Tefzra, qui n'est pourtant pas l'*Astacelis* de Ptolomée.

» A cinq lieues au sud-sud-est de l'embouchure de la Tafna est la ville de Tlemsen, comme l'écrivent les géographes modernes; quoique les Maures et les Arabes l'appellent Telemsam ou Tlemsan. Elle est située sur une hauteur, au-dessous d'une chaîne de rochers escarpés qu'Edrisi nomme Sachratain, et au sommet de laquelle se trouve un assez grand plateau d'où découlent une multitude de sources qui, en se réunissant, forment des ruisseaux et des cascades que l'on voit en allant à Tlemsen. Le ruisseau qu'Edrisi appelle *Anasserani* est formé par différentes sources qui sont à l'ouest, et met aujourd'hui, comme il le faisait jadis, un grand nombre de moulins en mouvement. Il y a aussi dans la ville une fontaine très abondante, dont l'eau y arrive par un conduit souterrain; d'où je suis porté à conclure que comme tout ce pays est rempli de sources, il n'est pas nécessaire de faire alimenter cette fontaine par la Fouara, en Numidie, ainsi que le prétend Marmol. Elle suffit d'ailleurs à tous les besoins des habitans, et des tuyaux en distribuent les eaux dans le château, dans les mosquées, et dans les autres lieux publics.

» A l'ouest de la ville est un vaste bassin carré qui a cent toises de long, et environ cinquante de large. Les habitans disent que les anciens rois de Tlemsen allaient s'y divertir, et que l'on y enseignait la navigation à leurs sujets. Mais il y a plus d'apparence qu'il était destiné à servir de réservoir en cas de siége, parce que, comme le remarque très bien Léon l'Africain, rien n'était plus aisé que de détourner les eaux provenant des sources de Sachratain. Il se peut aussi que la destination de ce bassin fût d'arroser, dans les temps de sécheresse, les jardins et les habitations qui sont au-dessous. Edrisi parle d'un bassin semblable dans lequel se jetait le ruisseau d'Om-Zahia.

» La presque totalité des murs de Tlemsen est formée d'immenses blocs d'un mortier composé de sable, de chaux et de petits cailloux, et qui a acquis la consistance et la solidité de la pierre. On voit encore sur les murailles l'empreinte des moules qui ont servi à faire ces blocs, et dont quelques-uns ont cinquante toises de long, sur une de hauteur et une d'épaisseur.

» Tlemsen était autrefois divisé en plusieurs quartiers, peut-être dans le but de calmer plus facilement les révoltes qui y avaient lieu, ou pour prolonger la défense en cas d'attaque. Du temps d'Edrisi, il existait encore deux de ces quartiers, chacun desquels étant environné d'une haute muraille semblable à celle de la ville même, pouvait être regardé comme une ville distincte. Vers l'an 1670, Hassan, qui était alors dey d'Alger, détruisit presque entièrement Tlemsen pour punir ses habitans de lui avoir été opposés. Au reste il n'existe plus guère qu'un sixième de l'ancienne ville, qui, d'après ce que je puis en juger, pouvait avoir plus d'une lieue et demie de circuit.

» Parmi les ruines de cette ville, particulièrement à l'est, on voit plusieurs fragmens de colonnes, et d'autres antiquités romaines. J'eus occasion d'apercevoir dans les murailles d'une vieille mosquée plusieurs autels dédiés aux dieux mânes ; l'inscription suivante fut la seule que je pus lire :

D. M. S. M. Trebius Abulas
an. LV. M. Trebius Ianvarius
fratri carissimo fecit.

« Grammaye nous apprend que le rabbin Abraham avait vu plusieurs médailles trouvées dans ce même lieu, avec cette inscription : *Tremiscol*, ville que je crois avoir été inconnue aux anciens géographes. On a pris souvent Timice pour Tlemsen ; mais je crois cependant que cette dernière ville doit être la *Lanigara* de Ptolomée. Il y a aussi quelque raison de présumer que le nom de Tlemsen n'est pas antérieur aux invasions des Arabes.

» A environ huit cents toises à l'est de Tlemsen, se trouve le village de Habbed, où est le tombeau de Sidy-Boumaidian, qui y attire toujours un grand concours d'individus des lieux environnans.

» A peu près à la même distance à l'ouest, était autrefois la ville de Mansourah, qui n'a plus ni maisons ni habitans ; mais dont la plus grande partie des murailles, qui sont bâties comme celles de Tlemsen, subsiste encore.

» Ces murs peuvent avoir trois quarts de lieue de circuit, et il y a environ la moitié de sa superficie en culture. Aboul-Hassan, pendant le long siége qu'il fit de Tlemsen, avait le projet de convertir Mansourah en une espèce de forteresse, pour tenir cette première ville plus rigoureusement bloquée. Au milieu de

Mansourah s'élève une haute et belle tour; mais la mosquée à laquelle elle appartenait a subi le sort du reste de la ville. Il y existe aussi une source très abondante.

» A cinq lieues au-dessous de Tlemsen, sur les bords de l'Isser, on passe par le Ham-man du Marabout Sidy-Ebly, auprès duquel sont des ruines qui appartiennent probablement à Tibda, ville dont parlent les historiens espagnols.

» Les plaines de Zeidoure commencent à l'Isser, et s'étendent l'espace de douze lieues jusqu'à l'Oued-el-Mailah. Cette contrée délicieuse est arrosée par un grand nombre de sources et de ruisseaux, et habitée par les tribus arabes d'Ouelled-Zeire et de Halfa, qui sont probablement les descendans des anciens *Teladusiens.*

» Vers le centre de ces plaines, on voit le Charf-el-Graab ou le Pinacle des Corbeaux. C'est un grand rocher pointu, à la base duquel coule un bras du ruisseau de Sinan. A trois lieues un quart plus loin au nord-est de ce ruisseau, et à treize lieues au nord-nord-est de Tlemsen, on trouve les ruines de la grande ville de Sinan. Elle existait du temps d'Edrisi, qui la place à deux stations de Tlemsen.

» A six lieues de ces ruines, sont les Gibel-Karkar, grande chaîne de montagnes qui bornent la vue au sud; et à six lieues au-delà, dans la même direction, les montagnes des Béni-Smil, au revers desquels habitent les Hararr, qui sont les Bédouins de cette partie du désert (d'Angad). On donne le nom de Figig à quelques villages qui sont à cinq journées des Béni-Smil, au sud-sud-ouest. Ce district est célèbre par ses plantations de palmiers, qui fournissent des dattes à toute la partie occidentale de la province.

» A un peu plus d'une lieue de Sinan est le gué d'Oued-el-Mailah, dont les bords se composent d'un sable léger. On me montra près de là l'endroit où le vieux Barberousse distribua son trésor, dernier effort qu'il fit pour arrêter la poursuite de ses ennemis, mais qui ne lui servit à rien. Sur une hauteur, à environ quatre cents toises de l'autre côté de la rivière, on voit un sanctuaire moresque avec un grand nombre de matamores creusés alentour. Les religieux attachés à ce sanctuaire ne boivent point d'autre eau que celle de la Mailah.

» Bre-dih, petit district remarquable par un grand étang de bonne eau, est à deux lieues et demie au-delà de l'Oued-el-Mailah. On trouve ensuite le petit village de Mesergin, à deux lieues et demie au nord-est de Bre-dih, et à la même distance au sud-ouest d'Oran. Mesergin est renommé pour un petit ruisseau d'eau excellente qui y coule, et qui inonde ensuite une grande plaine, où l'on cultive toutes sortes de légumes et d'herbages pour le marché d'Oran. Le Sibkah est une grande plaine sablonneuse, un peu au sud de Mesergin et de Bre-dih, et qui s'étend depuis le *Flumen-Salsum* au-delà du méridien d'Oran. En été elle est sèche, mais en hiver elle est toute couverte d'eau. Sur sa lisière, à l'est et au sud-est, jusqu'aux salines d'Arziou et à la rivière Talilet, on trouve les douares des Béni-Ammer, tribu nombreuse et guerrière. Ces Arabes ayant été en rapports journaliers avec les Espagnols, pendant le temps que ceux-ci ont été en possession d'Oran, la plupart d'entre eux parlent très bien la langue espagnole.

» Il y a ici une grande chaîne de montagnes qui est parallèle au Sibkah, et que l'on appelle à l'ouest Tessailah, et à l'est Tafarouy. En-deçà de ces montagnes, à six lieues au sud d'Oran, sont les ruines d'Arbailah ou Arbaal, que Marmol appelle Agobel; c'était autrefois une ville considérable.

» A deux lieues et demie en arrière d'Arbai-lah, se trouvent les ruines de Teffailah, ville de la même importance que la précédente, mais située dans un meilleur terroir, au milieu d'une plaine qui porte son nom. Comme il y avait à Teffailah une station romaine, et que cette ville est sous le même méridien qu'Oran ou *Quiza*, nous sommes disposés à croire que c'est l'ancienne *Attacilib* plutôt que Tefzra; d'autant plus que le nom de Teffailah se rapproche assez de l'ancien nom, avant qu'il eût reçu une terminaison grecque ou latine.

» Toutes les montagnes et les plaines du voisinage sont habitées par les Ouelled-Aly et les Ouelled-Mousa-Ben-Abdallah, qui sont ennemis nés des Ouelled-Zeire et des Halfa. Le territoire situé le long des rivières Makerrah et Tagiah, avant qu'elles baignent les plaines de Midley et des Romaliah, appartient aux Hachem, qui, suivant les différentes parties du pays qu'ils habitent, portent les noms de Hachem-Craga, Hachem-Saha-Raouy et Hachem-d'Agrise. C'est une des tribus les plus considérables de la partie occidentale de la régence. Ils ne paient aucune taxe, et servent en qualité de volontaires lorsque les Algériens ont besoin de leurs services.

» Les plaines de Midley appartiennent au

vice-roi de la province, et sont cultivées pour son compte. Sur leur lisière à l'ouest, on trouve le sanctuaire de Sidy-Doud, et tout près de là, quelques ruines que l'on appelle Abdt-el-Oued. *Timice* devait être près de ces lieux. Tagolmemmelt, que je crois être le Tugilmal de nos cartes modernes, est à environ une lieue et demie au sud-sud-est de Mosty-Gannine; à en juger par ce qui en reste, cette ville paraît avoir été considérable. Les grandes plaines qui se trouvent au-dessous sont très fertiles; elles portent le nom de Romaliah, qui paraît être dérivé du mot arabe *rommel*, lequel exprime la qualité sablonneuse de ces plaines.

» El-Callah, le grand marché des districts environnans pour les tapis et autres étoffes de laine, est à quatre lieues au sud-est de ces plaines, et à huit au sud-sud-est de Mosty-Gannine. C'est une petite ville bâtie sur une hauteur, comme son nom l'indique, et qui est sale, mal percée, sans égoûts et non pavée. Les Turcs y ont une citadelle et une petite garnison. Quelques grandes pierres, et différens autres objets que l'on y voit, portent à croire que c'est la *Gillui* ou peut-être l'*Apsar* de Ptolomée. Dapper et Sanson disent que ce doit être l'*Atou* ou l'*Urbara* des anciens; mais ces deux villes sont trop près de la rivière *Assura* et du *Portus-Magnus* pour être la ville d'el-Callah. Il y a dans les environs plusieurs villages dont les habitans s'adonnent aussi à la fabrication des tapis.

» A cinq lieues au sud-est d'el-Callah, se trouve la ville de Mascara ou el-Mascar, composée en totalité de maisons bâties en terre. Elle est située au milieu d'une belle plaine, où s'élèvent plusieurs petits villages. Les habitans se sont refusés jusqu'à présent à ce que les Turcs occupent un petit fort qu'ils ont construit pour maintenir les Arabes dans le devoir. Sanson a raison de dire que c'est ici l'ancienne *Victoria;* mais il se trompe lorsqu'il indique sa distance à vingt-cinq lieues au sud-ouest d'Oran, puisqu'elle n'en est qu'à treize et demie au sud-sud-est.

» Autour des sources de la rivière Abdt, à douze lieues au sud-est de Mascara, sur les bords du désert, existe un assez grand nombre de dachekras, entre autres Frendah, Giran, Tagazoute et Sbibah, qui sont principalement habités par des Arabes. Sbibah est soumis aux Turcs depuis quelque temps; mais les autres dachekras sont situés dans des lieux d'un accès si difficile, qu'ils n'ont pu, jusqu'à présent, obliger les habitans à payer tribut. Il existe à Sbibah divers fragmens de murailles romaines, d'où l'on pourrait croire que cet endroit est l'ancienne *Ritia*, comme Giran, par sa ressemblance de nom, pourrait être l'ancienne *Arina*.

» Outre les Zi-Daamah et les Mahall, qui sont des démembremens de la tribu des Souide, on trouve dans ces quartiers les tribus arabes des Flitah, des Mailiff et de Bou-Khammel. Les Zi-Daamah et les Flitah occupent la plus grande partie du pays qui s'étend jusqu'au désert, entre les méridiens d'el-Callah et de Mascara. Les Ouelled-Mailiff sont confinés par le petit district de Madder, et par un ruisseau qui coule à quatre lieues de la Habra. Deux lieues plus loin, à moitié chemin de la rivière Mina, sont les douares des Mahall, qui habitent près de la Fretissah, petit ruisseau dont les bords sont couverts de peupliers; et au-delà ceux de Bou-Khammel, la plus septentrionale de toutes ces tribus, et qui pénètre rarement au sud du Kolmyta et de la rivière Chélif.

» Les montagnes dont j'ai parlé jusqu'ici étant situées entre celles de Trara et d'el-Callah, paraissent être le *Durdus* de Ptolomée; et les Angad, les Béni-Snouse, les Beni-Smial, et partie des Souide et des Hachem, doivent être les successeurs des anciens *Massasyliens* et des *Dryites.*

» A deux lieues trois quarts à l'est de la Mina, est le ruisseau de Tagia, qui descend des montagnes de Béni-Zérouall, un peu au nord du Chélif. Ces montagnes couvrent l'Al-Had et le district d'el-Mildegah, et sont célèbres par la bonté des figues qui y croissent.

» L'Ouarissa, autre petit ruisseau aussi au nord du Chélif, est à deux lieues du Tagia. Après avoir arrosé Mazoua, comme la Sigg, il fertilise, par des irrigations, les plaines qui bordent le Chélif.

» Mazoun est située à une lieue au nord du Chélif, au pied d'une longue chaîne de montagnes qui commence un peu à l'ouest de Béni-Zérouall, et se dirige parallèlement au Chélif jusqu'à Mé-dia. Cette ville paraît avoir été fondée par les Maures, par la raison qu'elle est bâtie comme el-Callah, et ne renferme aucune ruine de temples ni d'édifices romains, quoi qu'en disent Dapper et Marmol. Les auteurs de l'Atlas géographique la désignent comme la *Colonia Novi Castri* et l'*Oppidoneum* de Ptolomée ; mais la table d'Agathodæmonis place ces deux villes trop à l'est pour que cela soit.

» Le pays au nord de Mazouna et des Béni-Zérouall, jusqu'à Gibel-Diss, s'appelle Magrouah, du nom d'une tribu dont il est souvent parlé dans l'histoire de ces contrées, et qui en occupe encore aujourd'hui une grande partie. Les Ouelled-Oufrid, qui appartiennent aussi à ce district, habitent près de la côte de la Méditerranée, vis-à-vis de l'île des Pigeons. Les Ze-Rysa occupent le pays situé à l'ouest, près de Rommel-Abiad et de Hamise; les Ouelled-Selima et les Ouidam, les montagnes qui sont entre Mazouna et les Béni-Zérouall. Ces derniers parcourent aussi les bords de la Tagia et de l'Ouarissa, et cultivent quelquefois la plaine qui s'étend sur le bord méridional du Chélif. Je n'ai pas pu savoir s'il y avait quelques restes d'antiquités dans le pays des Magrouah; mais je crois cependant qu'on peut les regarder comme les descendans des *Machusiens* dont parle Ptolomée.

» Entre les rivières Mina et Ariou gisent les ruines de Tagadempt, le *Torgdent*, le *Tigedent* ou *Tigendentum* de l'Atlas géographique, et que Sanson place à quarante-cinq lieues au sud d'Oran, et à plus de quarante-huit lieues au sud-est de Tlemsen. Mais ni cette distance ni cette position ne conviennent au Tagadempt de nos jours, qui est situé un peu au nord des sources de la Mina, à vingt-cinq lieues sud-est d'Oran, et à vingt-neuf lieues est-nord-est de Tlemsen. C'était autrefois une grande ville qui n'a été abandonnée des Arabes que depuis quelques années. Ils y ont d'ailleurs laissé différentes traces de leur mauvais goût en fait d'architecture, et ont eu soin d'abattre et de gâter tout ce que leurs prédécesseurs y avaient érigé de beau et de grand. Si c'est ici la *Tignident* de Marmol, il est difficile de comprendre comment il a pu avancer que c'était l'ancienne *Julia-Cæsarea*, qui était certainement un port de mer fort éloigné du lieu où Tagadempt est situé.

» Souamma, autre village en ruine, est à cinq lieues au sud de Tagadempt, sur les confins du désert ; on l'appelle ordinairement la Souamma de Mindass, du nom du territoire environnant.

» Nador, ville considérable des Arabes gétuliens, à huit lieues au sud de Souamma, est située dans le désert, et bâtie sur une colline que l'on peut prendre pour le mont *Malethubalus* de Ptolomée. Au-dessous coule la Susellim, rivière qui, au-delà de Go-djida, se perd dans les sables, et devient *rachig*, comme disent les Arabes, c'est-à-dire qui ne coule plus ; ce qui est le cas avec plusieurs autres rivières de Barbarie, ainsi que le remarque aussi Strabon.

» Go-Djida, situé sur la même chaîne de collines que Nador, mais à six lieues au sud-est, devrait être la *Guagida* de Sanson, que ce géographe place à vingt-deux lieues au sud d'Oran, et à trente-trois lieues au sud-est de Tlemsen, quoique Go-Djida soit à plus de quarante lieues de Tlemsen, et presque à la même distance d'Oran. L'Atlas géographique fait du *Guagida* de Dapper et de Sanson la même ville, quoique la *Guagida* du premier, qui se trouve à trois lieues trois quarts au sud de la Méditerranée, et presque à la même distance à l'ouest de Tlemsen, doive être la Ou-Djida des Tingitaniens.

» Sur les bords de l'Ariou, à six lieues à l'est de Tagadempt, et à dix au nord de Go-Djida, se trouvent les ruines de Meratte; et deux lieues plus loin, une autre ville en ruine qui s'appelle Lo-Ha.

» La *Tarrum*, la *Vagæ*, et la *Garra* de Ptolomée devaient être dans ce district. *Tarrum*, se trouvant le plus au sud, et à près de deux degrés dans la même direction que *Victoria*, est vraisemblablement Go-Djida ou Nador. *Vagæ*, par sa position d'un degré plus à l'ouest, et de quarante cinq minutes plus au nord, se trouverait ainsi être Tagadempt ou Souamma; et

Garra, qui est encore plus au nord, près du méridien de *Tarrum*, Meratte ou Lo-ha. C'est du moins ce que je suis porté à conclure, quelque difficile qu'il soit d'ailleurs de fixer exactement, faute de ruines et d'inscriptions antiques, la position des différentes villes dont parlent Ptolomée et les autres géographes anciens.

» Le territoire qui environne Lo-ha, et qu'occupent les Souide, la plus puissante de toutes les tribus arabes de ces contrées, est très fertile. Le nom de cette tribu, qui signifie noir, leur vient, dit-on, d'un étendard de cette couleur qu'ils portaient anciennement dans leurs marches. Ils ne paient aucune espèce d'impôts, et ne servent les Algériens qu'en qualité de volontaires. Au-dessus des Souide, depuis Tagadempt jusqu'à Sebbeine-Aine, sont les campemens des Ouelled-Boukor; et derrière ceux-ci ceux des Ouelled-Halif, tribu qui ne s'adonne point à l'agriculture, mais qui se livre exclusivement à l'éducation du bétail. Les anciens *Mazices* et les *Manturares* habitaient probablement ce district.

» A trois quarts de lieue à l'est de l'Ariou, est le tombeau de Sidy-Abid, qui s'élève sur les bords du Chélif. Deux lieues plus loin sont les ruines de Mejeddah, qui était une station romaine. Cette ville est bâtie sur une hauteur, au pied de laquelle passe le Chélif. A une lieue et demie de Mejeddah, et à une lieue de la rivière, se trouve le Memoun-turroy, vieille tour carrée qui doit avoir été le tombeau de quelque ancien romain. Les Arabes disent que cet édifice, ainsi que plusieurs autres du même genre, avaient été bâtis pour y cacher des trésors.

» Les ruines de Menon et de Sinaab, qui étaient anciennement deux villes voisines l'une de l'autre, sont à deux lieues au-delà de la tour en question, sur les bords du Chélif. La dernière, c'est-à-dire Sinaab, me parut avoir environ une lieue un quart de circuit; mais je n'y trouvai d'autres vestiges de l'antiquité que quelques pans de mur et de grandes citernes On tient dans son voisinage le Souk-el-Hamise, ou le marché du jeudi.

» Le mont Ouan-nache-rise, le *Guenseris* de Sanson, et le *Ganser* de Duval, est à huit lieues au sud-est de Sinaab. Comme il s'élève au-dessus de toutes les autres montagnes du pays, il sert de point de direction aux navires qui fréquentent ces parages. Ce doit être ici le mont *Zalacus* de Ptolomée, et Sinaab son *Oppidoneum*.

» A douze lieues au sud-sud-est de l'Ouanna-che-rise, sur les bords du désert, est la bourgade de Tessom-Sily, qui ne se compose plus que d'un assemblage de masures. A huit lieues plus loin sont les ruines de Tockeriah, près d'un petit ruisseau; et à six autres lieues de Midroe, les limites des Loouât et des Ammer, deux puissantes tribus des Gétuliens. Les Ammer habitent les montagnes hautes et escarpées où la rivière Adge-di prend sa source; ces montagnes forment une partie du *mons Phruræsus* de Ptolomée.

» Laissant les contrées que je viens de décrire, et remontant au nord, on trouve la haute montagne de Tmolga, au-dessous de laquelle, et sur les bords du Chélif, on voit les ruines d'une petite ville du même nom que la montagne. Une lieue et demie plus loin, on trouve le ruisseau de Rouena, puis les ruines de Zedi-my, autre petite ville sur le bord oriental de ce ruisseau.

» El Khadah-rah, la Chadra d'Edrisi, est à douze lieues en ligne droite de la rivière Foddah. Elle est située comme Mejiddah sur une colline, et près du Chélif. Ses ruines sont aussi nombreuses que celles de Sinaab. Une chaîne de montagnes qui s'élève sur le bord opposé du Chélif l'abrite du vent du nord; et le Gibel-Doui, autre grande montagne qui en est à huit cents toises au sud-est, donne naissance à un ruisseau qui arrose la plaine environnante. Les belles prairies de ce district peuvent avoir donné leur nom à la ville, *el-chuhd-ary* signifiant vert. On peut aussi en faire venir l'étymologie du mot *chodra*, ville, comme qui dirait la ville par excellence, el-Khada-rah ayant été jadis une des villes les plus considérables de l'Afrique : l'abréviateur d'Edrisi a adopté la première étymologie. Mais si l'on admettait la seconde, ce pourrait être une raison pour en inférer qu'el-Khada-rah est l'*Oppidoneum* de Ptolomée, plutôt que Sinaab. L'Itinéraire d'Antonin, en n'indiquant que sept lieues et demie entre *Oppidoneum-novum* et Malliana, place visiblement *Oppidoneum* là où est aujourd'hui el-Khada-rah; mais si l'on admet l'opinion de Ptolomée, alors son *Zucchubbari* (qui est le *Succabra* et la *Colonia Augusta* de Pline), placé sous la même latitude, et à cinquante minutes à l'est d'*Oppidoneum*, répondra mieux à cette position. D'après cette dernière supposition Gibel-Doui sera aussi le *mons Transcellensis* qui, selon Ammien, dominait cette ville.

» A une petite distance à l'est, se trouvent les

débris d'un pont en pierre qui est peut-être le seul que l'on ait jamais bâti sur le Chélif, malgré les inconvéniens que l'on éprouve à le passer, surtout en hiver : car alors il n'est pas rare que l'on soit obligé d'attendre quelquefois un mois pour le traverser en sûreté. Les tribus qui sont à l'est des Souide et sur la rive gauche du Chélif, sont d'abord les Béni-Yimmah qui errent entre la partie méridionale de la rivière d'Ariou, et le méridien du mont Ouan-nache-rise, et s'étendent jusqu'aux Béni-Mida, qui habitent vers les confins du désert. Au-dessous des Béni-Yimmah, près de Mejiddah et de Sinaab, sont les Ouelled-Spaihi, et un peu plus au midi, les Ouelled-Uxeire, qui ont les Béni-Yimmah, et le mont Ouan-nache-rise au sud. Les Lataff habitent au-delà de la Foddah, à Tmolga, et dans la même direction près de Tessom-Sily, et la partie de Chélif qui y correspond sont les Ouelled-Bou-Samm, et les I-Aite. Les Azise, tribu factieuse, ainsi que les montagnes qui portent leur nom, sont au nord et au nord-est des I-Aite. Le mont Ouan-nache-rise, qui en est à seize lieues et demie, leur sert de limite à l'ouest. Au-dessous d'eux sont les Djendill, qui campent depuis l'angle formé par le Chélif jusqu'aux belles plaines de Maliana.

» Les *Mazices* et les *Banturares*, attendu la position de leur territoire relativement au mont *Zalucus*, doivent avoir possédé anciennement, non seulement tout le pays appartenant aux différentes tribus que nous venons de nommer, mais encore celui des Souide, des Oulled-Bouker et des Halif, dont nous avons aussi parlé. »

CHAPITRE VII.

Description de la province d'Alger.

» Cette province est bornée au nord par la Méditerranée; à l'est par la province de Constantine; et au sud par celles de Zab, de Titerie et de Mascara. Elle a environ 95 lieues dans sa plus grande longueur de l'est à l'ouest, et 38 lieues dans sa plus grande largeur du nord au sud. Le littoral, jusqu'à cinq ou six lieues dans l'intérieur, est plat; mais, à partir de là, il s'élève une chaîne de montagnes escarpées qui traverse la province presque d'une extrémité à l'autre, et au-delà de laquelle se trouvent encore d'autres plaines très étendues, qu'habitaient autrefois les *Tulinsiens* et les *Baniures*. Enfin, au sud de celles-ci, le pays redevient montagneux jusqu'à la province de Titerie.

» Un peu au nord-ouest du Chélif se trouve le cap Ivy, comme nos cartes le nomment : les habitans du pays l'appellent Gibel-Diss, c'est à dire la Montagne des Roseaux. A une lieue et demie au-delà, est la baie de Teddert, où les navires sont à l'abri des vents d'est. Le Haut-Farruch d'Edrisi, et le *Cartili* de l'Itinéraire d'Antonin correspondent à cet endroit.

« Ham-Mise, village situé à l'embouchure d'un ruisseau, dans une petite baie, est un marché à blé où sont admis les Européens. Il est à deux lieues de Teddert, à l'est-nord-est. Les marchands européens ont aussi la liberté de faire le commerce de blé à Magrooua, et à Rommel-Ahead, situé dans une baie dont le sable est blanc, et qui est un peu plus loin à l'est.

» À trois lieues à l'est-nord-est de Hammise, et à une petite distance de la Terre-Ferme, se trouve le Zour-el-Ha-mam, l'Isola de Colomba, ou l'île des Pigeons, qui prend son nom du grand nombre de *ha-mam* ou pigeons sauvages qui y font leurs nids. Elle a environ deux cents toises de circuit, et est très rocailleuse.

» À trois lieues plus loin sont Callat-Chimmah et Mers Agoleite, que nos cartes modernes appellent Mersalach. Ce sont deux petites baies séparées par un promontoire, et qui sont à peu près à moitié chemin entre l'île des Pigeons et Tniss. Cette partie de la côte est remarquable par le Gibel-Miniss, qui renferme des mines de sel. C'est aussi dans ce district que campe ordinairement la tribu des Ouelled-You-Nouse.

» Tniss ou Tenis est situé dans un fond assez sale, comme l'indique son nom. Il est à six lieues et demie est-nord-est de Zour-el-Hamam, et à une petite distance de la mer. C'était, avant les conquêtes de Barberousse, la capitale de l'un des petits royaumes du pays. Tout ce qui en reste aujourd'hui consiste en un petit nombre de chétives maisons bâties dans le genre de celles de Maiséarda dont il a été question. Il est baigné par un petit ruisseau qui, après avoir décrit beaucoup de sinuosités, va se jeter dans la mer, vis-à-vis d'une petite île qui est située près du continent. Tniss est renommé depuis long-temps par la grande quantité de blé qu'on y exporte en Europe; mais sa rade est trop exposée aux vents d'ouest et du nord : aussi y périt-il annuellement beaucoup de bâtimens, ainsi qu'à Hammise et à Magrooua.

» Les Maures assurent que les habitans de Tniss avaient jadis la réputation d'être de si grands sorciers, que Pharaon envoya chercher les plus habiles d'entre eux pour contrefaire les miracles de Moïse. C'est sans doute par suite des mêmes dispositions que les habitans actuels sont les plus grands fripons du pays.

» Sanson et d'autres géographes prétendent que Tniss est la *Julia-Cæsarea* des anciens. La seule chose qui puisse donner quelque poids à cette opinion, c'est l'île dont je viens de parler ; car on n'y voit d'ailleurs aucune trace du beau port de Césarée, ni de ces murailles épaisses et de ces profondes citernes que l'on trouve dans d'autres stations romaines fort inférieures pour la grandeur et la beauté à la ville de Césarée. Si l'on avait à assigner ici l'emplacement de quelques-unes des villes dont parle Ptolomée, nous opterions pour celle de *Carcome*, qui est placée dans ses tables immédiatement après *Cartenna* et *Carupula*.

» A une petite distance de Tniss, s'élève dans la mer une haute montagne que nos géographes modernes nomment le cap Teniss, et les Maures Nackos ou Nakouse, c'est-à-dire la Cloche, d'une grotte qui est à sa base, et qui en effet a la forme de cet instrument. C'est l'un des promontoires les plus remarquables du pays. Vu de la mer, il ressemble, disent les matelots, à la hure d'un sanglier. D'après les tables de Ptolomée, et sa distance d'*Arsénaria*, on peut conjecturer avec quelque fondement que Nackos est le *promontorium Apollinis* des anciens.

» A quatre lieues de ce cap, vers l'est, sont les Béni-Hiad-djah, et à la même distance de ceux-ci, les dachekras des Béni-Hoouah, deux tribus considérables. Les bâtimens qui fréquentent ces côtes trouvent un abri sûr sous plusieurs iles qui en sont peu éloignées. Il y en a une qui est aussi grande que l'île des Pigeons, et qui appartient aux Béni-Hoouah.

» A deux lieues de là, à l'est, on trouve une petite baie, et des ruines qui peuvent être celles de ce que les anciens appelaient *Castra Germanorum*. Les habitans du pays les nomment *Dahmoss*, ce qui, dans leur langue, signifie un lieu obscur, ou une caverne, nom qui vient peut-être de quelqu'une des anciennes citernes qui sont ensevelies sous ces ruines.

» A deux lieues plus loin, près du fond de la même baie, sont les ruines de *Bresk*, autre station romaine plus grande que Dah-moss. Les Maures d'Andalouse sont les derniers qui l'aient habitée. Mais sa position entre les tribus de Goryrah, de Larhatt, de Béni-Yfrah, et de quelques autres non moins turbulentes, est cause que depuis quelques années cet endroit est absolument abandonné. Il occupe à peu près l'emplacement du *Canuccis* de Ptolomée, et du *Gunugi* ou *Gunugus* de Pline, et de l'Itinéraire d'Antonin.

» Une langue de terre qui s'avance de ces ruines dans la mer forme le Ras-el-Terff, entre lequel et Cher-chell il y a une baie d'une assez grande profondeur. A l'extrémité de cette baie est l'embouchure de la Tef-Sert, rivière qui n'est pas considérable en été, mais qui en hiver est profonde, rapide, et dangereuse à passer. C'est la même position, ou bien Tniss, qu'É- drisi assigne à sa rivière *Selef*, assertion dont Ptolomée semble confirmer l'exactitude en pla- çant sa *Julia-Cæsarea* seulement à huit lieues à l'est de la *Chinalaph* (le Chélif). Néanmoins, nous nous croyons suffisamment autorisés par la tradition à indiquer l'embouchure du Chélif à Gibel-Diss.

» A deux lieues de Tef-Sert, et à trois lieues trois quarts de *Bresk*, est la ville de Cher-chell, renommée pour ses fabriques d'acier et de po- terie de terre, dont les Kabyles et les Arabes des environs font un grand usage. Elle a environ huit cents toises de circuit, et consiste en mai- sons couvertes en tuiles. Mais elle était beaucoup plus considérable à l'époque où elle était la ca- pitale d'un petit royaume particulier, quelle ne l'est aujourd'hui. La partie maintenant ha- bitée se trouve au pied des ruines d'une grande ville. Ces ruines sont presque aussi étendues que celles de Carthage, et donnent une haute idée de son ancienne magnificence, par les débris de belles colonnes, les citernes et les beaux pavés en mosaïque qui gisent çà et là.

» Les fontaines de cette ville étaient alimentées par l'eau de la rivière Hachem, qui y était conduite par un grand et somptueux aquéduc, lequel devait n'être guère inférieur à celui de Carthage, tant pour la hauteur que la dimension de ses arches. Divers fragmens de cet ouvrage, disséminés dans les montagnes et les vallées au sud-est, attestent quelles furent sa solidité et sa beauté. On voit en outre deux autres conduits qui communiquent aux montagnes du sud-sud-ouest. Ils sont encore dans leur entier, et fournissent la ville de Cher-chell d'excellente eau. Celle des puits est un peu salée.

» Il serait difficile de trouver une position plus belle et plus avantageuse que celle de cette ville. Une forte muraille de quarante pieds de hauteur, soutenue par des contreforts, et qui suivait, pendant l'espace de trois quarts de lieue, les différentes sinuosités de la côte, la mettait à l'abri de toute attaque dans cette direction. A environ deux cents toises de la muraille ci-dessus se trouve un plateau, sur lequel était bâtie une partie de la ville, qui s'élevait ensuite graduellement l'espace de huit cents toises, à une hauteur assez considérable, d'où elle s'étendait dans les vallées environnantes, et s'éloignait ainsi de la mer. Une des principales portes, du côté de la campagne, conduisait aux montagnes escarpées de la tribu des Béni-Menasser; et, des deux autres qui sont du côté de la mer, l'une, située à l'ouest, était dominée par les montagnes de la tribu des Béni-Yifrah, et l'autre, qui était à l'est, s'ouvrait du côté du pays montagneux de Chenouah.

» Cher-chell se trouvant ainsi renfermé entre différentes montagnes, il était facile de couper ses communications du côté de la campagne, et c'est en effet ce qui arrivait assez souvent par la turbulence et le caractère hostile des tribus environnantes. Cette disposition des lieux semble ne laisser aucun doute que Cherchell ne soit l'ancienne *Julia-Cæsarea*, et explique ce que dit Procope, que les Romains ne purent jamais s'en approcher que par mer, tout accès du côté opposé étant impossible à cause des peuples du voisinage, lesquels étaient maîtres des défilés qui y conduisaient.

» Il existe une ancienne tradition portant que la ville entière de Cher-chell a été détruite par un tremblement de terre, et que son port, jadis très grand et fort commode, fut bouleversé et encombré par l'arsenal et plusieurs autres édifices qui y furent précipités par une secousse extraordinaire. Le *Cothon*, qui communiquait avec la partie occidentale du port, sert à confirmer cette tradition; car, quand la mer est basse et calme, ce qui arrive souvent après les vents de sud et d'est, on voit que le fond de ce bassin est parsemé de grosses colonnes et de fragmens de murailles, qui ne peuvent y avoir été transportés que par quelque grande commotion terrestre.

» On ne pouvait rien imaginer de plus ingénieux pour la commodité et la sûreté des navires que le bassin dont il vient d'être question. Il avait environ vingt-cinq toises carrées, et les bâtimens y étaient parfaitement à l'abri de tous les vents. On le remplissait au moyen de terrasses élevées sur une hauteur voisine, pavées en mosaïque, et destinées à recevoir les eaux pluviales, qui de là étaient dirigées, par de petits conduits, dans une citerne ovale qui pouvait contenir plusieurs milliers de tonnes d'eau.

» Le port est presque circulaire; son diamètre est de cent toises. Anciennement la partie la plus sûre était du côté du *Cothon;* mais elle est maintenant obstruée par un banc de sable, qui augmente tous les jours. A l'entrée du port s'élève une petite île rocailleuse, où les navires trouvent un abri contre les vents du nord et du nord-est.

» Cette île, jointe à l'étendue de l'enceinte et aux superbes ruines qui existent encore de l'ancienne ville, prouve de nouveau que Cherchell est bien véritablement *Julia-Cæsarea*. Mais ce qui semble ne laisser aucun doute à cet égard, c'est que les ports sont tellement rares sur la partie de la côte de Barbarie où l'on doit chercher Césarée, que l'on n'en trouve d'autre avec une île à l'entrée, que Tackom-brit, qui toutefois est beaucoup trop éloigné de la position assignée à *Julia-Cæsarea* pour que ce soit elle. Sanson et d'autres auteurs ont conjecturé que ce pouvait être Tniss, près duquel il y a à la vérité une île, mais où l'on n'aperçoit aucune trace de port. Il en est de même d'Alger, malgré l'opinion de Dapper et de quelques autres géographes modernes, parce que son port actuel n'existe que depuis la conquête que firent (en 1530) les Turcs, de l'île qui était vis-à-vis de la ville, et qu'ils y réunirent par un môle.

» Nous ajouterons à ces différentes raisons, en faveur de notre hypothèse, ce que Procope remarque au sujet de Césarée, c'est-à dire qu'elle était à trente journées de route de Carthage. En effet, des khafilahs ou caravanes font encore aujourd'hui le même nombre de stations, depuis Tunis (qui est près de Carthage) jusqu'à Cher-chell ; ce qui est dans le même rapport que de *Hippo-Regius* ou Bona, à Carthage, lesquelles, selon le même auteur, étaient à dix journées l'une de l'autre, et, en ligne directe, à cinquante-trois lieues. Il s'ensuit qu'en supposant que l'on voyage de nos jours comme on le faisait dans l'antiquité, il y aura la même distance entre Tunis et Cher-chell qu'anciennement entre Carthage et Césarée.

» Nous devons cependant avouer que Ptolomée et l'Itinéraire d'Antonin ne justifient pas la position que nous assignons à Césarée. Ils ne s'accordent même pas entre eux à cet égard. Le dernier ne place cette ville qu'à soixante et onze milles romains (1) d'*Arsenaria*; ce qui justifie en quelque manière l'opinion de Sanson, quoique je croie avoir déjà suffisamment prouvé que Tniss ne peut pas être Césarée. De son côté Ptolomée, en la plaçant à trois degrés dix minutes d'*Arsenaria*, la met trop à

(1) 26 lieues 3/4.   (*Note du traducteur.*)

l'est pour qu'elle ait occupé l'emplacement où est aujourd'hui Alger, comme Dapper et d'autres paraissent l'avoir cru d'après lui. Cependant, si l'on peut tirer ici la même conclusion qu'on semble l'avoir fait des cinq degrés que le même auteur place entre Césarée et *Salcis* (Bougia), Césarée sera alors à la position que je lui ai assignée ; car la véritable distance d'Arziou à Bougia étant à peu près de deux cent quatre-vingt-dix milles romains (1), un des degrés de longitude de Ptolomée n'aura que quatorze lieues et demie de vingt-cinq au degré. D'après ce calcul, quarante-six lieues équivalant à trois degrés dix minutes, seront les parties proportionnelles entre les méridiens d'Arziou et de Cher-chell.

» C'est ainsi que Pline, en donnant quatre cent quatre-vingt-treize lieues et demie de longueur aux deux Mauritanies, ou, ce qui est la même chose, de l'Océan-Atlantique à la rivière *Ampsaga* (l'Ouadi-el-Kébir), fait les milles romains beaucoup plus courts qu'on ne les compte ordinairement, et nous fournit ainsi une nouvelle preuve de ce que nous cherchons à démontrer. La vraie distance étant de trois

---

(1) 109 lieues 1/2. (*Note du traducteur.*)

cent quatre-vingt-dix lieues, les deux cent quarante-huit lieues qu'il donne à la partie de la Mauritanie qui s'étend entre Césarée et la rivière *Ampsaga*, se réduit à cent deux lieues ; ce qui, suivant mes observations, est précisément la distance qui se trouve entre l'*Ampsaga* et Cher-chell.

» Le pays aux environs de cette ville est bien arrosé et très fertile. On passe les ruisseaux de Nassara, de Billack et quelques autres, avant que de trouver le Hachem, rivière assez considérable, et qui est à deux lieues trois quarts à l'est de Cher-chell. Le Billack coule près de Djemmel, ville en ruine, située au pied d'un rocher escarpé, à environ une lieue et demie au zud-est de Cher-chell, et à la même distance des sources du Hachem, qui est peut-être la *Chozala* de Ptolomée. A une petite distance au nord des sources du Hachem, les Algériens ont un fort, avec une garnison de Maures et d'Arabes, laquelle est destinée à s'opposer aux excursions de la tribu des Béni-Menassar. Il est impossible de rien voir de plus agréable que les sites que l'on trouve à chaque pas dans ce district.

» La haute montagne de Chensah est à deux lieues au nord de ce fort, et un peu plus à l'est-nord-est de Cher-chell. Cette montagne, qui s'étend à plus de deux lieues le long de la mer, est cultivée jusqu'à son sommet, où s'élèvent de nombreux arbres fruitiers. Sa pointe orientale, connue sous le nom de Ras-el-A-Mouche, forme une grande baie, appelée Mers-el-A-Mouche, où les bâtimens sont à couvert des vents d'ouest et du nord-ouest. Édrisi donne à ce promontoire le nom de Battall, et l'Atlas géographique celui de *Carapula*, le Giroflomar des Mahométans. Toutefois, ces noms sont inconnus aux habitans actuels, qui sont un démembrement de la tribu des Béni-Menassar.

» Berin-chell, île pleine de rochers, et dont Édrisi parle aussi, est à huit cents toises nord-ouest du Ras-el-A-Mouche. Dans une révolte récente des Béni-Menassar, cette île servit de refuge contre la fureur des Algériens, à ceux d'entre eux qui savaient nager. Ils racontent avec plaisir aux étrangers, que dans cette circonstance Hammel-Chenoy, un des leurs, se sauva, ayant un jeune enfant sur le dos, en nageant de Berin-Chell jusqu'au port de Coliah, qui en est à plus de huit lieues.

» La rivière Gormaat se jette dans la mer un peu à l'est de Mers-el-A-Mouche. Elle est formée de différens petits ruisseaux qui descendent de la montagne de Chenouah, et l'un desquels se jette dans un réservoir carré, d'architecture romaine, auquel on a donné le nom de *Chro-boue-Hrob*, c'est-à-dire, « buvez et allez vous-en », phrase qui implique le danger que l'on court de rencontrer dans cet endroit des voleurs et des assassins.

» A trois quarts de lieues à l'est de ce réservoir, sous la montagne de Chenouah, on voit les vestiges de quelques murailles en terre, qui sont celles de Biedah, village arabe autrefois considérable.

» Après avoir passé la Gormaat, on voit un grand nombre de cercueils de pierre, d'une forme oblongue, et qui ressemblent assez à ceux que l'on trouve quelquefois en Angleterre. Un peu plus loin à l'est, au pied d'une éminence, sont les ruines de Tefessad ou Tfessad, que l'on appelle aussi Blaid-el-Madobne. Ces ruines s'étendent à trois quarts de lieue le long de la mer. Il existe ici, ainsi qu'à Cherchell, des arches et des murailles en briques, genre de matériaux assez rare en Barbarie, surtout dans les ouvrages des Romains. Ces briques, qui sont d'une belle terre et d'une belle couleur, ont deux pouces et demi d'épaisseur, et près d'un pied carré.

» Une grande pierre que l'on a tirée de ces ruines, et que l'on a transportée à Alger, porte l'inscription suivante :

C. Critio.
C. F. Quirit-Felici,
ex Testamento Eius.

» Tefessad, étant situé à cinq lieues sud-est de Cher-chell, me paraît être la *Tipasa* des anciens : car Ptolomée, en fixant *Tipasa* à quatorze lieues à l'est, et à quatre lieues trois quarts au sud de Césarée, s'éloigne très peu de cette position; et l'auteur de l'Itinéraire d'Antonin, en plaçant sa *Tipasa Colonia* à trois lieues de Césarée, lui donne précisément la même distance que moi. De plus, en changeant l'f en p, Tefessad aura à peu près la même consonnance que *Tipasa*.

» Différens écrivains du sixième siècle assurent que quelques habitans de Tefefsad, qui étaient orthodoxes, ayant eu la langue coupée par les Ariens, recouvrèrent l'usage de la parole, et racontèrent leurs malheurs.

» Toute la côte, depuis Tefessad jusqu'à Alger, est ou montagneuse ou très boisée; ce qui fait que les belles plaines de Mettidjiah, qui sont au-delà, se trouvent par ce moyen abritées du vent du nord.

» El-Co-li-ah est à un peu plus d'une demi-lieue du bord de la mer, sur la même chaîne de montagnes que Kobber-Ro-miah, dont il est à quatre lieues au nord-nord-est. C'est un beau village vis-à-vis de Mettidjiah, et qui a environ trois cents toises de circuit; les montagnes de l'Atlas et la ville de Blidah le dominent. Je ne connais point d'autre lieu plus près de Tefessad; ce qui me fait croire que c'est ici le *Casæ Calventi* de l'Itinéraire d'Antonin.

» A une lieue et demie au nord-nord-est d'el-Co-li-ah est l'embouchure de la Ma-zaffran, rivière qui n'est guère inférieure au Chélif. Son principal affluent, qui vient de Maliana, s'étant joint à un autre qui descend de Ham-mam Méri-ga, prend le nom d'Oued-el-Ham-mam; une lieue et demie plus loin, on l'appelle Oued-djer. Elle serpente ensuite dans les vallées du mont Atlas, et fait un si grand nombre de tours et de détours, que je la passai quarante fois dans une heure de temps. L'Oued-Chiffa et l'Ilik sont ses deux autres affluens les plus considérables. Le premier prend sa source dans les montagnes d'Ouiez-ra, un peu au nord-est de Me-dia; l'autre vient de la partie du mont Atlas qui est au-dessus de Blidah. Le Ma-zaffran doit vraisemblablement son nom à la couleur foncée de ses eaux, qui approche de celle du safran.

» La partie du pays qui est située au nord du Chélif, entre les rivières Arhiou et Maliana, est habitée par des Kabyles qui n'ont point encore été subjugués par les Turcs, grâce à l'inaccessibilité de leurs montagnes. Mais Tniss et Cher-chell, que l'on peut attaquer par mer, ainsi que les territoires des Béni-Madouny, des Ouelled-Fairiss, des Béni-Rachid, et des habitans de Merdjedjah, qui campent dans le voisinage des Ouelled-Spaihi, des Uxéire et des Lataff, sont exposés chaque été au pillage des armées turques. Toutes ces tribus leur sont soumises. Les suivantes sont indépendantes, savoir : les Chirfa, qui habitent à l'est des Ouelled-Boufrid, et au nord de Mazouna; les Ouelled-Mafa et les Gorya qui viennent après les Chirfa, ayant les montagnes de Mirdjidjah et des Béni-Rachid au sud. Les Larhaat campent vis-à-vis d'El-Khada-rah, près des bords de la rivière Teffsert; puis au-delà les Gorbies (c'est-à-dire les habitations de boue), les Béni-Yifra et les Béni-Menasser, qui occupent le pays montagneux entre Maliana et Cher-chell. Les

Bouhalouan sont encore plus loin à l'est, près de Hamman-Mériga et des bords de l'Ouedjer. Ils habitent aussi un pays montagneux, mais riche, situé à l'ouest de Mettidjiah. Cette tribu descend des anciens Machusiens.

» Merdjidjah, village dont les murs sont en terre, appartient à une tribu qui est sous la domination des Turcs. Il est situé sur une hauteur, à environ deux lieues de Sinaab, et n'est remarquable que parce qu'il est sous la protection d'une famille de marabouts qui héritent de père en fils de cette dignité depuis plusieurs siècles.

» Béni-Rachid, le Béni-Arax des géographes modernes, est à trois lieues au sud-est de Merjidjah, et à trois quarts de lieue au nord de la rivière Foddah, position très différente de celle que lui donnent Sanson et Duval, qui le placent au sud et au sud-ouest de Masagran. Cet endroit, autrefois considérable, renfermait une citadelle, et environ deux mille maisons. Ses habitans étaient bons soldats, et leur domination s'étendait jusqu'à el-Callah et Mascara; mais les choses sont aujourd'hui bien changées. La citadelle est en ruine, les deux mille maisons sont réduites à quelques chaumières ; et ses habitans, par suite de l'oppression sous laquelle ils gémissent, sont devenus aussi pusillanimes qu'ils étaient braves. Cependant, leurs figues et leurs autres fruits soutiennent leur ancienne renommée, et le disputent, quant à la grosseur et au goût, à ceux des Béni-Zérouall. Marmol fait de cette ville le *Villeburgum* ou *Villa-Vicus* de Ptolomée, tandis que Sanson dit que c'est son *Bunobora*. Toutefois, le premier étant à l'ouest du *Portus-Magnus*, et le second à l'ouest de *Cartenna*, ni l'un ni l'autre ne peuvent occuper les positions que leur assignent ces auteurs.

» En descendant les montagnes de Béni-Rachid, on aperçoit el-Herba, ancienne ville romaine qui a plus de huit cents toises de circuit. Elle est située sur le bord du Chélif, à deux lieues à l'est-sud-est du village des Béni-Rachid. Elle est bornée au nord par une plaine étroite, mais fertile. J'y ai vu plusieurs petites colonnes de marbre d'une couleur bleuâtre, et qui étaient d'un très bon style; malheureusement leurs chapiteaux, d'ordre corinthien, avaient beaucoup souffert. On y voit aussi plusieurs tombeaux semblables à ceux de Memountorroy.

» A deux lieues trois quarts à l'est d'el-Khadarah, et à une petite distance du Chélif, gisent les ruines d'une autre ville romaine du même nom et de la même étendue que la précédente. Ici le Chélif commence à serpenter à travers une plaine fertile ; et les montagnes de l'Atlas, qui, depuis le territoire des Béni-Zérouall jusqu'à Khada-rah, dominaient le cours de cette rivière, en sont à deux lieues au nord.

» Maniana ou Maliana, comme les habitans l'appellent indifféremment, est situé sur ces montagnes, à quatre cents toises au-dessus de la plaine, et à deux lieues à l'est-nord-est d'el-Herba. En le voyant de loin, on croirait que cet endroit renferme de beaux édifices et de nombreuses antiquités. Mais on est mal récompensé de la peine que l'on s'est donnée pour y monter : car on ne trouve, au lieu d'une ville, qu'un petit village dont les maisons sont couvertes en tuiles au lieu de terrasses, suivant l'usage du pays. Maliana a cependant de remarquable qu'il est bien arrosé au nord ouest du mont Zeckar ; qu'il est environné de beaux jardins et de vignobles ; et enfin que la vue y domine sur les territoires des Djendill, des Matma-ta et d'autres tribus arabes, jusqu'à Mé-dea. Au printemps, les dévots d'Alger, de Blida et du voisinage, y viennent dévotement baiser la châsse de Sidy-Youseph, le saint tutélaire de la ville.

» Il existe cependant à Maliana quelques fragmens d'architecture romaine ; et j'ai vu dans une muraille moderne un cippe portant une inscription qui, si elle se rapporte à la famille de Pompée, répand un nouveau jour sur l'épigramme de Martial (1) : car il paraîtrait alors que le petit-fils de ce grand capitaine, et probablement aussi son arrière-petit-fils, ont été enterrés à Maliana. Voici cette inscription :

Q. Pompeio
C. N. F. Quirit. Clementi Pa....
Diiur ex Testamento.
Q. Pompeio F. Quir. Rogati Fratris sui
Pompeia Q. P.
Mabra Posuit.

» Ptolomée et l'auteur de l'Itinéraire d'Antonin diffèrent au reste matériellement quant à la position de Maniana : car le premier place cette ville à dix minutes à l'ouest d'*Oppidoneum* ou *Oppidum-novum*, et le dernier à dix-huit minutes à l'est. En outre, Ptolomée met près

---

(1) Voyez épigrammes de Martial, liv. v.
(*Note du traducteur.*)

Pagination incorrecte — date incorrecte

NF Z 43-120-12

de quatre degrés entre leurs latitudes respectives. Nos doutes à cet égard ne peuvent donc être levés que par la parfaite identité des noms, et par la présomption que la Maliana de l'Itinéraire d'Antonin est la même ville que la Maliana de Ptolomée; opinion qui prouverait aussi que les *Montes-Caraphi* sont notre Gibel-Djickar, et qu'il s'est glissé de nombreuses erreurs dans les tables de Ptolomée, puisque, suivant ces ces tables, il faudrait aller chercher la ville de Maniana et les *Montes-Caraphi* à je ne sais quelle distance dans le désert.

» A trois lieues à l'est-nord-est de Maliana, et à peu près à moitié chemin entre le Chélif et la mer, sont les Ham-mam ou sources de Mériga (l'Aquæ Calidæ Colonia des anciens). Le plus grand et le plus fréquenté de ces thermes est un bassin de douze pieds carrés et de quatre de profondeur. L'eau qui y bouillonne constamment s'élève à un degré de chaleur à peine supportable. Du grand bassin elle s'écoule dans un moindre, qui est particulièrement affecté à l'usage des Juifs, auxquels il n'est pas permis de se baigner avec les Mahométans. Ces deux bains étaient autrefois renfermés dans un bel édifice, où l'on trouvait toutes les commodités nécessaires; mais ils sont aujourd'hui en plein air, et à moitié remplis de pierres et de décombres. Néanmoins, ils attirent toujours au printemps une grande affluence de valétudinaires. On les dit très efficaces dans les rhumatismes, la jaunisse, et plusieurs autres maladies.

» Un peu plus haut, sur la colline, est une autre source thermale, mais dont la température est trop élevée pour que l'on puisse s'y baigner; ce qui a suggéré l'idée d'en diriger l'eau, au moyen d'un tuyau, dans un petit bâtiment voisin, où on la reçoit sous la forme de douches.

» Entre cette source et celle de la partie inférieure de la colline, se trouvent les ruines d'une ancienne ville romaine aussi étendue qu'el-Herba; et à quelque distance de là, des tombeaux et des cercueils en pierre, dont quelques-uns, à ce que l'on m'a assuré, étaient d'une très grande dimension. Muzeratty, le dernier calife ou gouverneur de cette province, m'assura avoir vu un os de cuisse tiré d'un de ces tombeaux, qui avait trente-six pouces de long; assertion qui me fut confirmée par d'autres Turcs. Toutefois, lorsque je me rendis moi-même aux sources de Mériga, six mois après, je ne pus rien découvrir de semblable, et les tombeaux et les cercueils que je vis n'avaient que les dimensions ordinaires. Les habitans de ce pays, comme ceux de beaucoup d'autres, sont grands conteurs, et très amis du merveilleux. Quoi qu'il en soit, il est probable que l'os dont il est ici question était celui d'un cheval, attendu la coutume qui existait parmi les Goths et les Vandales, d'enterrer les cavaliers et leurs montures dans la même fosse. Mais ce qui est plus positif, c'est que l'on trouve souvent, dans différentes parties de la régence, de longues épées avec des montures en forme de croix. Il en existe une dans le palais du dey d'Alger, que l'on a déterrée, il n'y a pas long-temps, parmi les ruines de Temendfose, la *Colonia-Rusgunia* de l'Itinéraire d'Antonin.

» Le pays situé dans le voisinage des sources de Mériga est entrecoupé de montagnes escarpées et de vallées profondes qui sont d'un accès difficile. Toutefois, on est amplement dédommagé des obstacles qu'elles offrent, par la raison qu'elles conduisent aux belles plaines de Mettidjiah, qui sont au nord. Abulféda les appelle *Blédih-Kibéirah,* c'est-à-dire le grand pays. Elles ont vingt lieues de long sur huit de large, et sont arrosées par un grand nombre de beaux ruisseaux. Les habitans d'Alger y possèdent de jolies maisons de campagne et de belles fermes. Ce sont ces plaines qui approvisionnent presque exclusivement la capitale. On y recueille en abondance toute espèce de grains, du riz, des légumes, des fruits, du chanvre, du henné, etc.

» A quelques lieues au nord-est de Mazaffran se trouve une tour ronde, bâtie sur un cap qui s'avance à près de cent toises dans la mer. On l'appelle dans nos cartes modernes Turetta-Chica, c'est-à-dire la Petite Tour; les Maures la nomment Sidi-Ferdji, du nom d'un marabout qui y est enterré. En dedans de ce cap est une petite baie où les bâtimens relâchent quelquefois pour se mettre à l'abri des vents d'est. Il y existe des débris de murailles et de citernes de construction romaine, qui feraient croire, en suivant l'ordre des tables, que cet endroit est le *Via* de Ptolomée. Il y a aussi divers fragmens d'une grande route romaine entre Sidi-Ferdji, Ras-Acen-natter et Alger; et près du tombeau de Sidi-Hallif, autre marabout, à peu près à moitié chemin entre Sidy-Ferdji et Alger, une grande multitude de tombes couvertes de grandes dalles, et assez larges pour renfermer deux à trois corps.

» La haute montagne de Boudjérih, avec les

trois dachekras qui y sont contigus, est à trois lieues trois quarts au nord-est de Sidi-Ferdji; et à une demi-lieue plus loin, à l'ouest-nord-ouest, se trouve le Ras-Acon-natter, qui est le cap Caxines de nos cartes modernes. Il y a dans cet endroit une source de bonne eau, des maisons en ruine, et les vestiges d'un aquéduc qui servait vraisemblablement à conduire l'eau de cette source à Sidy-Ferdji ou à *Via*. Edrisi place son *Hur* entre ce promontoire et le Ras-el-Amouche. La distance est, à la vérité, la même, mais la navigation du golfe est moins dangereuse que notre auteur la représente.

» Le Mers - el - Dhabanne ou Port-des-Mouches est à une demi-lieue à l'est du Ras - Acon-natter. A une lieue un quart au-delà, en tournant au sud - est, on entre dans le port d'Alger. »

Cette ville, qui depuis plusieurs siècles brave les États les plus puissans de la chrétienté, est située par les 36° 47' de latitude nord, et 0° 44' de longitude est du méridien de Paris. Elle est bâtie en amphithéâtre sur le penchant d'une colline qui se prolonge jusqu'au bord de la mer. Excepté la principale rue, toutes les autres sont étroites et d'une malpropreté extrême. Les maisons, qui ont la plupart trois étages, sont surmontées de terrasses badigeonnées à la chaux, ce qui donne à la ville un aspect particulier. On y entre par six portes. Ses murailles, qui sont flanquées de tours carrées, ont quarante pieds de haut du côté de la mer, trente pieds du côté de la campagne, et douze pieds d'épaisseur. Leur partie inférieure est en pierre de taille, et leur partie supérieure en briques. Les fossés ont vingt pieds de largeur sur sept de profondeur. Elle est défendue, outre sa citadelle qui s'élève dans sa partie haute, par un grand nombre de batteries disséminées tout le long de la côte, et sept forts, dont l'un, établi dans l'île de la Lanterne, protége le port, et deux autres la rade et les approches de la place du côté de la mer. Le port, formé par une petite île qui est jointe au continent par un môle, a cent trente toises de long sur quatre-vingts de large, et quinze dans sa plus grande profondeur. Les bâtimens y sont les uns sur les autres, et usent beaucoup de câbles pour s'y maintenir en hiver. Lorsque le vent souffle du nord, la mer y occasione un grand ressac, et fréquemment de nombreuses avaries.

Il n'y a ni places ni jardins dans la ville. On

y compte dix grandes mosquées et cinquante petites, trois grands colléges ou écoles publiques, outre un grand nombre de petites; cinq bagnes destinés à renfermer les esclaves du deylik, douze bains publics ordinaires, et soixante-deux à vapeur, une église catholique, une synagogue, cent cinquante fontaines publiques, etc. Les maisons sont généralement construites en pierre et en briques, de forme carrée, et assez solides. Il y a à peu près dans toutes une cour pavée au milieu, proportionnée à leur grandeur, et autour de laquelle règnent des galeries soutenues par des colonnes, et où sont les appartemens. Les portes des chambres, qui sont presque toujours de la hauteur de la galerie, touchent au plancher, qui est fort élevé; ces portes sont à deux battans. Les chambres sont éclairées par de petites fenêtres, mais surtout par les portes, qui procurent suffisamment de jour. Les galeries sont surmontées d'une terrasse qui sert de promenade aux personnes de la famille, et pour faire sécher le linge. Il y a ordinairement sur l'un des côtés un petit pavillon de travail, d'où l'on peut facilement observer ce qui se passe en mer : ce qui intéresse toujours beaucoup les Algériens. Il y a sur chaque terrasse une échelle pour communiquer avec les maisons voisines, dont la partie supérieure est toujours ouverte; et cependant, malgré cette facilité de pénétrer chez autrui, on n'entend jamais parler de vols. Il est vrai que toute personne inconnue qui est trouvée dans une maison est punie de mort.

On remarque particulièrement à Alger le palais du dey, les mosquées et les casernes, au nombre de cinq; chacune d'elles peut loger six cents hommes. Il y a aussi plusieurs maisons très belles, pavées en marbre du haut en bas, dont les galeries sont soutenues de colonnes aussi en marbre, et les plafonds du travail le plus précieux, mais qui n'ont aucune apparence extérieure. La plupart d'entre elles ont été bâties par des deys, des pachas ou de riches négocians.

Il y a plusieurs fonducs ou auberges; ce sont de grands corps de bâtimens appartenans à des particuliers, et qui renferment plusieurs cours, des magasins, et des chambres à louer. C'est là que vont loger les marchands turcs du Levant, et autres, qui arrivent à Alger avec des marchandises, et qui y trouvent toutes les commodités nécessaires pour leur commerce. Il n'est pas rare d'y voir même des soldats, qui préfèrent s'y loger à leurs frais que d'être à la caserne.

Mais il n'y a à Alger ni auberges ni hôtels pour les chrétiens; ils y seraient d'ailleurs à peu près inutiles, à cause du petit nombre d'étrangers libres qui y abordent. Les chrétiens qui sont appelés à Alger par un motif quelconque descendent, soit chez les personnes auxquelles ils peuvent être recommandés, ou chez les consuls de leurs nations, qui se font toujours un plaisir de les recevoir. Quant aux pauvres voyageurs du pays, il y a des espèces de tavernes tenues dans les bagnes par des esclaves du gouvernement, et où l'on trouve, en payant, à peu près ce qui est nécessaire à la vie.

Alger ne possède point non plus d'eau douce; et, quoique chaque maison ait une citerne, on en manque souvent par suite de la rareté des pluies; mais on a suppléé à cet inconvénient en y conduisant, au moyen de canaux, l'eau d'une belle source située près du fort de l'Empereur, à une demi-lieue de son enceinte. Tous ces tuyaux, qui alimentent les fontaines publiques, se terminent à un réservoir commun qui est au bout du môle, et où les navires font leur approvisionnement. A chaque fontaine il y a, pour la commodité des passans, une tasse qui y est scellée. L'eau qui se perd, soit en buvant, soit en la tirant dans les vases destinés à cet effet, se réunit, et est conduite par d'autres tuyaux dans des égoûts et des cloaques où se rendent les ordures des maisons, et qui communiquent à une grande fosse située près de la Marine, d'où toutes les immondices se jettent dans le port; ce qui produit une grande puanteur à la porte du môle durant les chaleurs (1). »

On ne connaît pas exactement la population d'Alger, que l'on évalue à 80,000, 135,000 et même 180,000 individus, tant Mahométans que Juifs et chrétiens.

Les puissances chrétiennes, qui, jusqu'à présent, n'ont pas jugé à propos de se réunir pour détruire ce repaire de forbans, l'ont cependant souvent fort maltraité. C'est ainsi qu'il a été bombardé, en 1682 et 1683, par les Français aux ordres de l'amiral Duquesne, et en 1688 par le maréchal d'Estrées; en 1770 et 1772, par les Danois; en 1783 et 1784, par

---

(1) La plupart de ces détails sont extraits de l'Histoire d'Alger par Laugier de Tassy. Les autres nous appartiennent. (*Note du traducteur.*)

les Espagnols; et enfin en 1812 et 1816 par les Anglais et les Néerlandais. Nous croyons devoir rapporter ici succinctement les différentes circonstances de ce dernier bombardement.

Le 20 mai 1816, les Algériens ayant massacré des travailleurs anglais, français et espagnols, qu'ils surprirent dans une église de Bona, cet attentat fit pousser un cri d'indignation dans toute l'Europe, et le cabinet de St.-James résolut d'en tirer une satisfaction éclatante. A cet effet, l'amiral Exmouth, qui venait de conclure différens traités avec les puissances barbaresques, et notamment avec Alger, eut de nouveau le commandement de la flotte destinée à agir contre cette régence. Il fit en conséquence voile de Portsmouth le 24 juillet 1816, ayant sous ses ordres la Reine Charlotte, vaisseau de 110 canons, et onze autres bâtimens de guerre. Obligé de relâcher à Plimouth par suite d'une tempête, il y fut rejoint par le contre-amiral Milne, qui commandait deux vaisseaux de ligne, quelques frégates et corvettes. A Gibraltar, il réunit encore à son escadre cinq chaloupes canonnières et un brûlot, et accepta la proposition du vice-amiral hollandais Van-der-Capellen, qui lui offrit sa coopération avec six frégates. Le 26 août, à une heure après midi, l'escadre combinée se présenta devant Alger, au nombre de trente-deux voiles. Le lendemain, lord Exmouth envoya un parlementaire chargé d'une dépêche par laquelle il proposait au dey, comme une satisfaction de sa dernière agression, les conditions suivantes : 1° la délivrance des esclaves chrétiens, sans rançon; 2° la restitution de tout l'argent que le dey avait reçu pour la rançon des captifs sardes et napolitains ; 3° une déclaration solennelle qu'à l'avenir il respecterait les droits de l'humanité, et traiterait tous les prisonniers de guerre d'après les usages reçus parmi les nations européennes ; 4° la paix avec le roi des Pays-Bas, sur les mêmes bases qu'avec le prince-régent. Le dey ne répondit à cette proposition qu'en faisant tirer sur la flotte anglaise. Aussitôt l'amiral Exmouth fit embosser ses vaisseaux à demi-portée de canon sous le feu des batteries du port et de la rade. Lui-même se plaça à l'entrée du port, tellement près des quais, que son beaupré touchait aux maisons, et que ses batteries, prenant en écharpe toutes celles de l'intérieur du port, foudroyaient les canonniers algériens, qui se trouvaient à découvert. Cette manœuvre, aussi habile qu'audacieuse, eut le plus effrayant succès. Les Algériens, pleins de confiance dans leurs batteries, ainsi que dans la valeur des équipages de leurs navires, dont les commandans avaient ordre d'aborder les vaisseaux anglais, se croyaient tellement à l'abri d'une attaque de ce genre, qu'une populace innombrable couvrait la partie du port appelée la Marine, dans l'intention d'être spectatrice de la défaite des chrétiens. Toutefois, l'amiral anglais, éprouvant quelque répugnance à porter la mort au milieu de cette multitude imprudente, lui fit, de dessus son pont, signe de s'éloigner. Mais, soit que son intention bienveillante n'eût pas été comprise, soit mépris de la part de ceux auxquels il s'adressait, ils n'y eurent aucun égard ; et ce ne fut qu'après avoir été témoins de l'épouvantable ravage produit par les premières bordées des vaisseaux anglais qu'ils se dispersèrent avec des cris affreux. Néanmoins les troupes turques, et surtout les canonniers, ne partagèrent point cette terreur subite, et, quoique écrasés par l'artillerie anglaise, ils ne cessèrent pas un seul instant de riposter avec vigueur de toutes leurs batteries, dont quelques-unes étaient montées de pièces de soixante livres. Le feu se soutenait de part et d'autre déjà depuis plus de six heures, et ne faisait qu'accroître l'acharnement des Africains, quand deux officiers anglais firent demander à l'amiral la permission d'aller dans une embarcation, attacher une chemise souffrée à la première frégate algérienne qui barrait l'entrée du port. Cette résolution hardie, à laquelle l'amiral acquiesça, eut un plein succès. Un vent d'ouest assez frais mit bientôt le feu à toute l'escadre barbaresque; et cinq frégates, quatre corvettes et trente chaloupes canonnières devinrent en un instant la proie des flammes. Le vaisseau amiral, qui tirait sans interruption depuis cinq heures et demie, de tribord sur la tête du môle, et de babord sur la flotte algérienne, était jonché de morts, lorsque, vers neuf heures et demie du soir, il faillit être embrasé par le contact d'une frégate ennemie qui était en feu, accident que l'on parvint toutefois à éviter. Une demie-heure après, lord Exmouth, ayant achevé la destruction du môle, se retira dans la rade, et, le lendemain 28, la flotte anglaise entra en vainqueur dans le port d'Alger. La perte de l'escadre combinée s'éleva à 173 hommes tués et 744 blessés. Celle des Algériens fut immense : des rapports ultérieurs l'évaluèrent à près de six mille hommes. Le 30 août, un traité de paix fut conclu aux conditions suivantes : 1° L'abolition perpétuelle de l'esclavage des chrétiens ; 2° la remise, le lendemain à midi, de tous les esclaves qui se trouvaient dans les États du dey, à quelques nations qu'ils appartinssent ; 3° le remboursement de toutes les sommes reçues par le dey, depuis le commencement de cette année, pour le rachat des esclaves ; 4° une indemnité au consul britannique pour toutes les pertes qu'il avait éprouvées par suite de son arrestation ; 5° enfin, des excuses publiques faites par le dey en présence de ses ministres et officiers, et au consul en particulier, dans les termes dictés par le capitaine du vaisseau la Reine Charlotte. On sait comment le dey d'Alger a respecté ce traité.

Quelques terribles qu'aient été les différentes leçons données à cette puissance par les nations européennes, on conviendra cependant qu'elles n'eurent, les unes et les autres, qu'un médiocre résultat, en comparaison de la pacifique négociation du gouvernement français en 1802, et qui fut appuyée non par une armée nombreuse, mais par la toute-puissance d'un grand nom (1).

(1) Nous donnons ici textuellement, et d'après le Mo-

« Alger, dit Shaw, vu sa distance et sa position par rapport à Teffessad, doit être l'an-

niteur du 7 septembre 1802, les deux seules lettres écrites dans cette circonstance, et qui méritent d'être plus connues qu'elles ne le sont.

« BONAPARTE, premier consul, au très haut et très magnifique dey d'Alger; que Dieu le conserve en prospérité et en gloire!

» Je vous écris cette lettre directement, parce que je sais qu'il y a de vos ministres qui vous trompent et qui vous portent à vous conduire d'une manière qui pourrait vous attirer de grands malheurs. Cette lettre vous sera remise, en mains propres, par un adjudant de mon palais. Elle a pour but de vous demander réparation prompte, et telle que j'ai droit de l'attendre des sentimens que vous avez toujours montrés pour moi. Un officier a été battu dans la rade de Tunis par un de vos officiers rais. L'agent de la république a demandé satisfaction, et n'a pu l'obtenir. Deux bricks ont été pris par vos corsaires, qui les ont menés à Alger, et les ont retardés dans leurs voyages. Un bâtiment napolitain a été pris par vos corsaires dans la rade d'Hyères, et par là ils ont violé le territoire français. Enfin, du vaisseau qui a échoué cet hiver sur vos côtes, il me manque encore plus de 150 hommes, qui sont entre les mains des barbares. Je vous demande réparation pour tous ces griefs; et, ne doutant pas que vous ne preniez toutes les mesures que je prendrais en pareille circonstance, j'envoie un bâtiment pour reconduire en France les 150 hommes qui me manquent. Je cien *Icosium* placé dans l'Itinéraire d'Antonin, à dix-neuf lieues de Tipasa. Léon-l'Africain et

vous prie aussi de vous méfier de ceux de vos ministres qui sont ennemis de la France; vous ne pouvez en avoir de plus grands; et si je désire vivre en paix avec vous, il ne vous est pas moins nécessaire de conserver cette bonne intelligence qui vient d'être rétablie, et qui seule peut vous maintenir dans le rang et dans la prospérité où vous êtes; car Dieu a décidé que tous ceux qui seraient injustes envers moi seraient punis. Que si vous voulez vivre en bonne amitié avec moi, *il ne faut pas que vous me traitiez comme une puissance faible*; il faut que vous fassiez respecter le pavillon français, celui de la république italienne, qui m'a nommé son chef, et que vous me donniez réparation de tous les outrages qui m'ont été faits.

» Cette lettre n'étant pas à autre fin, je vous prie de la lire avec attention vous-même, et de me faire connaître, par le retour de l'officier que je vous envoie, ce que vous aurez jugé convenable. »

Réponse.

« Au nom de Dieu, de l'homme de Dieu, maître de nous, illustre et magnifique seigneur Mustapha-Pacha, dey d'Alger, que Dieu laisse en gloire;

» A notre ami Bonaparte, premier consul de la république française, président de la république italienne.

» Je vous salue; la paix de Dieu soit avec vous.

» Ci-après, notre ami, je vous avertis que j'ai reçu votre lettre, datée du 20 messidor. Je l'ai lue: elle m'a été re-

Marmol nous disent qu'on l'appelait autrefois Mesgana, du nom d'une famille africaine. Son

mise par le général de votre palais, et votre vékil Dubois-Thainville. Je vous réponds article par article.

» 1° Vous vous plaignez du raïs Ali-Tatar. Quoiqu'il soit un de mes joldaches, je l'ai arrêté pour le faire mourir. Au moment de l'exécution, votre vékil m'a demandé sa grâce en votre nom, et pour vous je l'ai délivré.

» 2° Vous me demandez la polacre napolitaine prise, dites-vous, sous le canon de la France. Les détails qui vous ont été fournis à cet égard ne sont pas exacts ; mais, selon votre désir, j'ai délivré dix-huit chrétiens composant son équipage ; je les ai remis à votre vékil.

» 3° Vous demandez un bâtiment napolitain qu'on dit être sorti de Corfou avec des expéditions françaises. On n'a trouvé aucun papier français ; mais, selon vos désirs, j'ai donné la liberté à l'équipage, que j'ai remis à votre vékil.

» 4° Vous demandez la punition du raïs qui a conduit ici deux bâtimens de la république française. Selon vos désirs je l'ai destitué ; mais je vous avertis que mes raïs ne savent pas lire les caractères européens ; ils ne connaissent que le passeport d'usage ; et pour ce motif il convient que les bâtimens de guerre de la république française fassent quelque signal pour être reconnus par mes corsaires.

» 5° Vous demandez cent cinquante hommes que vous dites être dans mes États ; il n'en existe pas un. Dieu a voulu que ces gens se soient perdus, et cela m'a fait de la peine.

» 6° Vous dites qu'il y a des hommes qui me donnent des conseils pour nous brouiller. Notre amitié est solide et annom actuel est *Al-dje-Zeire* ou *Al-dje-Zeirah*, comme on devrait plutôt le prononcer, et qui

cienne; et tous ceux qui chercheront à nous brouiller n'y réussiront pas.

» 7° Vous demandez que je sois ami de la république italienne. Je respecterai son pavillon comme le vôtre, selon vos désirs. *Si un autre m'eût fait pareille proposition, je ne l'aurais pas acceptée pour un million de piastres.*

» 8° Vous n'avez pas voulu me donner les deux cents mille piastres que je vous avais demandées pour me dédommager des pertes que j'ai essuyées pour vous. Que vous me les donniez ou que vous ne me les donniez pas, nous serons toujours bons amis.

» 9° J'ai terminé avec mon ami Dubois-Thainville, votre vékil, toutes les affaires de la Calle, et l'on pourra venir faire la pêche du corail. La compagnie d'Afrique jouira des mêmes prérogatives dont elle jouissait anciennement. J'ai ordonné au bey de Constantine de lui accorder tout genre de protection.

» 10° Je vous ai satisfait de la manière que vous avez désirée pour tout ce que vous m'avez demandé; et pour cela vous me satisferez comme je vous ai satisfait.

» 11° En conséquence, je vous prie de donner des ordres pour que les nations mes ennemies ne puissent pas naviguer sous votre pavillon, ni avec celui de la république italienne, pour qu'il n'y ait plus de discussion entre nous, parce que je veux toujours être ami avec vous.

» 12° J'ai ordonné à mes raïs de respecter le pavillon français à la mer. Je punirai le premier qui conduira dans mes ports un bâtiment français.

signifie, dans la langue du pays, l'*île*, dénomination qu'elle a reçue, non, comme dit Léon-l'Africain, à cause de son voisinage des îles Baléares, mais de ce que le môle oriental du port était séparé du continent, même après la conquête des Turcs. Dans leurs lettres et leurs écrits publics, les habitans appellent leur ville Al-djé-Zeire Megerbie, c'est-à-dire de l'île de l'ouest, pour la distinguer d'une autre ville du même nom qui est située près des Dardannelles.

» Les collines et les vallées des environs d'Alger sont couvertes de maisons de campagne et de jardins où les plus riches habitans vont passer l'été. Toutes les maisons sont badigeonnées à la chaux, et entremêlées d'arbres fruitiers et autres qui produisent l'effet le plus agréable, vues de la mer (1). On recueille dans les jardins, qui sont arrosés par de nom-

---

» Si, à l'avenir, il survient quelque discussion entre nous, écrivez-moi directement, et tout s'arrangera à l'amiable.

» Je vous salue ; que Dieu vous laisse en gloire. ».

Alger, le 13 de la lune de Rabiad-Eouel,
l'an de l'Hégire 1217.

(1) On assure que le nombre des premières s'élève à 10,000, et celui des derniers à 20,000,

(*Note du traducteur.*)

breux ruisseaux, une grande quantité de melons, de fruits et de légumes.

» A une lieue et demie sud-est d'Alger, est la rivière Haratche, qui prend sa source au-delà des montagnes des Béni-Mousah, et, après s'être réunie à la Oued-el-Kermez ou la Rivière des Figues, arrose le pays le plus fertile des Mettidjiah. Elle est beaucoup plus considérable que la Ma-zaffran, et on la passait autrefois sur un pont qui n'était pas éloigné de la mer. Marmol et quelques historiens plus modernes disent que l'on trouve sur ses bords les ruines de Sasa, autrement appelé le Vieux-Alger; mais je n'ai jamais pu découvrir ces ruines, ni n'en ai même entendu parler dans le pays. Cette rivière, ou le Hamise, qui se jette dans la mer, à deux lieues et demie plus loin au nord-est, est peut-être le *Savus* de Ptolomée, quoique ni l'une ni l'autre ne soit dans la position qu'il indique, c'est-à-dire à vingt minutes au nord d'*Icosium*.

» Le Hamise est un peu plus petit que la Haratche, et prend sa source dans les hautes montagnes de Béni-Djaut, à huit lieues au sud. Dans les districts de Mogata et d'el-Hhothra elle porte le nom d'Arba-tache-el-Mokdah, ou des Quatorze-Gués, et sur le territoire de

Mettidjiah celui de Hamise, de Souck-el-Hamise, ou la *Foire du Cinquième Jour*, d'une foire qui se tient sur ses bords. Léon-l'Africain appelle cette rivière *Seffaia*, nom qui ne diffère pas beaucoup de l'ancien *Savus*. Toutefois, je n'ai pas ouï dire qu'on l'appelât aujourd'hui ainsi.

» Temendfose ou Métafose est à deux lieues au nord de l'Hamise. C'est un cap un peu élevé où les Turcs ont bâti, du côté qui regarde Alger, un petit château-fort destiné à la défense d'une rade que forme ici la côte, et qui était autrefois une des stations des habitans du pays. On y voit encore les vestiges d'un ancien cothon ou bassin. Il existe aussi sur cette côte des ruines de la même étendue que celles de Tefessad. Il y a la même distance, c'est-à-dire six lieues, entre ces ruines et Alger, que celle indiquée dans l'Itinéraire d'Antonin, entre *Rusguniæ-Colonia* et *Icosium*.

» A l'est de Temendfose est une petite baie remarquable par le grand nombre de cours d'eau qui s'y jettent. La Regia, qui est à deux lieues trois quarts de Temendfose, ne coule qu'en hiver. Il y a, vis-à-vis de son embouchure, une petite île qui en est éloignée d'environ quatre cents toises. La Bodouô, qui est aussi consirable que la Haratche, tombe dans la mer à une lieue à l'est de Regia; les Turcs lui donnent, dans son passage à travers la montagne escarpée de Hammal, le nom de Domus-el-Oued ou la Rivière du Sanglier; mais les Maures et les Arabes l'appellent Kadarah, du nom du district où elle prend sa source. Après la Bodouô vient la Corsoe, et ensuite la Merdass, qui sont à une demi-lieue l'une de l'autre. Un peu au-delà de cette dernière rivière sont les sources de Chrob-ouï-hrob, où les barques des chrétiens vont quelquefois faire de l'eau. L'Isser, rivière beaucoup plus grande que la Haracthe, et qui arrose un pays très fertile, a son embouchure à quatre lieues de Merdass, et à huit de Temendfose; quelques-unes de ses sources se trouvent dans un district montagneux au sud-sud-ouest. Les Arabes nomment son bras oriental Asise, et son bras occidental Oued-el-Zeitoune, ou la Rivière des Olives, à cause de la quantité considérable de ce fruit que l'on récueille sur ses bords. La Bichebêche, l'Achire, la Mailah et la Zagouah, se jettent dans la Zeitoune. L'Isser répond au *Serbetis* de Ptolomée, en ce qu'il est plus près de *Rusgunia* que *Rusuccurœ*, le Dellys moderne.

» Tout le pays situé sur les bords de ces rivières, c'est-à-dire entre les montagnes de l'Atlas et la mer, est cultivé par les Rassouta, qui habitent près du Hamise; par les Dorgana et les Maracheda, qui campent près de la Bodouô et de la Corsoe; et par les Djibil, les Geuse, les Béni-Hamid et les Adrooua, qui se tiennent entre l'Isser et le Bouberak. On ne sait où retrouver les anciens *Rusicibar*, les *Modunga*, les *Cisse* et les *Addume*, que Ptolomée place sur cette côte.

» Djinnett, par où nos marchands exportent beaucoup de blé en Europe, est à une lieue au nord-est de l'Isser. C'est une petite baie avec une assez bonne rade, et qui est probablement le Mers-el-Dadjadje ou le Pont-aux-Poules dont parle Edrisi. On m'a dit que le nom de Djinnett, qui signifie paradis, avait été donné à cet endroit, à l'occasion d'une barque qui y était entrée merveilleusement au moment où les matelots se croyaient sur le point de périr. La côte, qui est assez unie depuis Temendfose, commence ici à devenir escarpée et montagneuse. A trois lieues plus loin à l'est on trouve l'embouchure de la Bouberak, qui sert de limite à cette province du côté de l'est.

» La Bouberak prend sa source dans le territoire des Zoouâh, à dix lieues au sud-est.

Après avoir serpenté dans les montagnes de ce territoire, elle entre sur celui des Se-boue, où elle prend le nom de Nissa. Vis-à-vis de Borgh, elle reçoit le ruisseau de Bogdoura, qui descend des montagnes de Djordjora et autres du voisinage ; après quoi elle se dirige pendant trois lieues à l'ouest, coule ensuite à travers les montagnes de l'Abdel-Quairet au nord, et porte le nom de Bouberak jusqu'à son embouchure dans la mer. Je vis cette rivière au mois de mai. Il y avait trois semaines qu'il n'avait plu, et elle était alors de la largeur du Chélif.

Blida et Mé-dea sont les seules villes que l'on trouve dans l'intérieur de la province d'Alger. Elles ont chacune environ huit cents toises de circuit ; mais elles ne sont entourées que de murs en terre, à peu près en ruine. On y remarque quelques maisons à toits plats ; toutefois, la plupart ressemblent à celles de Maliana. L'une et l'autre sont d'ailleurs environnées de jardins et d'habitations agréables, et parfaitement arrosées, la première par un ruisseau voisin, d'où on conduit l'eau, au moyen de canaux, dans toutes les maisons ; et la seconde par différents aquéducs, dont quelques-uns paraissent être de construction romaine. Ces deux villes sont situées sur les bords de la

Ma-zaffran : Blida à cinq lieues, sur le versant septentrional du mont Atlas, et Mé-dea à trois lieues au-delà, sur le versant opposé de cette montagne. Il s'ensuit que Blida et Mé-dea étant à peu près sous le même méridien, dans des positions analogues relativement au Hammam-Mériga (l'ancienne *Colonia Aquæ-Calidæ*), et différant très peu, quant aux noms, peuvent être considérées, celle-ci comme occupant l'emplacement de la *Lamida*, et l'autre celui de la *Bida-Colonia* de Ptolomée.

» Les historiens mahométans que Marmol a suivis prétendent que Mé-dea a pris son nom du Kalif-el-Mahadi ; à quoi Marmol ajoute qu'avant l'administration de ce calife on l'appelait Elfara, nom qui ne diffère pas essentiellement d'*Ussara*, l'une des villes que Ptolomée place dans le voisinage de *Lamida*. Toutefois, je pense qu'*Ussara* doit être à quelques lieues plus à l'est, là où sont les ruines de Djoueb ; que Mé-dea a bien certainement été fondée par les Romains, et que tout ce que el-Mahadi peut avoir fait, c'est de l'avoir rétablie.

• On voit encore à Mé-dea la fontaine dont parle Marmol ; mais je n'ai pas pu y découvrir les inscriptions qu'il y vit et qu'il copia. Léon-l'Africain ne fait aucune mention de cette ville, non plus que de celle de Blida; et cependant ces deux villes devaient être plus considérables de son temps que Mazouna, Mascara et d'autres dont il nous a laissé la description. Ce qu'il dit de Medna, la Medua de Marmol, répond, à quelques égards, à notre Mé-dea, excepté en ce qui concerne sa position, qui est loin d'être la même (1).

» Les Sommata, qui vivent sous la protection de Sidy-Braham-Baraheisa, habitent les montagnes qui sont à l'ouest de ce méridien, et les bords de la rivière Ouedjer. A l'est sont les Mezzya, qui occupent les montagnes de Fernan, c'est-à-dire des Lièges. Il y a aussi d'autres dachekras dans cette partie du mont Atlas, qui va en s'inclinant du côté de Yis-Moute, source d'eau excellente.

» Les Béni-Sala et les Béni-Halil sont les principales tribus de Kabyles qui se trouvent dans le voisinage de Blida. Au sud est le territoire des Ourza, où la rivière Chiffa prend sa source. A l'est des Béni-Halil et des Ourza, habitent les Béni-Masoude et les Béni-Bou-Ya-Goube;

(¹) Blida a été presque entièrement détruit par un tremblement de terre qui s'est fait sentir dans toute la régence d'Alger, le 2 mars 1825. (*Note du traducteur*).

viennent ensuite les Béni-Selin et les Béni-Halifa, qui possèdent une grande partie de la plaine située le long des bords de la rivière Bichebêche, puis les Béni-I-Yaïte, et près d'eux une branche de l'ancienne tribu des Magrôouah, du territoire desquels la vue embrasse les plaines de Hamza. Les Zerouaïla et les Mé-gata ne sont pas éloignés de la rivière des Quatorze-Gués, et les Hillaila avec les Béni-Haroune habitent au commencement du versant opposé de la montagne de Hammall, assez près de la rivière de Zeïtoune. Le ruisseau de Lethnuny prend sa source dans les montagnes des Hillaila. Au-dessous de celle des Béni-Alfoune, la rivière Zeïtoune se joint à l'Oued-el-Azise, et prend le nom d'Isser. Les Ouelled-Azise sont des Arabes qui habitent au sud-est des Béni-Haroune, entre le territoire des Béni-Alfoune et le mont Djordjora. On trouve ensuite les Inchelpoua et les Bouganie, au-dessus des fertiles plaines de Castoula. Les Flisa s'étendent depuis les bords de l'Isser jusqu'à ceux de la Bagdoura ; et de l'autre côté de cette rivière sont les Béni-Koufy, les Béni-Batroune et les Béni-Mangelett. Près des bords de la Nisshah campent les Achenôoua, les Bohinoune et les Ferdeoua ; et au-delà les Adini, les Béni-Bettin et les Béni-Frôsin, après quoi on entre dans le district montagneux des Zooupuah.

» Le Djordjora, qui est la plus haute montagne de la Barbarie, a huit lieues de long, et s'étend du nord-est au sud-ouest. C'est, d'une extrémité à l'autre, une chaîne de rochers escarpés qui servent d'asile à différentes tribus de Kabyles, et les préserve de la domination des Algériens. De toutes ces tribus les plus importantes sont les Béni-Alia et les Béni-Littaka, qui habitent au nord-ouest, du côté des Béni-Koufy; et les Béni-Yala au sud-est, dans le voisinage des Ouelled-Mansoure. Le territoire de ces Kabyles renferme un très grand étang, qui est environné de terres en culture. En hiver, le sommet du Djordjora se couvre presque toujours de Neige, circonstance qui est constamment suivie d'une espèce de trève parmi les tribus qui campent sur les deux versans opposés, lesquelles se haïssent profondément, et sont toujours en état d'hostilité ensemble. Le Djordjora, par sa position entre le *Ruscurium* ou Dellys, et *Saldis* ou Bougia, doit être le mont *Ferratus* dont parlent les géographes du moyen âge.

» En se dirigeant à l'ouest, on trouve au sud de l'Atlas et de Sommata une branche des Bouhalouhan, et les Arabes Zenaga-ra et Boudárna. Ces tribus habitent un beau pays, très diversifié, et bien arrosé. On voit à Ain-Athride les ruines d'une ville ancienne.

» A trois lieues au sud-sud-est des Boudarna, et à la même distance au sud-ouest de Mé-dea, sont les districts fertiles d'Ouamre et d'Amoura, qu'arrose l'Harbine. Ce ruisseau, qui est formé des sources du Mé-dea, se jette dans le Chélif près d'Amoura. On trouve sur ses bords des ruines considérables, au milieu desquelles est une belle fontaine. Les Arabes appellent ces ruines Herba, nom qu'ils donnent aussi à plusieurs autres lieux, et qui signifie une ville saccagée. Ce doit être ici la *Casmara* de Ptolomée, puisqu'il la place au sud, entre *Aquæ-Calidæ* et Blida, position qui ne convient pas à Ain-Athride.

» Les Réga et les Hou-ara, tribus arabes qui occupent le voisinage, s'étendent jusqu'à Borouak-Iah et au sanctuaire de Sidy-Ben-Tyba, qui est à trois lieues au sud de Mé-dea, sur les bords du Chélif, à l'est. Les Ouelled-Braham, ainsi que les sources de la Bichebêche, sont à trois lieues à l'est de Mé-dea. A la même distance au sud, est le district de Borouak-Iah, ainsi nommé de la grande quantité de borouak ou de *Hasta-Regis* qu'il produit. Les el-Elma sont la tribu la plus considérable du district de Borouak-Iah, où il existe une source thermale appelée Ham-man-el-Elma, et les ruines d'une grande ville que ces Arabes nomment aussi Herba; c'est probablement le *Tigis* des anciens.

» Près du Borouak-Iah sont le sanctuaire de Sidy-Nedja, et les sources de l'Oued-Achyre ou Chaï-er. Au sud de ces sources se trouvent les Orbya ou les Salines, là où l'Oued-el-Mailah commence son cours. L'eau de cette rivière est un peu saumâtre. Avant de se joindre à la Zagouan, elle reçoit la Bichebêche et l'Oued-Chaï-er. Les Béni-Solyman et les Ouelled-Taan campent dans le voisinage. Au sud de ceux-ci, dans la province de Titerie, habitent les Arabes Joueb, dans le territoire desquels existent les ruines d'une ville qui pourrait être l'*Assara* de Ptolomée.

» La rivière Zagouan coule à trois lieues à l'est des Kobbah : une branche des Arabes Castoula habite ses bords. Cette rivière prend sa source dans le pays des Ouelled-Haloufe, qui occupent toutefois les districts montagneux situés au sud, quoiqu'ils fassent quelquefois des excursions jusqu'à Gibel-Dira, dans la province de Titerie. Avant sa jonction avec la Zeitoune, la Zagouan reçoit la Mailah.

» En quittant le territoire des Castoula, on entre dans les grandes et riches plaines de Hamza, qui s'étendent jusqu'aux monts Ouannougah, et sont habités par les Ouelled-Drise, les Miriam, les Fairah, les Drid, les Maintenan, et autres tribus de Bédouins. Sidy-Hamza, marabout d'une grande célébrité, a donné son nom à ces plaines, et on y voit son tombeau près du rocher de Magrôua.

» L'Oued-Adouse coule à travers ces plaines, et y reçoit plusieurs ruisseaux. Les deux principaux s'unissent à un quart de lieue de leurs sources, et forment la Phamaah, qui est peut-être la *Phœmius* de Ptolomée. »

CHAPITRE VIII.

Description de la province de Titerie.

Cette province est bornée au nord par celle d'Alger; à l'est par le Zab, au sud par le Beled-ul-Djérid, et à l'ouest par la province de Mascara. Elle a environ soixante-dix lieues dans sa plus grande longueur du nord au sud, et quarante lieues dans sa plus grande largeur de l'est à l'ouest. Elle est traversée du nord au sud par une chaîne de montagnes qui portent successivement les noms de Zeckar, de Saary et de Zaggos, et qui, au nord, se réunissent au mont Atlas, et au sud aux monts Looûat.

» Borgh Souâary, le premier endroit que l'on trouve au nord, est un château fort dans le district du même nom, à quatre lieues au sud-ouest d'Ain-Bi-Sife, et à dix au sud de Médea. Il est bâti sur les bords du désert, et était, il y a encore peu d'années, une des places frontières des Algériens. Les Ouelled-Moktan campent à l'ouest de Borgh, près du Dya ou Titerie-Geoule, grand étang ou lac formé par le Chélif. Il a environ huit lieues de long, sur deux et demie de large. A trois lieues à l'est-nord-est de Borgh, est l'extrémité orientale des Titerie-Doche. C'est une chaîne de rochers escarpés que les Turcs appellent Hadjar - Titerie et qui a quatre lieues de long. A son sommet, se trouve un grand plateau où l'on ne peut toutefois monter que par un défilé fort étroit ; les Ouelled-Eisa y ont leurs matamores ou greniers à blé. Un peu au nord de ces Arabes, est la fameuse source d'Ain-Bi-Sife, qui sort de la fissure d'un rocher que les Arabes disent avoir été fendu par le cimeterre d'Ali, gendre de leur prophète.

Au-delà des Ouelled-Eisa sont les camps des Ouelled-Inanne, la principale tribu arabe du district de Titerie proprement dit.

» Probus, dans ses observations sur Virgile, dit que le nom de Tityrus, que ce poète donne à l'un de ses bergers, signifie, en langue africaine, un bouc. Le scholiaste grec de Théocrite l'explique de la même manière. Nous trouvons sur les médailles étrusques un animal qui ressemble en effet à un chevreau, avec cette légende : *Tutere*. Cette monnaie pouvait prendre son nom de l'animal qu'elle représentait, comme *Pecunia* de *Pecus*. Toutefois, les habitans de ce pays m'ont dit qu'en leur langue le mot Titerie ou Itterie signifie froid et gelé, dénomination qui convient tout-à-fait à ce district, et de laquelle peut très bien dériver l'étymologie du nom de ses habitans.

« A l'est des Titerie-Doche sont les douares d'Adroua, où il y a une source d'eau excellente. Près de là, on voit de nombreuses ruines appelées Chil-ellah, et que l'on croit être la *Turaphilum* de Ptolomée. Une lieue et demie plus loin à l'est-sud-est sont les prairies des Ouelled-Neouy.

» Sur une langue de terre entre deux ruisseaux, à sept lieues et demie au nord-est de Chil-ellah, se trouve Borg-Hamzah, où il y a une garnison turque d'une compagnie d'infanterie. Borgh est bâti sur les ruines de l'ancienne *Auzia*, nommée par les Arabes Sour-Guslan, ou les murs des Antilopes. Une partie de ces murs subsiste encore; ils sont flanqués de distance en distance par de petites tours carrées; le tout paraît avoir eu un peu plus de six cents toises de circuit. Borgh est à huit lieues au sud-ouest du mont Djordjora, à quinze lieues au sud-est d'Alger, l'ancien *Icosium*, à vingt-quatre lieues à l'est-sud-est de Cher-chell, l'ancienne *Julia-Cæsarea*, et à vingt-six lieues à l'est de Sitif, le *Sitifi* des anciens.

» Tacite nous à laissé une description très exacte de cette ville, qu'il représente comme bâtie sur un monticule de terre, et environnée de rochers et de forêts. Ménandre, cité par Josèphe, parle d'une ville de ce nom en Afrique, qu'il dit avoir été fondée par Ithobaal le Tyrien, quoique Bochart semble douter que les Phéniciens connussent l'intérieur de l'Afrique. Quoi qu'il en soit, si l'on peut admettre, sur une tradition citée par Procope, qu'un grand nombre de Cananéens s'enfuirent devant Josué, et se retirèrent dans la partie occidentale de l'Afrique, il ne serait pas étonnant que quelques-uns d'entre eux eussent choisi cette position, qui était d'ailleurs très propre à garantir la sûreté d'une colonie naissante. Le même motif pourrait bien aussi avoir dirigé les fondateurs de *Capsa*, de *Feriana*, et de quelques autres villes d'Afrique qui sont situées dans des lieux escarpés.

» A une lieue au sud de Gibel-Dira se trouve le Phoum-Djin-enne, c'est-à-dire la source de la rivière Djin-enne, qui, après avoir coulé, l'espace de dix lieues, à travers un pays sablonneux et sec, se perd dans le marais de Chot. La plupart des Arabes Gétuliens qui habitent le long de cette rivière sont des Zouôoiah, c'est-à-dire « les enfans des domestiques des marabouts, » origine qui, dans tous les États mahométans, procure de grands priviléges, et exempte de toutes taxes. Le tombeau du saint titulaire des Ouelled-Sidy-Isa, la tribu la plus au nord de ce district, est à cinq lieues de Sour-Goslan. D'un côté de ce tombeau on voit une grosse pierre sur laquelle Sidy-Isa faisait chaque jour ses prières, et de l'autre l'Ain-Kidran, source de naphte qu'ils disent leur avoir été accordée miraculeusement par leur premier père, et dont ils se servent pour oindre leurs chameaux, au lieu de goudron ordinaire. A six lieues plus loin se trouvent les Ouelled-Sidy-Hadjeras, qui prennent leur nom d'un autre marabout. Ici la Djin-enne change son nom en celui de Oued-el-Ham, c'est-à-dire la Rivière-du-Carnage, à cause du grand nombre de personnes qui y ont péri à différentes époques, en voulant la passer à gué. Un peu plus haut habite Sidy-Braham-Aslemmy et sa famille, qui s'étend jusqu'à Hermam, dachekra remarquable que l'on rencontre en allant à Bousaadah.

» Bousaadah est le nom de plusieurs dachekras dont les habitans subsistent en grande partie de leurs dattes. Ils campent sous le mont

Gibel-Seilat, à huit lieues à l'ouest de Sidy-Braham. Douze lieues plus loin, dans la même direction, on trouve les Theniate-el-Gannim, ou les Rochers-des-Brebis, que les Turcs appellent Ede-Tepelaar, c'est-à-dire les Sept-Collines. Elles sont situées vis-à-vis de Borgh-Souâary et des Titerie-Doche, mais à seize lieues et demie plus loin. Un peu au-delà des Sept-Collines sont les salines et les montagnes de Zaggos; après quoi on monte le Saary et le Zeckar, deux autres montagnes remarquables. La dernière est à douze lieues, et l'autre à cinq, au sud de Zaggos. Ces montagnes, et plusieurs autres qui sont dans le désert, expliquent ce que Strabon veut dire quand il parle du pays montagneux de la Gétulie.

» A six lieues à l'est du mont Zeckar est Fythe-el-Both-mah, ainsi nommé des grands térébinthes qui y croissent. A sept lieues de là, au nord, est Thyte-el-Botom, ou le Térébinthe-Touffu, probablement ainsi appelé par opposition aux autres. Ce sont ici les deux stations les plus fréquentées des Béni-Mezzab et autres Gétuliens lorsqu'ils vont à Alger.

» Les sources de l'Oued-el-Chai-er, ou la Rivière-d'Orge, qui est un ruisseau considérable de cette partie de la Gétulie, se trouvent à Herba, monceau de ruines situées à l'est de Fythe-el-Bothmah. Son cours, depuis Herba jusqu'au dachekra des Bouferdjoure, est de dix lieues au nord-nord-est. A une petite distance du territoire de cette tribu, et au-dessus d'une chaîne de collines, on remarque d'autres ruines antiques appelées Gahara. Cet endroit est renommé pour ses palmiers, ses abricotiers, ses figuiers et autres arbres.

» Au nord de Bouferdjoure, l'Oued-el-chaier prend le nom de Mailah, à cause de la salure de ses eaux ; puis coulant à l'est de l'Aïn-Difla ou Defaily, c'est-à-dire la source des Oléandres, et de la montagne de Maiherga, qui est infestée de Léopards, de serpens, et autres animaux dangereux, il se perd dans le marais de Chot.

» Gorma et Amoura, deux dachekras remarquables par la bonté de leurs sources et de leurs fruits, sont à six lieues au sud de Fythe-el-Bothmah. Au-delà, au sud-ouest, on trouve Aïn-Mathie, puis Dimmied, lesquels, avec les dachekras des Looüate, qui sont à neuf lieues plus à l'ouest, forment les villages les plus considérables de cette partie du désert. Tous possèdent un grand nombre de plantations de palmiers et d'autres arbres fruitiers.

» Les nombreuses tribus des Mathie, des

Noïle et des Mel-like, errent dans cette partie de la Gétulie, depuis Borgh-Souâary et la rivière Djin-enne jusqu'aux dachekras des Looûate, et des montagnes voisines des Ammer, autre tribu considérable qui s'étend fort avant à l'ouest dans un pays montagneux. En supposant, comme nous l'avons déjà fait, que ces montagnes soient une des ramifications du *Mons Phruræsus*, et que l'on puisse ensuite placer au-delà, à l'est, les Pharusiens, l'une des plus petites tribus des Gétuliens, dont le nom a assez d'analogie avec celui de la montagne, il sera facile de trouver la place des Looûate et des Ammer. Les Pharusiens, qui dans les tables de Ptolomée sont placés au nord des Mélanogétuliens ou du *Mons Sagapola*, ne sauraient être très éloignés de la position que nous avons indiquée.

» Le territoire des Béni-Mezzab est à trente-cinq lieues au sud des Looûate et des Ammer. On y compte plusieurs villages, dont les habitans, faute d'eau courante, font usage d'eau de puits. Gardeiah, le chef-lieu, est tout-à-fait à l'ouest, tandis que Berigan, qui, après Gardeiah, est le plus considérable des autres dachekras, se trouve à neuf lieues à l'est. Grarah est un autre de leurs établissemens. Les

Béni-Mezzab, quoiqu'ils ne paient point de tribut aux Algériens, sont les seuls indigènes qui, depuis un temps immémorial, soient employés dans les boucheries d'Alger. Mais comme ils sont de la secte des Melâki, on ne leur permet pas d'entrer dans les mosquées. Il existe une autre particularité à l'égard de cette tribu, c'est que ceux qui en font partie sont, en général, plus noirs que les Gétuliens qui habitent au nord, et sont vraisemblablement la branche la plus occidentale des Mélanogétuliens, comme j'aurai occasion de le prouver en parlant des Ourglah et des Ouadriag.

» Les Ouelled Ya-Goube, les Lerba, et les Seid-el-Graba, sont les Bédouins de ce district. »

CHAPITRE IX.

Description de la province de Constantina ou Constantine.

Cette province est bornée au nord par la Méditerranée; à l'est par la régence de Tunis; au sud par le Zab; et à l'ouest par celle d'Alger. Elle a environ quatre-vingt-quinze lieues dans sa plus grande longueur de l'est à l'ouest, et cinquante-huit lieues dans sa plus grande largeur du nord au sud.

« La côte de cette province, dit Shaw, depuis Dellys jusqu'à Bona, est montagneuse, et justifie pleinement l'épithète d'el-Adouah (la haute) que lui donne Abulféda.

» Dans l'intérieur, depuis la province d'Alger jusqu'à la régence de Tunis, sa surface est entrecoupée de collines et de plaines, et elle est moins bien arrosée que le Zab.

» Jai déjà parlé de la rivière Bouberak, qui forme la limite occidentale de cette province. A une lieue de cette rivière, on trouve, sur le bord de la mer, la ville de Dellys ou Teddeles, suivant Léon-l'Africain et quelques cartes marines. Elle est bâtie des ruines d'une grande ville, au pied d'une haute montagne, à l'exposition du nord-est. L'ancienne ville, qui paraît avoir été aussi grande que Temendfose, s'étend sur tout le côté nord-est de la montagne, au sommet de laquelle on voit, à l'ouest, une partie de l'ancien mur, et quelques autres ruines qui semblent indiquer l'existence d'un grand nombre d'antiquités. Dans une muraille au-dessus du port, on remarque une niche ornée d'une statue dans l'attitude d'une madone; mais la figure et la draperie sont mutilées.

» La rade, qui est petite et exposée aux vents du nord-est, n'est ni sûre ni commode. Il y a sur la côte, au sud-est, des vestiges d'une épaisse muraille qui s'avançait peut-être anciennement dans la mer, et formait un môle. Dellys, étant à douze lieues à l'est de Temendfose, doit être le *Rusucurium* des anciens, ville jadis considérable, comme on peut en juger par ce qui en reste, et par la multiplicité des routes qui, d'après l'Itinéraire d'Antonin, y aboutissaient. Toutefois, loin d'y avoir trouvé cette grande abondance d'eau dont parle Léon-l'Africain, je vis, au contraire, que les habitans se plaignaient d'en manquer.

A deux lieues au sud de Dellys, aussi sur le bord de la mer, on trouve le principal village des Chorffah, qui est peut-être l'*Iomnium* des anciens; comme Tacksibt, autre village appartenant aux Flesah, est le *Rusubeser* de Ptolomée.

» Quatre lieues plus loin, on voit le petit port de Zuf-Foune, appelé Mers-el-Fahm ou le Port au Charbon, à cause de la grande quantité de ce combustible que l'on y embarque pour Alger. Il y a, à une petite distance de la côte, quelques ruines qui pourraient être celles du *Ruzasus* des anciens.

» A trois lieues plus loin, est la rivière de Sidy-Hamet-ben-Yousef, et sur ses bords les dachekras des Késilah. A trois autres lieues plus loin, on arrive à Ache-oune-monkar, promontoire célèbre où s'élèvent quelques masures, et qui était peut-être le *Vabar* de Ptolomée. A cinq lieues au sud-est de ce cap, et non loin du continent, est une petite île pleine de rochers, et près de laquelle s'élève le Mettse-Coube ou le Rocher percé, nom qui correspond au *Treton* de Ptolomée; mais la situation n'est pas la même. Les prêtres espagnols, depuis plusieurs siècles établis à Alger, prétendent que Raymond Lulle, pendant le temps de sa mission en Afrique, se retirait souvent dans cette caverne pour y méditer.

» Près de Mettse-Coube est le port de Bougia,

le *Sardo* de Strabon, et qui est beaucoup plus grand que celui d'Oran ou d'Arziou. Il est formé par une langue de terre qui s'avance dans la mer, et dont la plus grande partie était autrefois revêtue en pierres de taille. Il y avait aussi un aquéduc destiné à conduire de l'eau douce dans le port. Mais le mur, l'aquéduc et les réservoirs où l'eau se rendait, sont aujourd'hui détruits. Le tombeau de Sidy-Bosgri, un des saints titulaires de Bougia, est la seule chose remarquable que l'on y voit encore.

» Boujéiah ou Bougia, comme les Européens l'écrivent, est bâti sur les ruines d'une grande ville, de la même manière et dans une position semblable à celle de Dellys, à cela près qu'il est trois fois plus grand. Une partie assez considérable de ses anciennes murailles sont encore debout; et, comme celles de Dellys, elles suivent les différentes sinuosités de la montagne sur laquelle se trouve la ville. Outre un château-fort qui la domine, il y en a deux autres dans la partie basse pour la défense du port. On voit encore sur les murs de l'un de ces châteaux les marques de quelques-uns des boulets de canon que Spragg, lors de son expédition, tira contre cette place.

» Bougiah a une garnison de trois compagnies

d'infanterie; ce qui n'empêche pas les Goriah, les Toujah et autres tribus de Kabyles du voisinage, de la tenir presque continuellement bloquée. Chaque jour de marché, ces tribus y apportent leurs denrées, et les choses se passent assez tranquillement tant qu'il dure; mais dès qu'il est fini, tout est bientôt sens dessus-dessous, et la journée s'écoule rarement sans désordres, et sans qu'il n'y ait eu quelques vols.

» Les habitans font un commerce assez considérable de socs de charrues, de bêches et autres instrumens aratoires, qu'ils forgent avec du fer provenant des mines environnantes. Ils achètent aussi des Kabyles une grande quantité d'huile et de cire, que l'on exporte en Europe et dans le Levant.

» Bougia, étant situé à quatre-vingt-onze milles romains (34 lieues) de Dellys ou *Rusucurium*, doit être l'ancienne *Saldæ*, que Ptolomée, ainsi que je l'ai déjà remarqué, place trop au sud. Toutefois, Abulféda, qui approche le plus de sa véritable position, puisqu'il ne la met que par 34° de latitude, la place encore à 4° 48' plus au sud que moi (1). Au reste, cette ville

---

(1) Sa véritable position est par 36° 42' de latitude nord, et 2° 50' de longitude est. (*Note du traducteur.*)

est la seule dans cette partie de la Barbarie dont Abulféda fasse mention; ce qui donne lieu de croire, ou qu'Alger n'existait pas de son temps, ou qu'il n'était pas fort considérable.

» La rivière de Bougia, que Ptolomée nomme *Nasava,* se jette dans la mer un peu à l'est de la ville. Elle est formée de plusieurs cours d'eau qui s'y réunissent dans différens endroits ; mais aucun d'eux ne sort du voisinage de Mesilah, comme l'ont avancé quelques géographes modernes. La *Phaamah,* qui prend le nom d'Oued-Ad-ouse, dans les plaines de Hamza, et est le plus occidental de ses affluens, prend sa source au Gibel-Dira, à trente-trois lieues à l'ouest-sud-ouest. Dans son cours le long du mont Djordjora, on lui donne le nom de Zooûah. Elle reçoit alors premièrement le Ma-berd ou le Courant-Froid, qui descend de cette montagne ; ensuite l'Oued-el-Mailah ou la Rivière-Salée, qui vient du Biban et de quelques autres montagnes des Béni-Abbess. Son autre affluent principal prend sa source au nord de Setif, d'où, s'éloignant ensuite beaucoup au sud-ouest, il quitte les plaines de Cassir-Attyre, et coule directement au nord; il porte jusque là le nom d'Oued-el-Bousellam.

Six lieues plus loin, les Adjebby lui donnent le leur. Enfin, après avoir coulé six autres lieues dans la même direction, il se jette dans l'Oued-Ad-ouse, sous le nom de Som-mam. Excepté les plaines de Hamza et de Setif, tout le pays qu'arrose la rivière de Bougia et ses affluens est entrecoupé de montagnes où se forment en hiver un grand nombre de torrens qui inondent les contrées environnantes, et occasionent beaucoup de dégâts. Au reste, on y pêche en abondance un poisson excellent, qui ressemble assez à notre barbot.

» A cinq lieues de la Nasava est l'embouchure de la Mansou-Riah, autre grande rivière qui sépare les districts des Béni-Isaah et des Béni-Maad. L'épithète de *cheddy*, ou singe, que les Béni-Maad donnèrent, il y a deux cents ans, au chef des Béni-Isaah, a été le motif d'une animosité et d'un état d'hostilité qui durent depuis cette époque entre les deux tribus. La plus grande partie du bois de charpente employé dans les chantiers d'Alger provient des forêts qu'arrose le Mansou-riah. Cette rivière, coulant immédiatement au-delà de la Nasava, doit être la *Sisaris* de Ptolomée.

» Zirt-al-Heile est une petite île située entre la Man-sou-riah et Djidjel. Vis-à-vis de cette lle est un petit port et un promontoire qui doivent être, l'un l'*Audus*, et l'autre le *Jasath* de Ptolomée.

« Djidjel, l'*Igilgili* des anciens, se trouve un peu au-delà du cap qui forme la limite orientale de la baie de Bougia. Il ne reste de cette ancienne ville que quelques misérables masures et un petit fort où les Turcs ont une garnison composée d'une compagnie d'infanterie. On ne me contestera probablement pas que Bougia et Djidjel ne soient la *Saldæ* et l'*Igilgili* des anciens, quoiqu'il soit assez difficile de faire concilier les treize lieues que l'on trouve entre ces deux villes, les deux degrés de Ptolomée, et les trente-huit lieues de l'Itinéraire d'Antonin. Ptolomée place aussi *Igilgili* à un demi-degré au sud de *Saldæ*, position qui est différente de celle de Djidjel, qui est à douze minutes plus au nord.

» Les Béni-Be-leit ont leurs dachekras entre Djidjel et Oued-el-Kébir ou la Grande-Rivière, qui tombe dans la mer à sept lieues à l'est, à un peu plus de moitié chemin entre Djidjel et Coll. Comme la Nasava, elle est formée de divers bras. Le premier, nommé Oued-el-Dsahab ou la Rivière-d'Or, vient de Kas-baite, amas de ruines situé à vingt-quatre lieues au sud-ouest. Le second est le ruisseau de Djemmilah, qui suit à peu près la même direction que l'Oued-el-Dsahab, dont le cours est de seize lieues et demie. Les autres sont l'Oued-el-Ham-mam, qui coule à huit lieues à l'ouest de Constantine, et le Sigan, à six lieues au sud-ouest de Physgeah. L'Oued-el-Ham-mam, le Sigan, et quelques rivières moins considérables qui prennent leurs sources dans le Gibel-Oâsgar, forment à leur jonction l'Oued-el-Rommel ou Rommalah, c'est-à-dire la Rivière-Sablonneuse, et les deux autres bras avec les ruisseaux qui s'y jettent, le Bou-marzouke, ainsi nommé d'un marabout près du tombeau duquel il passe. A environ cent toises de Constantine, le Rommel se joint au Bou-marouke, qui prennent alors le nom de Sof-Djim-mar, ou conservent celui de Rommel; le dernier est même plus usité. Cette rivière reçoit ensuite le Boudjer-aat, l'Ain-el-Fouah, et les sources de Redjas; puis, laissant la ville de Milah à quelque distance à l'ouest, elle se joint aux deux bras dont j'ai parlé plus haut. La Saf-Djimmar, le Rommel ou la rivière de Constantine, comme les Arabes l'appellent indifféremment, peut fort bien être l'ancienne *Ampsaga* qui passait sous les murs de *Cirta*, et se jetait dans la mer entre Sgilgili et Coll. Les géographes modernes font tomber l'*Ampsaga* dans le golfe de Coll; mais cette assertion n'est pas exacte, puisqu'elle ne se jette dans la mer qu'à six lieues plus à l'ouest. Il y a beaucoup d'analogie entre le nom actuel de cette rivière et l'étymologie que Bochart donne du mot *Ampsaga*.

» Le Mers-el-Zeitoune ou le Port des Olives est un peu à l'est de l'Oued-el-Kébir. C'est dans son voisinage qu'il faut placer le *Paccianæ-Mattidiæ* de l'Itinéraire d'Antonin, et l'*Asisarat* de Ptolomée. Ce pays est aujourd'hui habité par les Béni-Meseline.

» Immédiatement après le Mers-el-Zeitoune, on passe près des Sebba-Rous ou les Sept-Caps, appelés aussi Bugiarone dans nos cartes modernes. Tous ces caps, qui sont élevés, s'étendent, avec leurs baies étroites et dangereuses, jusqu'à Coll.

» La Zhoure se jette dans la mer entre ces caps, et c'est ici que commence le *Sinus Numidicus*. Cette rivière prend sa source dans les montagnes de Béni-Ouelbaan, à quelques lieues au nord de Constantine. Comme elle coule à travers un pays montagneux, elle reçoit un grand nombre de ruisseaux qui contribuent à la rendre considérable. Ses bords sont habités par les Ouelled-Attyah et les Béni-Friganah, deux tribus nombreuses qui ne demeurent pas, comme les autres Kabyles, dans de petites chaumières, mais dans les excavations des rochers. Lorsqu'ils aperçoivent quelque bâtiment en danger, ces barbares sortent de leurs repaires, vomissent mille injures contre l'équipage, et prient Dieu qu'il le fasse périr. De là provient peut-être le nom de Bugiarone que les géographes italiens ont donné à ces caps.

» Le *Tritum* de Strabon et le *Metagonium* de Pomponius Mela correspondent parfaitement à ces promontoires. Strabon place son *Metagonium* à trois mille stades (138 lieues) de Carthagène en Espagne, distance qui se rapporte plus aux Sept-Caps qu'au Ras-el-Harche-fa.

» Coll, le *Collops-Magnus* ou *Colla* des anciens, est situé sous le plus oriental des Sept-Caps, à sept lieues de l'Oued-el-Kébir. Comme Djidjit, c'est une chétive petite ville où il n'existe plus d'antiquités. Son port, qui est de même forme, quoiqu'un peu plus grand que celui de Dellys, lui a peut-être donné son nom.

A son extrémité méridionale se jette la rivière Ze-Amah, dont la source n'est pas fort éloignée. Il y a encore quelques autres petits caps qui séparent les golfes de Coll et de Sgigata : l'un d'eux doit être le *Tretum* de Ptolomée.

» Sgigata, l'ancienne *Rusicada*, appelée aussi Stora par les modernes, est une ville plus grande que Coll, et qui renferme quelques antiquités, entre autres des citernes, dont on a fait des fosses à blé. L'auteur de l'Itinéraire d'Antonin a mis vingt-cinq lieues entre ces deux villes, ce qui est plus d'une fois et demie la distance véritable. Le ruisseau qui arrose la dernière est vraisemblablement le *Tapsas* de Sequester.

» Après avoir passé le port de Gavetto, on arrive au Ras-Hadid, nommé avec raison dans les cartes modernes Cap-Ferro, ou Promontoire-de-Fer. C'est un rocher escarpé et blanchâtre, à douze lieues à l'est de Sibba-Rous, et qui forme l'extrémité orientale du golfe de Stora, le *Sinus Numidicus* des anciens.

» A quatre lieues du Ras-el-Hamrah, se trouve, dans un pays fertile, le village de Tockoche, la *Tacatua* de l'Itinéraire d'Antonin, et la *Taccacia* du président de Thou. Il renferme une petite baie sablonneuse et une petite île.

Mais à l'est, jusqu'au Ras-el-Hamrah, la côte est parsemée de rochers et de précipices, parmi lesquels on distingue le petit port de Tagodeite, le *Sulluco*, ou *Collops Parvus* des anciens.

» Les Ras-el-Hamrah ou le Cap-Rouge, ordinairement appelé dans nos cartes Mana, doit être le *Hippi promontorium* de Ptolomée. C'est une langue de terre très remarquable, avec les ruines de deux édifices. A deux lieues au sud-est, est le Mers-el-Berber, appelé par les Européens le Port-Génois, où les Maltais et les autres corsaires italiens étaient dans l'habitude de se mettre en embuscade pour surprendre les Algériens, avant que ceux-ci y eussent bâti un fort. Le *Stoborum promontorium* de Ptolomée correspond à la pointe méridionale de cette rade.

» A une lieue trois quarts plus loin, sur le sommet d'une colline, les Algériens ont un château-fort, avec une garnison de trois compagnies d'infanterie.

» Sur le penchant de cette colline, au sud-est, s'élève la ville de Bona, appelée par les Maures Blaid-el-Aneb ou la ville des Jujubes, de la grande quantité de ce fruit que l'on recueille dans les environs. Bona est probablement une corruption du mot *Hippo* ou *Hip-*

pona, quoique ce ne soit pas positivement ici qu'il faut chercher cette ancienne ville, mais bien au milieu d'un vaste amas de ruines qui en est à une demi-lieue au sud. Léon-l'Africain nous apprend que Blaid-el-Aneb a été édifié de ces ruines; et si l'on en excepte deux ou trois rues bâties à la romaine avec des chaussées, il n'y existe rien qui ne paraisse être l'ouvrage des mahométans. Ainsi, la ville de Bona, telle qu'elle est aujourd'hui, serait plutôt l'*Aphrodisium* de Ptolomée, qu'il place à quinze minutes au nord d'*Hippo*; et le mot *Colonia* appartiendrait alors à la ville de *Hippona*, suivant la remarque de Cellarius.

» A l'est de Bona est une grande rade. Il y avait aussi autrefois sous ses murs, au sud, un petit port assez commode, mais qui se trouve aujourd'hui presque comblé par la quantité considérable de lest que les bâtimens y ont jeté. On a également négligé de nettoyer la rade, qui a fini ainsi par n'être pas sûre. Malgré ces inconvéniens, on n'en exporte pas moins beaucoup de blé, de laine, de cuirs, de cire, etc.; et il serait facile d'en faire le port le plus florissant de la Barbarie. On pourrait aussi rendre la ville elle-même très agréable en y conduisant de l'eau douce, et en relevant ses ruines. Abulféda en fait la ville frontière de son *Afrikeu*, en quoi il ne s'accorde pas avec Pomponius Mela et Ptolomée, qui placent les limites de cette province à vingt-neuf lieues plus à l'ouest. Pline et Solin les mettent à la même distance à l'est.

» Entre Blaid-el-Aneb et *Hippo* s'étend une vaste plaine marécageuse qui paraît avoir été abandonnée par la mer, et qui formait peut-être jadis le port d'*Hippo*. La rivière Bou-djemah, que l'on passe sur un pont romain, coule le long de ce marais. Elle se compose de la réunion de l'Oued-el-Daab, et de plusieurs autres ruisseaux qui descendent de l'Édough et de quelques autres montagnes, et inonde souvent ses bords. La grande quantité de racines et de troncs d'arbres que charrient ces différens cours d'eau peuvent avoir contribué à former la plaine ci-dessus.

» La rivière de Sei-Bouse, l'ancienne *Armua*, qui, comme la Bou-Djimah, se jette dans la mer près de Bona, charrie comme elle beaucoup de bois. La position basse de ce district, et les inondations auxquelles il est sujet, justifient l'étymologie que Bochart donne du nom d'*Hippo*.

» Les ruines de l'ancienne *Hippo* gisent sur la langue de terre qui se trouve entre ces deux rivières. Elles ne consistent plus aujourd'hui qu'en quelques pans de murailles et en quelques citernes disséminées sur une surface d'une demi-lieue de circuit. Les Maures montrent dans le voisinage l'emplacement et les débris du couvent de Saint-Augustin, qui fut évêque d'*Hippo*. On l'appelait *Hippo - Regius*, non seulement pour la distinguer d'*Hippo-Zaritus*, mais aussi parce qu'elle était anciennement une des villes royales de Numidie. Sicilius Italicus nous apprend qu'elle était une de leurs résidences favorites. En effet, si une ville de guerre, forte et commodément située, tant sous le rapport du commerce que sous celui de la chasse et des autres amusemens; jouissant d'un climat sain, de la vue de la mer et d'un port spacieux; environnée de plaines bien arrosées, et de montagnes couvertes d'arbres, était de nature à fixer l'attention des rois numides, *Hippo* possédait tous ces avantages (1).

(1) La guerre de la révolution ayant interrompu nos relations avec Bona, les Anglais en ont obtenu la cession en 1805; mais jusqu'à présent ils ne s'y sont pas encore établis. On y fabrique, dit-on, une grande quantité d'étoffes de laine appelées *constantines*, de manteaux ou bournouses, des tapis, des selles, etc. L'ancienne compagnie d'Afrique a exporté en une seule année, par ce port, 10,000

» La rivière Sei-bouse, qui baigne les murs d'Hippo, est de la largeur de la Bouberak. Elle prend sa source à deux lieues trois quarts de Temlouke, se dirige au nord, puis à l'est, et une seconde fois au nord; après quoi elle se jette dans la mer. Elle prend dans la première partie de son cours le nom d'Oued-el-Serff, ensuite celui de Ze-nati, et enfin celui de Sei-bouse qu'elle conserve jusqu'à son embouchure. Elle reçoit successivement l'Alliga, un peu à l'est de Hammam-Meskoutin, les Sebba-Aioune ou les Sept-Fontaines, l'Ain-Milfah ou la Fontaine du Drap, l'Hammah et l'Oued-el-mailah.

» A quatre lieues au-delà, est l'embouchure de la Ma-fragg, qui est un peu moins considérable que la Sei-bouse, et prend sa source dans les montagnes au sud de Merdass. Ces rivières, qui sont les deux plus importantes qui se trouvent entre Bona et Tabarca, correspondent à l'*Armiu* et au *Rubricatus* des anciens. M. de Thou s'est trompé sur le cours de cette der-

---

quintaux de laine et 5,000 de cire, 50,000 peaux de bœufs, et 100,000 boisseaux de blé. On évalue sa population actuelle à 8,000 individus. Il est à 33 lieues nord-nord-est de Constantine, par 36° 52' de latitude nord, et 5° 25' de longitude est.   (*Note du traducteur.*)

nière, qu'il fait se jeter dans le golfe de Carthage, au-dessus du promontoire d'Apollon.

» En doublant le cap Rosa, à cinq lieues au
nord-est de la Ma-fragg, on arrive au Bastion,
petite baie où l'on voit les ruines d'un fort qui
lui a vraisemblablement donné son nom.
C'était anciennement un comptoir de la compagnie française d'Afrique, qui fut obligée de
l'abandonner et de le transférer à la Calle, à
cause de son insalubrité occasionée par les
étangs et les marais d'alentour. La Calle, qui
est située dans une autre petite baie, à trois
lieues plus loin à l'est, est une factorerie appartenant à cette compagnie, qui y possède
un bel établissement protégé par de l'artillerie
et une compagnie d'infanterie, et y entretient
trois cents pêcheurs de corail (1). Outre cette
pêche, elle fait aussi exclusivement le commerce de blé, de la laine, des cuirs et de la
cire dans les villes de Bona, de Tockoche, de

(1) La Calle est une petite place forte bâtie sur un rocher, et environnée de trois côtés par la mer. La France
en ayant perdu la possession durant la dernière guerre, les
Anglais ont vainement cherché à se l'approprier moyennant
le paiement annuel au dey d'Alger, d'une somme de
275,000 francs. On y compte environ 400 habitans. Elle
est à 120 lieues est d'Alger. (*Note du traducteur.*)

Sgigata et de Coll ; elle paie annuellement pour ce privilége, au gouvernement d'Alger, au kaïde de Bona, et aux chefs arabes du voisinage, trente mille écus. Je pense que le Bastion et la Calle sont trop rapprochés l'un de l'autre pour être la *Diana* et le *Nalpotes* de l'Itinéraire d'Antonin.

» L'Oued-el-erg, ruisseau qui sort du lac des Nadies, est à cinq lieues à l'est de la Calle. Il a été pendant quelques années la limite entre les régences d'Alger et de Tunis, et a donné lieu à de fréquentes discussions entre ces deux États. Toutefois, comme le territoire qui est entre l'Oued-el-erg et la Zaine (laquelle est à quatre lieues plus à l'est) est souvent mis à contribution par les Algériens, c'est là que j'ai cru devoir fixer la frontière d'Alger.

» Zaine, qui est le nom moderne de l'ancienne *Tusca*, signifie, dans la langue des Kabyles du voisinage, un chêne, mot qui approche de la signification de *Tabraca*. Léon l'Africain, et d'autres après lui, appellent cette rivière Guadilbarbar, et lui font prendre sa source près de la ville d'Urbs, qui en est fort éloignée au sud ; mais elle ne porte point aujourd'hui de nom qui ait quelque analogie avec celui-là; et, d'un autre côté, elle a sa source dans les montagnes du voisinage. Les ruines de l'ancienne *Tabraca,* nommée aujourdhui Tabarca, s'étendent sur sa rive gauche; elles consistent principalement en des pans de murailles et des citernes. Il y a aussi un petit fort avec une garnison tunisienne.

» Les habitans de la partie maritime de la Numidie sont les Béni-be-lit, qui habitent les bords de la Zimah. Après eux viennent les Zerammah, les Taabrah et les Béni-Minnah, qui, avec les Aadjaitah et les Senhadgah, les Bédouins de Porto-Gavetta et de Ras-Hadid, sont les tribus les plus considérables du golfe de Stora. Mais les montagnes, depuis Tockoche jusqu'à Bona, ainsi que les plaines qui s'étendent d'ici à la Ma-fragg, sont cultivées par les habitans de Bona. Les Merdass, qui ont possédé ce pays depuis le temps de Léon-l'Africain, sont les Bédouins du pays situé entre le Ma-fragg et les forêts en-deçà du bastion. Les Mazoulah sont au-delà; leur territoire, qui est marécageux et malsain, s'étend jusqu'aux Nadies. Ceux-ci sont une tribu de voleurs, comme le sont presque tous ceux qui habitent les frontières. Quelques-uns d'entre eux paient tribut aux Tunisiens; ils occupent tout le pays compris depuis l'Oued-el-erg jusqu'aux montagnes de Tabarca.

» La contrée montagneuse comprise entre la Zhoure et la Sei-bòuse n'est pas fort étendue, et ne se prolonge guère à plus de six lieues dans l'intérieur. Les habitans des districts de Tokoche et de Bona sont tributaires des Algériens ; mais ceux de Sgigąta et de Coll ne veulent point reconnaître leur autorité. Le pays au-dessous de Tokoche, le long des camps des Hareichah, des Grarah et autres Bédouins, jusqu'à Constantine, est entrecoupé de collines et de plaines. Au-delà de ce parallèle, il y a une chaîne de montagnes que je crois être le *Thambes-Mons* de Ptolomée ; elles s'étendent jusqu'à Tabarca. En arrière, on trouve de vastes plaines arables et de nombreux pâturages, qui se prolongent jusqu'au désert, et s'y terminent, ainsi que la Mauritanie de Sitife, à une chaîne de montagnes qui sont probablement le *Mampsarus* des anciens. Une partie de l'*Africa-propria* de Pomponius Méla et de Ptolomée, la *Numidia-Massylorum* et la *Metagenitis-Terra* font partie de cette province.

» Le Sebôe, district plat, fertile et entouré de montagnes, est au sud-est de Dellys. Les Turcs ont ici un château-fort, avec une petite garnison destinée à arrêter les incursions des Zouôouah. C'est dans ce district qu'habitaient probablement les anciens *Mucones.*

» Les Zouôouah, qui sont les plus nombreux et les plus riches Kabyles de cette province, habitent des montagnes inaccessibles, à l'est de Sebôe. Ils occupent plusieurs dachekras, entre autres Djemmah-at-Saritche ou l'Église de la Citerne, qui renferme le tombeau de Sidy-Hamet-ben-Druse. Il y existe aussi un collége, doté d'un fonds pour l'entretien de cinq cents thalebs ; mais Kou-Kou, où leur cheik réside, est le plus important de leurs villages. Bouri-Nen, haute montagne qui se termine en pointe, est à quelques lieues au sud-sud-ouest de Kou-Kou. Les Turcs y bâtirent, il y a quelques années, un petit fort destiné à tenir les Irouoouah dans l'obéissance ; mais ils furent obligés de l'abandonner peu de temps après.

» A l'est des Irouoouah, et au-dessous des Kesilah, sont les Béni-Grohberry. Viennent ensuite les Aite-Ammer, et puis les Béni-Idel, les Mezzaiah et autres tribus dont j'ai déjà parlé. Chez les Béni-Grohberry, au nord de leur Gibel-Afroune, on voit les ruines d'une ville romaine appelée aujourd'hui Cassir ou le Château ; et sur la montagne de Toujah des tuyaux de plomb, qui servaient vraisemblablement autrefois à conduire l'eau de cette montagne à Salda, où il y en a d'excellente. Les *Mucones* s'étendaient, selon toutes les probabilités, jusqu'ici.

« Après avoir passé l'Oued-ad-Ouse ou le Zououah, qui coule ici parallèlement à la côte, on trouve les Ouelled-Mansoure, qui habitent immédiatement au-dessous du mont Djordjora, au sud-ouest des Zouôouah. A l'est de ceux-ci sont les Béni-Han-Doune et quelques autres petites tribus qui sont protégées par les Béni-Abbess.

» Au sud des Ouelled-Mansoure et des Béni-Han-Doune, est le Dra-el-Hammar ou le Rocher-Rouge, où réside Bou-Zeide, cheik des Béni-Abbess. Ces derniers Kabyles sont presque aussi puissans que les Zouôouah, et peuvent, dit-on, mettre en campagne trois mille fantassins et quinze cents chevaux. Ils habitent un grand nombre de dachekras, et on fabrique à Callah, leur chef-lieu, de bonnes armes à feu, des haïkes et des bournouses. Cependant on ne les croit pas très riches ; du moins ne paraissent-ils pas jouir du même degré de bien-être que les Zouôouah. Ils ne vivent pas non plus dans la même sécurité que ces derniers, par la raison qu'ils se trouvent précisément sur la grande route de Constantine, et par là exposés à être souvent mis à contribution par les Algériens. Ils ont plusieurs fois essayé de s'y soustraire, mais toujours en vain. Chaque tentative a été pour leurs oppresseurs un nouveau motif pour les accabler d'impôts.

» Entre les montagnes des Béni-Abbess, à quatre lieues au sud-est des Ouelled-Mansoure, passe un défilé très étroit, qui pendant l'espace d'environ quatre cents toises est bordé de côté et d'autre de rochers très escarpés. A chaque angle, le rocher, qui originairement traversait la route, et séparait chaque vallée, est coupé en forme de portes de la largeur de six à sept pieds. C'est aussi le nom que leur donnent les Arabes, qui les appellent *Biban;* les Turcs les nomment Dammer Cappy ou Portes de Fer.

» Ce défilé imprime une certaine terreur, et il serait aisé à une poignée d'hommes déterminés d'y arrêter une nombreuse armée. Un ruisseau d'eau salée qui coule dans la vallée aura peut-être, dans le principe, fait découvrir ce passage, que l'on a ensuite élargi artificiellement.

» A deux lieues au sud-sud-est est l'Accaba

ou la Montée, autre passage dangereux, mais qui est tout l'opposé de celui de Bibàn ; car ici le chemin est élevé et étroit, bordé des deux côtés de vallées profondes et de précipices affreux ; de sorte que le moindre faux-pas devient fatal. C'est cependant la grande route d'Alger, vers la partie orientale de la régence, et on le préfère ordinairement à un autre qui est un peu plus droit, et à celui d'Ouannougah, parce qu'il est plus court.

» Ouan-nougah ou Ouan-nou-gah, qui est une ramification du mont Atlas, et est habité par les Ouelled-Boubéide et les Belil, est une chaîne de montagnes moins escarpées et beaucoup mieux arrosées que celles des Béni-Abbess. Elles s'élèvent au sud-ouest du défilé des Biban, et sont bornées d'un côté par les plaines de Hamza, et de l'autre par celles de Madjana.

» Les Gorgoure, tribu puissante, sont à cinq lieues à l'est des Béni-Abbess, et habitent les bords de la rivière des Ouelled-Yebby. Au-dessus d'eux, on trouve les Mesettan et les Béni-Selim ; et plus loin les montagnes de Nuny et de Taffaat, cultivées par les Ouelled-Nebbs et les Chouke. Les Rahamah et leur haute montagne conique sont à l'ouest de

Taffaat. Les Béni-Ouortelau occupent aussi une montagne au nord de Saltoure, dachekras considérable des Béni-Abbess. A deux ou trois lieues à l'est-sud-est des Béni-Ouortelan sont les Béni-Yalah, de la même famille que ceux du mont Djordjora ; et à deux autres lieues au sud-est on trouve la ville de Zam-morah, bâtie vis-à-vis du tombeau de Sidy-Embarak-Esmati. Les Turcs y ont une petite garnison. Le mot Zam-morah signifie olive dans la langue des Kabyles. Bunon et d'autres géographes se sont trompés en prenant cette ville pour l'ancienne Zama. Le pays montagneux finit à Zam-morah, et on entre ensuite dans les plaines de Sudératah, qui sont sous le parallèle de Setif.

» Au-dessus des Béni-Bou-mas-oude habitent les Emôlah et les Otchore, deux grandes tribus voisines des Ouelled-Adjebby. Ceux-ci sont à l'opposite des Gorgoure, à peu près à moitié chemin entre Bougia et Setif. Leur territoire renferme le sanctuaire de leur marabout Sidy-Isah-ben-Hobile, et les ruines d'une ville ancienne, qui était probablement *Sava unicipium*.

» Trois lieues au sud des Ouelled-Adjebby, est la haute montagne de Mégrose, au bas de laquelle gisent quelques ruines antiques. Le *Horrea* de l'Itinéraire d'Antonin est placé dans cette position.

» Les Téflise et leur district rocailleux sont à une lieue trois quarts à l'est. A la même distance, et dans la même direction, s'élève la fertile montagne de Baboure, d'où l'on découvre une longue chaîne de collines qui commencent au golfe de Bougia. Cette montagne est cultivée par les Ammer, qui sont, à proprement parler, les Arabes de Setif. Il y existe dans plusieurs endroits des vestiges d'ouvrages romains.

» A deux lieues et demie au sud de Baboure, et un peu plus au nord-est de Setif, se trouve Kas-Baite ou Gasbaite, ancienne ville romaine, située sur une colline, au milieu de plusieurs autres. L'Oued-el-Dsaab ou Rivière-d'Or sort du milieu de ces ruines, et, serpentant ensuite dans la riche vallée des Ouelled-Abdel-Halk, fait tourner un grand nombre de Moulins, spectacle assez rare dans ce pays. Parmi ces ruines on remarque un fragment du portique d'un petit temple, qui était peut-être dédié à quelques-unes des impératrices romaines.

» Sur le sommet de la même montagne, et du côté du sud, se trouvent plusieurs monumens et inscriptions sépulcrales. Ces monumens sont ornés de bas-reliefs représentant des gens occupés à rendre des honneurs funèbres. Les inscriptions sont au-dessous des bas-reliefs; en voici que j'ai copiées :

D. M. S.
Aelia Saturni
na Pia VIX. XI. H. S.
C. Iulius Proculus V. A.
Flavia Dailua Coniux V. A.
D. M. S.
I. Flavius Saturnius.
Filiabus I. Generis
Fecit.

» Kas-Baite, vu sa distance et sa position par rapport à Sitifi et Igilgili, doit être le *Satafi* des anciens, comme Baboure doit être leur *Basilica*.

» A quatre lieues au nord-est de Kas-baite est la ville de Djim-milah, l'ancienne *Gemella*, située dans un pays entrecoupé de montagnes et de vallées. On y trouve de beaux restes d'antiquités, particulièrement les fragmens d'une des portes de la ville, et partie d'un amphithéâtre.

» L'Oued-el-Dsahab, après s'être réunie à la rivière de Djim-mi-lah, sépare les camps des Tol-hah de ceux des Béni-Mérouan ; et, séparant ensuite le territoire des Béni-Silione et des Fraidah, elle laisse les Béni-Omran et les Ourarr très à l'ouest. Toutes ces tribus sont considérables. La dernière est placée précisément sur la grande route de Milah à Djidjel.

» La ville de Milah, le *Milevum* ou *Milieu* des anciens, à cinq lieues au nord-Ouest de Constantine, et à onze au sud-est de Djidjel, est bâtie de la même manière et dans la même position que Djim-Milah. Elle est environnée de beaux jardins, et tout son territoire est bien arrosé. Il y a une source au milieu de la ville, dont l'eau tombe dans un grand bassin carré, d'architecture romaine. Cet endroit fournit la ville de Constantine de légumes et de fruits. Il produit entre autres de très belles grenades d'une grosseur extraordinaire, qui ont à la fois un goût doux et acide, et qui sont fort estimées dans tout le pays. Léon-l'Africain et Marmol parlent de la bonté de ce fruit, dont ils font dériver le nom de Milah.

» Trois lieues au-dessus de Milah, au sud-sud-ouest, sont les ruines de *Deik* ou Medeik-Bou-essah, autre ancienne ville romaine sur la limite du territoire des Certésiens. Il y existe plusieurs petites cellules de différentes constructions, taillées dans le roc, et une source d'eau excellente nommée Ain-el-Fouah, de la grande quantité de garance qui croît dans les environs. Les Ergh-ache, le Soua-gah et les Béni-ache-oure, habitent le territoire situé entre Milah et Deih. Au sud-est on trouve le Gibel-Ousger, longue chaîne de montagnes qui s'étend jusqu'à Constantine. Les anciens *Chitues* occupaient probablement le pays que je viens de décrire, entre Bougia et Milah.

» Tels sont les lieux et les tribus les plus remarquables du district montagneux de la Mauritanie de Sitife, vers la mer. Nous allons maintenant parcourir un pays plus uni. A cet effet, tournant à l'ouest, nous traverserons d'abord les plaines de Madjana, couvertes au nord par le Dra-el-Ham-mar, et à l'ouest par les montagnes d'Ouanougah. Ces plaines sont aussi étendues que fertiles; mais la grande quantité d'eaux croupissantes (doù elles tirent vraisemblablement leur nom) qui s'y amassent après la saison des pluies, et qui se corrompent ensuite au printemps, y occasionent des fièvres endémiques d'une nature dangereuse. On rencontre dans ces plaines différens espaces couverts de ruines, dont les Turcs ont tiré les matériaux pour bâtir un château et un fort, où ils ont une garnison, qui est chargée de surveiller les mouvemens des Béni-Abbess, et des autres Kabyles et Arabes, leurs tributaires.

» Le territoire de Sod-ratah confine aux plaines de Ma-djanah à l'est, et aux nord aux montagnes de Zammorah. Ce pays n'est ni aussi plat ni fertile que les plaines dont il vient d'être question, et n'offre de remarquable que le sanctuaire de Sidy-Embarak-Es-mati, marabout renommé pour sa sainteté. Ce lieu, dont nous aurons quelquefois occasion de parler par la suite, est à trois lieues à l'est-sud-est de Borgh-Ma-djana, et à sept lieues à l'ouest-sud-ouest de Setif. Les Salampsiens et les Malchubrins, dont il a été question précédemment, s'étendaient, selon toute probabilité, à l'est, non seulement jusqu'ici, mais même jusqu'à Mésulah, et aux plaines d'el-Hothnah au sud.

» Après les Sod-ratah, on trouve les Ammer, qui campent le long des bords de la Kobber-At-liah et de la Bousellam, fort au-delà de Setif. Cette tribu est puissante, mais d'une démoralisation telle, que les hommes prostituent ouvertement leurs femmes et leurs filles.

» Il existe dans ce district diverses ruines,

dont aucune, toutefois, ne mérite d'être mentionnée, excepté celles de Setif, la *Sitipha* ou *Sitifi* des anciens, et la métropole de cette partie de la Mauritanie. Cette ville pouvait avoir anciennement une lieue de circuit, et était bâtie sur une éminence exposée au sud. Les Arabes l'ont détruite de fond en comble, et l'on n'y trouve plus ni murailles, ni citernes, ni colonnes antiques; le petit nombre de maisons que l'on y voit encore sont visiblement l'ouvrage de ses habitans actuels. Il existe au centre plusieurs sources très agréables, et dont les eaux étaient vraisemblablement distribuées jadis avec beaucoup d'art.

» Au sud des Ammer sont les douares des Raigah, qui habitent les plaines de Cassir-Attyre, et s'étendent depuis les montagnes des Béni-Boutaleb jusqu'à Gibel-Yousef. Ces Arabes, favorisés par la nature de leur territoire, qui est arrosé par les ruisseaux de Kobber-attiah, de Beidah, de Berbess et autres, et renfermé d'excellens pâturages et de bonnes prairies, élèvent beaucoup de bétail. Le *Sitlaphionpedlon*, ou la Campagne de Sitlafe de Ptolomée, pourrait bien avoir été ici.

Les el-Elmah, que l'on trouve après les Raigah, ont au nord les Béni-Merouan, et au sud les Ouelled-Abd-nore. On voit quelques ruines dans ce district. Entre autres lieux remarquables, sont la montagne et le tombeau de Sidy-Braham, à quelques lieues au sud de Hadjar-el-Ham-mar où la Pierre-Rouge, à moitié chemin de Constantine. Il y a à Hadjar-el-Ham-mar un ruisseau, et un sanctuaire fameux autour duquel les Zouôouiah habitent dans des matamores. Entre ce lieu et Mosteouah, montagne escarpée des Ouelled-Abd-nore, sont les montagnes de Tenou-teite, d'El-mai-chairah et de Tamagzah, ainsi que les sources d'el Ain-el-Kibche ou la Source des Brebis, et celle de Chibkah-el-Bazar, qui en est un peu au nord. Tous les ruisseaux de ce territoire tombent dans la Chibkah, et occasionent de fréquentes inondations, qui rendent une grande partie du pays environnant fort malsain et peu peuplé. Ce pays, avec celui des Ammer, des Raigah et autres tribus de ce district, paraît avoir été habité anciennement par les Cédamusiens; tandis que les anciens Duces occupaient les camps actuels des Ouelled-Eisa, des Ziganiah, et des autres tribus qui fréquentent les bords du Rommel et du Boumarzouke.

» A quelques lieues à l'est des Hadjar-el-Ham-mar sont les douares des Ouelled-Eisah qui se mêlent souvent aux Ouelled-Elmah et aux Ouelled-Abde-nore. Ils habitent cependant plus particulièrement dans le voisinage du Gibel-Agrise, sur les bords de l'Oued-el-Hamman, qui est un bras du Rommel, et dont j'ai déjà parlé. Au pied du Gibel-Agrise sont les sources qui ont donné le nom à la rivière. On y trouve aussi les ruines d'une petite ville.

» Les Ouelled-Araimah possèdent le voisinage du Gibel-Filtaan, au sud-est des Ouelled-Eisah. Près des sources de la rivière Sigan, à l'ouest-sud-ouest des Ouelled-Araimah, et au sud des Ouelled-Eisah, sont les camps nombreux des Ouelled-Abde-nore, tribu considérable et turbulente, qui possède beaucoup de terres labourables, outre la Moteouah et autres montagnes inaccessibles qui sont au sud Il existe dans ce district un grand nombre de ruines, dont les plus remarquables sont celles de Taggah et de Zainah, villes situées, à quatre cent cinquante toises environ l'une de l'autre, dans un pays ouvert et fertile, au-dessous du Gibel-Mosteouah. On parle rarement de ces deux villes séparément ; les Arabes, à cause de leur voisinage, les comprennent toutes deux sous le nom de Tagou-Zainah. Elles sont séparées par un petit ruisseau. A Zainah on voit les débris d'un arc de triomphe, soutenu par deux colonnes d'ordre corinthien.

» A cinq lieues à l'est de Tagou-Zainah, près du Gibel-Auress, au nord, se trouve un tombeau assez beau, situé entre deux éminences, et que l'on appelle Medrachem, ou Mail-Cachem, c'est-à-dire le Trésor de Cachem. Il a à peu près la même forme que celui de Kobber-Romiah ; seulement il est plus grand, et la base de sa corniche est soutenue par des pilastres d'ordre toscan. Les Arabes, qui s'imaginent que ce tombeau renferme d'immenses trésors, l'ont ouvert avec aussi peu de succès que celui de Kobber-Romiah.

» Le district où s'élève ce mausolée porte le nom d'Ali-Yac-coute, probablement du nom de l'Ain-Yac-coute, c'est-à-dire la Fontaine du Diamant, qui se trouve au milieu. Il y a plusieurs vestiges de chaussées et d'autres ruines romaines, parmi lesquelles celle d'Om-oley-Sinaab, situées à un peu plus d'une lieue à l'ouest de Medrachem, sur la route de Tagou-Zainah, sont les plus remarquables.

» Tattobt, qui est sur les bords de l'Ain-Yaccoute au nord-est, à quatre lieues d'Om-Oley-Sinaab, et à huit lieues au sud-sud-ouest de Constantine, était anciennement une ville considérable, mais qui est aujourd'hui totalement en ruine. Hassan, le bey actuel de cette province, y découvrit il y a quelque temps plusieurs colonnes de beau granit, parfaitement intactes, et toutes de dimensions égales. Elles ont douze pieds de haut, et sont le principal ornement de la nouvelle mosquée que ce bey a fait bâtir à Constantine. Tattobt, au reste, paraît être la même ville que la *Tadutti* de l'Itinéraire d'Antonin, attendu sa position entre *Lambesa* et *Gemellæ*.

» Le pays situé à l'ouest-nord-ouest de Tattobt, du côté de Charla-Tache et de Djid-Milak, est en partie plat et fertile, et en partie montagneux et aride; de plus on n'y trouve presque que des eaux saumâtres. Ce qui pourrait faire supposer qu'il formait anciennement la limite entre la Mauritanie de Sitife et le district des Cirtésiens, qu'il faut chercher près de ce méridien. Mais à l'est et au nord-est de Tattobt, vers Tagzah et les sources du Boumarzouke, le sol est très fertile, et le paysage fort agréable.

» La chaîne du mont Atlas, que nous avons quittée dans le territoire des Ouelled-Aly-Ben-Saboure, se prolonge par le Gibel-Yousef, montagne fertile qui est à cinq lieues au sud-est de Setif. Sur le versant septentrional de cette montagne près des camps des Raigah, se trouve le petit village de Gidje-el, qui s'élève sur les ruines d'une ville romaine. Après le Gibel-Yousef viennent les montagnes des Ouelled-Sellem, où il existe d'autres ruines, que les Arabes nomment Zeiryah; puis celles de Mosteouah, qui sont hautes et escarpées, et qui, ainsi que celles des Ouelled-Sel-lem, inclinent au sud-est. J'ai déjà remarqué que ces montagnes sont en la possession des Ouelled-Abdenore, tribu considérable qui campe, tantôt dans la plaine, et tantôt dans les montagnes, où leurs dissensions les obligent souvent de se retirer. Aly-Ben-Gy-Doune, émir de cette tribu, a plus d'une fois triomphé par sa valeur des Algériens, qui eussent immanquablement succombé dans leurs luttes ensemble, s'ils n'avaient appelé à leur secours les Hirkaat, les Ziganiah et autres Arabes du voisinage. Le Hadjar-Soudah ou le Rocher-Noir, et le district montagneux des Ouelled-Hirkaat, forment le prolongement des montagnes qui s'étendent au sud-est, dans la même direction que le Gibel-Yousef et le Mosteouah. Au pied de ces montagnes, près du Gibel-Auress, on trouve Baitnah, vaste amas de ruines, extraordinairement bien arrosé, et qui est à moitié chemin entre Constantine et Bescara.

« Le Gibel-Auress ou Evress, comme les Turcs le prononcent, est le mont *Aurasius* du moyen âge, et le mont *Audus* de Ptolomée. Il s'étend au-delà des montagnes des Hirkaat, au sud de Constantine. Ce n'est pas une seule montagne, comme son nom semble l'indiquer, et comme le dit Procope, mais une véritable chaîne entrecoupée de petites plaines et de vallées. Ces montagnes, qui sont cultivées depuis leur base jusqu'à leurs sommets, sont très fertiles, et peuvent être considérées comme le jardin de la régence. Elles ont environ cinquante lieues de circuit, ou trois grandes journées, comme dit Procope.

« La partie septentrionale seule, où les Algériens envoient tous les ans un camp, est habitée par un si grand nombre de tribus, que ces troupes ne font pas moins de quarante stations pour prélever le carache. Toutefois, elles passent rarement l'Ain-ou-Heide, source intermittente qui est au sud-est, et qui ne coule, m'a-t-on assuré, que les vendredis. Ces montagnes sont aussi d'un accès fort difficile au sud; aussi les Turcs redoutent-ils de s'avancer vers le territoire de la belliqueuse tribu des Neardie, qui en comprend une partie, et qui est à l'abri de toute attaque de leur part. Le siége de leur dachekras s'élève sur un grand rocher conique et inaccessible qui paraît être le *Pétra-Geminiani*, ou le *Tumar* de Procope, puisqu'il correspond exactement à la description que cet historien nous donne de ces deux endroits.

» Il existe de nombreuses ruines dans toutes ces montagnes; les plus remarquables sont celles de l'Erba ou Tezzoute, qui ont près de trois lieues de circuit. On y voit, entre autres fragmens de l'antiquité, de magnifiques débris de plusieurs portes de la ville. Les Arabes disent que ces portes étaient au nombre de quarante, et qu'à l'époque de la prospérité d'Erba il arrivait souvent de voir sortir quarante mille hommes armés par chacune d'elles. Il y a encore les gradins et une partie de la toiture d'un amphithéâtre, le frontispice d'un beau temple d'ordre ionique qui était dédié à Esculape; une salle plus longue que large, avec une grande porte à chaque extrémité, et qui était peut-être destinée à faire un arc-de-triomphe; enfin le Cobb-el-Ar-rosah ou le Dôme de la Mariée, nom que les Arabes donnent à un joli mausolée bâti en dôme, et soutenu par des colonnes d'ordre corinthien

» Ces ruines, et plusieurs autres semblables, font suffisament connaître quelle a été l'importance et la grandeur de la ville qui s'élevait sur leur emplacement. Aussi, quand bien même nous n'aurions pas l'autorité des inscriptions, nous n'en serions pas moins disposés à croire que l'Erba ou Tezzoute est la *Lambesa* des anciens. La manière dont il en est fait mention dans l'Itinéraire d'Antonin, prouve que cette ville devait être une des plus considérables de ce pays; d'ailleurs les distances et les directions que l'auteur donne pour s'y rendre indiquent suffisamment sa position. Il dit qu'elle formait, avec Theveste et *Sitifi*, un triangle irrégulier, dont la hauteur devait être déterminée par la distance de *Cirta*. Ptolomée en plaçant *Sitifi* au sud de *Cirta* et de *Lambesa*, c'est-à-dire au point où est aujourd'hui la ville de Theveste, donne à chacune de ces villes, une position très différente de celles qu'elles ont réellement. Il nous apprend cependant que la troisième légion d'Auguste était stationnée à *Lambesa*.

» Je terminerai mes observations sur les montagnes d'Auress en faisant remarquer que les indigènes qui les habitent ont un air et une physionomie différens de leurs voisins.

Loin d'être basanés, ils ont, au contraire, le teint blanc et rosé, et leurs cheveux sont d'une couleur jaune-foncé, au lieu d'être noirs comme ceux des autres Kabyles. Ces dissemblances nous portent à croire (quoiqu'ils soient d'ailleurs mahométans et qu'ils parlent la langue des Kabyles) qu'ils sont, sinon la tribu dont parle Procope, du moins les descendans des Vandales, qui, bien qu'ils eussent été chassés de leurs forteresses, et dispersés parmi les familles africaines, trouvèrent cependant moyen, dans la suite, de se réunir en corps de nation, et de se rétablir dans quelques districts éloignés. Il s'ensuit que les montagnes d'Auress, étant, si je ne me trompe, l'ancien *Audus*, ont dû avoir été habitées jadis par les *Misulames*.

» La rivière Serkah prend sa source dans cette contrée montagneuse, au sud de Tayrah et de Borgh-Touill, d'où, se dirigeant ensuite près du Gibel-Auress, elle reçoit le Soutos, ruisseau qui passe à Tezzoute, et quelques autres. De là, elle prend le nom d'Oued-Abiadh ou la Rivière-Blanche, de la blancheur de ses eaux, coule au sud et entre dans le Zab, en laissant les Touaabah à quelques lieues à l'ouest. Cette rivière, coulant dans la direction du méridien de Constantine, a pu servir de limite naturelle entre la Mauritanie de Sitife et la Numidie.

» Nous allons maintenant décrire les différens districts de la partie orientale de la province de Constantine, contrée qui était anciennement occupée par les Cirtésiens, et était située entre les méridiens de l'Oued-el-Kébir et de Sgigata, à l'ouest, ayant au nord-est les Nabathres, qui s'étendaient jusqu'au méridien de Tockoche, et les Iontiens, qui étaient maîtres de l'autre partie de la Numidie jusqu'à Tabarca.

» Au-dessus des Béni-belit sont les Béni-Ouel-banne, tribu considérable qui habite à moitié chemin entre Constantine et Sgigata. La montagne escarpée de Sgoou est dans la possession de ces Kabyles. Sur le versant occidental gisent les ruines d'une ancienne ville que l'on nomme aujourd'hui Masarah. Les Grarah et les Hamzah habitent au delà à l'est ; ils occupent la frontière des Cirtésiens, au nord-est. Plus loin, le pays, qui devient plus uni, est habité par les Hareichah et les Fezarah. Le territoire de ces derniers renferme un grand étang, entre lequel et la ville de Bona se trouve Gonnara, amas de ruines dont la partie la plus remarquable consiste en un vieux château.

» Les Ouelled-Bouzise ont leurs douares plus près de la rivière Sei-bouse, au sud des Hareichah. Leur territoire est plus boisé, plus montagneux que le précédent, excepté dans le Bou-Ham-mam, vers les bords de la Sei-bouse. Sur la limite orientale du Bou-ham-mam, du côté des Aïn-Mylfah, on trouve un petit espace couvert de ruines, appelé Ache-coure, et un peu au-dessous, d'autres ruines et un grand nombre de sources thermales dont les eaux tombent dans un vaste bassin carré, qu'on reconnaît pour être un ouvrage des Romains. Ces eaux, que les habitans appellent Ham-man ou Hammah, à cause de leur chaleur, paraissent être les *Aquæ-Calidæ* ou *Tibilitanæ* des anciens, et les ruines, celles de l'ancienne *Tibitis*, attendu qu'elles sont à dix lieues sud-ouest de *Hippo-Regius*, et à seize à l'est de *Cirta*; ce qui correspond assez bien à la position que leur assigne l'auteur de l'Itinéraire d'Antonin.

» Sous le même parallèle de latitude que les Ouelled-Bou-zi-se, mais à l'est de la Sei-bouse, sont les Ouelled-Masoude, qui habitent à l'opposite des Anebbiens et des Merdass. Les

Chebnah, que l'on trouve ensuite, sont au sud des Ma-zoulah. Ces deux tribus possèdent un vaste territoire très fertile, quoiqu'un peu montagneux. Les Ouelled-Aly demeurent au-dessus des Chebnah, et les Béni-salah au-dessus des Ouelled-Ma-Soude : ce sont aussi deux puissantes tribus, qui cultivent le district montagneux situé au bord de la Hamise, bras occidental de la rivière Me-djerda.

» Au nord-ouest des Béni-Salah, et au-dessous de la montagne du même nom, on trouve le district de Mô-nah, pays uni et fertile, arrosé par la Sei-bouse, au sud. Les Bou-ham-mam et les Ain-Melfah habitent vis-à-vis. Ala-choure, ancienne ville romaine, s'élève sur les bords de cette rivière, à l'est. Au-dessous des Béni-Salah, et à proximité de l'*Aquæ-Tibilitanæ*, est Gelma ou Kalmah, comme les Turcs le prononcent. C'est une ville en ruine où l'on remarque encore des colonnades entières, et d'autres antiquités que je ne pus pas examiner, à cause des démonstrations hostiles que faisaient alors les Béni-Salah. Gelma est indubitablement la *Calama*, l'objet de tant de graves discussions géographiques, et qui devait être située entre *Hippo-Regius* et Constantine, mais cependant plus près de cette dernière ville que de l'autre, comme le remarque saint Augustin.

» Au nord des Bou-ham-mam sont les montagnes d'Arlyah et les Arabes Ly-Aichah; ceux-ci s'étendent au-delà du Oued-el-Ze-nati au sud, et campent quelquefois dans le territoire des Girfah. C'est dans leur district que se trouvent les Ham-mam-Meskoutin ou les Bains-Enchantés. Ce sont plusieurs sources thermales situées dans un fond, entourées de montagnes, et dont les eaux, qui sont à une température très élevée, après s'être réunies, se jettent dans la rivière Zenati. On voit auprès les ruines de quelques maisons qui servaient apparemment autrefois à loger ceux qui venaient faire usage de ces thermes.

» Les Girfah, voisins des Ly-Aichah, ont les Béni-Salah à l'est, les Grarah et les Hamzah au nord. C'est une tribu nombreuse qui descend peut-être des anciens Ze-nati. Leurs douares s'étendent depuis les bords des rivières Seibouse, Sebba-Ai-oune et Ze-nati, jusqu'à ceux de la Serff et de l'Alligah; il est possible que la rivière Ze-nati ait pris son nom des anciens habitans du pays. Tout ce district, qui est entrecoupé de collines et de vallées, est très fertile. Les parties montagneuses renferment des bois de haute futaie et des plantations d'oliviers.

» Sur une éminence, à deux lieues au sud-est des Ham-mam-Meskoutin, et près de l'une de ces plantations, sont des ruines d'une grande étendue que l'on appelle Anounah. On y remarque, entre autres choses, un petit édifice carré presque entier, et qui doit avoir été une chapelle de chrétiens, attendu que l'on distingue encore la figure d'une croix au-dessus de la porte.

» Alligah, autre ville en ruine, est à sept lieues à l'ouest-nord-ouest d'Anounah, et cinq lieues à l'est de Constantine. Elle est située dans une plaine, sur le bord occidental d'une rivière qui porte son nom. Seni-ore, autre amas de ruines, se trouve à dix lieues au sud d'Anounah, non loin de la rivière Serff. Il existe dans cet endroit une grande tour, une source d'eau excellente, et de très bons pâturages; mais les forêts voisines sont le refuge d'un si grand nombre de bêtes féroces, que les Girfah ne fréquentent guère ce district.

» Les Ouelled-Braham confinent aux camps des Girsah à l'ouest, et s'étendent jusqu'à Constantine. Leur territoire, qui est moins boisé que le précédent, peut avoir formé jadis la partie orientale du pays des Cirtésiens. J'ai déjà parlé de la partie occidentale située près de Tattobt, Djidmilah, etc. On trouve sur le territoire de ceux qui habitent le plus près de Constantine, Bir-Staal, où il y a, ainsi que son nom l'indique, un puits de construction romaine situé entre les rivières Alligah et Hydrah, et qui est l'une des sources de la Bóu-marzouke. Sommah, belle plaine au milieu de laquelle on voit un amas de ruines, est un peu au sud d'Hydrah. Quatre lieues plus loin est l'Ain-el-Trap ou Trab, c'est-à-dire la Source-Bourbeuse, dans un pays fertile qui appartient aux Ouelled-Isah. Phys-giah, où il existe aussi des ruines romaines, est à quatre lieues à l'ouest de l'Ain-el-Trap, et à cinq au sud-ouest de Constantine. Il y a ici une source très abondante qui fournissait autrefois d'eau la ville de Constantine. La haute montagne de Ziganiah est dans le voisinage; et, à deux lieues de cette montagne, sur les limites du territoire des Ouelled-Isah, sont des ruines auxquelles on donne le nom de Tagzah, dans un beau pays bien arrosé. Un peu plus loin, dans la même direction, est le Borgh-Touill ou la Grande-Tour, seul débris existant d'une autre ancienne ville des Cirtésiens, située dans une contrée non moins fertile que celle qui entoure Tagzah. Il faut que l'un ou l'autre de ces deux endroits, mais plus vraisemblablement le dernier, soit la *Turris Cæsaris* que l'Itinéraire d'Antonin place à quarante milles romains (15 lieues de 2000 toises) de *Cirta*, par la route de Sigus. Quant à cette dernière ville, qui est à six lieues de la *Turris Cæsaris*, au point d'intersection des routes de Theveste et de *Tipasa* à Constantine, on peut la considérer comme ayant occupé l'emplacement de Temlouke, ville en ruine, bâtie dans une grande plaine, au-dessous du mont Telladise, à quatre lieues au nord-ouest de Borgh-Touill, et à sept de Constantine.

» De l'autre côté du mont Telladise gisent les vestiges d'une autre ville considérable, nommée Chbai-hi et quelquefois Chbai-hienta-bent-Pharaoune, c'est-à-dire Chbai-hi, des fils de Pharaon; dénomination fondée sur une tradition qui veut que les Pharaons aient été autrefois maîtres de ce pays, et que la résidence du vice-roi, qui devait toujours être un des fils du roi, était dans ce lieu. Cette ville se trouve aussi dans une plaine fertile et toujours verdoyante, par suite du grand nombre de sources et de ruisseaux qui l'arrosent. Sidy - Rou - geïse, grande chaîne de collines fertiles, est au-dessus de Chbai-hi, à quatre lieues au sud-est de Borgh-Touill.

» Pline place *Cirta* ou Constantine, comme on l'appela dans la suite, à quarante-huit milles romains (18 lieues de 2000 toises) de la mer. Les historiens la dépeignent non seulement comme l'une des principales, mais aussi comme l'une des plus fortes villes de la Numidie. L'étendue de ses ruines attestent en effet qu'elle devait être fort grande, et sa position fait facilement juger qu'elle devait être très forte. La plus grande partie de son enceinte s'élevait sur une espèce de promontoire qui, se projetant très avant dans la mer, formait comme une presqu'île inaccessible de tous côtés, excepté au sud-ouest. Autant que j'en pus juger, cette partie de la ville devait avoir plus de huit cents toises de circuit. Du reste, elle inclinait un peu au sud, et se terminait au nord par un précipice de cent toises de profondeur. La vue, de ce côté, donne, à une grande distance, sur des sites magnifiques, formés par un grand nombre de vallées, de collines et de rivières. A l'est, elle est bornée par une chaîne de rochers qui s'élèvent au-dessus de la ville; mais au sud-est le pays est plus ouvert, et on y découvre les montagnes de Sidy-Rougeise et celles des Ziganiah. De ce côté, le promontoire est séparé des plaines du voisinage par une vallée profonde, mais étroite, formée de rochers qui s'élèvent perpendiculairement de chaque côté, et où passe la rivière Rommel, sur laquelle il existait autrefois un très beau pont.

» La langue de terre au sud-ouest, près de laquelle se trouve la principale porte de la ville, a environ cinquante toises de large, et est entièrement couverte de débris de murs renversés, de citernes et autres ruines, qui se prolongent jusqu'à la rivière, et s'étendent ensuite parallèlement à la vallée ci-dessus. Telle était la position et l'étendue de l'ancienne *Cirta*. Constantine n'est pas à beaucoup près aussi grande, et n'occupe que le promontoire dont il a été question.

» Outre une multitude de ruines en tous genres répandues sur l'emplacement de l'ancienne *Cirta*, il existe au milieu de son enceinte une réunion de citernes destinées probablement jadis à recevoir l'eau du Physgiah, qui y parvenait par un aqueduc. Il y a environ vingt de ces citernes qui occupent un espace de vingt-cinq toises carrées. L'aqueduc est plus endommagé que les citernes; mais ce qui en reste prouve le génie des Cirtésiens, qui ne craignirent point d'entreprendre un ouvrage d'une aussi prodigieuse dimension.

» Au bord du précipice, situé au nord, sont les débris d'un grand et bel édifice, qui sert aujourd'hui de caserne à la garnison turque. On y voit aussi quatre piédestaux de chacun sept pieds de diamètre, qui paraissent avoir appartenu à un portique. Ils sont d'une pierre noire peu inférieure au marbre, et qui paraît avoir été tirée des rochers sur lesquels la ville s'élève.

» Les piliers formant les côtés de la principale porte de la ville, qui sont d'une belle pierre rougeâtre, comparable au marbre, sont artistement sculptés. On voit, incrusté dans un mur du voisinage, un autel en beau marbre blanc, et en saillie un vase bien conservé, de ceux qu'on appelait *simpulum*. La porte du côté du sud-est est du même style d'architecture que la porte principale, quoique plus petite. Elle s'ouvre du côté du pont qui, comme je l'ai dit, traversait la vallée dans cet endroit.

» Ce pont était un chef-d'œuvre dans son genre. La galerie et les colonnes des arches étaient ornées de corniches, de festons, de têtes de bœufs et de guirlandes. L'entre-deux de chaque arche était surmonté de caducées et autres figures. Entre les deux principales arches, on voit, sculptée en relief, et très bien exécutée, une femme marchant entre deux éléphans, et dont la tête est surmontée d'une grande coquille en forme de dais. Les éléphans ont la tête placée l'un vis-à-vis l'autre, et leurs trompes croisées. La femme, qui est coiffée en cheveux, a pour vêtement une espèce de large chemise, dont elle relève devant la partie inférieure avec la main droite, en regardant la ville d'un air moqueur. Si ce morceau de sculpture s'était trouvé partout ailleurs, j'aurais pu croire qu'il servait d'ornement à quelque fontaine, parce qu'il est assez connu que l'on y représentait quelquefois des sujets comiques ou badins.

» Au-dessous du pont, le Rommel tourne au nord, et coule dans cette direction, pendant près de deux cents toises, par un conduit souterrain que l'on a ouvert en plusieurs endroits, soit pour y puiser de l'eau, soit pour nettoyer le canal. Sans ce passage, il se serait inévitablement formé ici un lac considérable qui aurait fini par inonder une grande partie des terres voisines.

» Parmi les ruines qui sont au sud-ouest du

pont, on remarque un arc de triomphe presque dans son entier. On le nomme le Cassir-Goulah ou le Château du Géant. Il se compose de trois arches, dont celle du milieu est la plus spacieuse. Toutes les bordures et les frises sont enrichies de figures, de fleurs, de faisceaux d'armes, et d'autres ornemens. Les pilastres, d'ordre corinthien, élevés de chaque côté de la grande arche, sont sculptés de la même manière que les piliers des portes, et dans un assez bon état de conservation; mais les colonnes du même ordre qui soutiennent le fronton sont rompues et très endommagées (1).

» A deux cents toises à l'est de Sidy-Mimon,

(1) A environ trente lieues sud de Bona, dit M. Blaquières, s'élève Constantine, *la Cirta* de l'antiquité. Elle est bâtie sur une haute colline, qui, convenablement fortifiée, offrirait une bonne position militaire. On y entre au nord en passant un immense pont de construction romaine, et qui se compose de trois rangs d'arches. L'intérieur offre de tous côtés des débris de son ancienne splendeur, des colonnes de granit, des piédestaux, des frises brisées, et d'innombrables inscriptions grecques, latines et puniques. Sa population, composée en grande partie de Turcs, de Maures et de Juifs, s'élève, dit-on, à 30,000 ames. Cette ville, qui est à 67 lieues 1/2 d'Alger, est située par 36° 25' de latitude nord et 3° 48' de longitude est du méridien de Paris.   (*Note du traducteur.*)

le Rommel, sortant de son canal souterrain, forme une grande cascade qui domine la partie supérieure de la ville, et d'où aujourd'hui, comme autrefois, on précipite les criminels. Un peu au-delà de cette cascade se trouve la Kabat-bir-a-haal, nom que porte une belle source d'une eau limpide et transparente, et qui nourrit un grand nombre de tortues. On a fait bien des contes extraordinaires à cet égard, mais sans le moindre fondement.

» Laissant Constantine et les Ouelled-Isah au nord et au nord-ouest, on entre dans le district des Hen-Neichah, qui sont, non seulement une tribu puissante et guerrière, mais encore très civilisée. Les Algériens leur sont redevables des différens avantages qu'ils ont remportés dans leurs dernières guerres contre les Tunisiens. Leur district, le plus fertile et le plus étendu de la Numidie, est situé entre les rivières Hamise et Myski-anah, qui sont : celle-ci le bras le plus méridional, et l'autre le bras le plus septentrional de la Medjerdah. Il n'est peut-être pas un arpent de terre dans tout ce pays qui ne soit arrosé par une source ou un ruisseau. Les anciens habitans avaient si bien profité de cet avantage inappréciable, qu'il y avait à peine jadis un cours d'eau près duquel il n'y eût quelque ville ou village Mais les choses sont tellement changées aujourd'hui, que tout ce territoire n'offre plus qu'un amas de ruines, quelques noms et quelques inscriptions, seuls témoins de sa splendeur passée. Les plus remarquables d'entre ces ruines sont celles de Daha-mam, à seize lieues au sud-est de Constantine, sur la route de Tipsa ; celles d'Ama-mah, à trois lieues de là, vers le sud ; et celles de Grisah, à six lieues au nord-est d'Ama-mah.

» Tiffeche, l'ancienne Theveste, est, je crois, la seule ville de ce district qui ait conservé à peu près son ancien nom. Toutefois, elle est aujourd'hui complètement en ruine. Elle est située dans une belle plaine arrosée par un petit ruisseau, à environ six lieues au sud-sud-est de Gelmah, à huit lieues nord-est de Daha-mam, et à dix-neuf lieues à l'est-sud-est de Constantine.

» El-Gattar, ville ancienne située à l'extrémité orientale du territoire des Hen-Neichah, est à huit lieues de Tiffeche. Trois lieues plus loin, au nord-est, on trouve Tage-elt, autre ancienne ville qui était renommée par l'abondance des fruits que produisait son territoire. Les Ouelled-Iss et les Ouilan habitent les plaines qui sont autour de ces villes. Viennent ensuite les Ourgah, dont les douares s'étendent jusqu'à Cassir-Djibbir, petit village à huit lieues d'el-Gattar à l'est. Il existe ici quelques vestiges d'un aqueduc et d'une ville ancienne; et comme il y a aussi des sources dans le voisinage, tandis que le pays environnant manque de bonne eau, je suis tenté de croire que Cassir-Djibbir est bâti sur l'emplacement de la *Naraggara*, auprès de laquelle on dit que Scipion campa, parce qu'il y trouva de l'eau.

» La rivière Seraat, qui sert de limite à la régence du côté de la terre-ferme, est à quatre lieues plus loin, à l'est. L'eau en est un peu saumâtre. Elle se jette dans le Me-djerdah. Près de ses bords, à l'ouest, à cinq lieues sud-sud-est d'el-Gattar, est Callah, Gellah ou Gellah-at-Snaan, village considérable bâti sur une haute montagne conique, et auquel conduit un seul chemin fort étroit. Cet endroit, qu'on ne saurait réduire que par famine ou que par surprise, sert d'asile aux rebelles et aux criminels des deux régences, qui y sont nourris et entretenus jusqu'à ce que leurs parens ou leurs amis aient obtenu leur grâce ou arrangé leurs affaires. A une petite distance du pied de cette montagne sont les ruines de Gasta, ville jadis considérable.

» Un peu à l'est de Gellah, la rivière Seraat se jette dans la Myski-anah, dont la source principale est à Ain-Thyllah, à dix-huit lieues de là, à l'ouest. Cette rivière coule parallèlement à l'Hamise, qui en est à dix lieues, et sépare les Hen-Neichah des Ne-men-chah, tribu également puissante et nombreuse, mais moins civilisée que les Hen-Neichah. A six lieues à l'ouest d'Ain-Thyllah, vers les confins du Gibel-Auress, se trouvent les ruines de Bagay, ville autrefois importante. Il y passe une rivière qui porte le même nom, et qui se jette en arrière de la ville, dans le Mailah, grand étang d'eau salée, auprès du Gibel-Ouste, montagne célèbre du côté de Sidy-Rougeise. On pourrait croire, à l'analogie des noms, ainsi qu'à la position, que ce sont ici la *Bagais* et l'*Abigas* dont parle Procope.

» Niny, jadis ancienne et grande ville de Numidie, est à quatre lieues trois quarts à l'est de Bagay. A sept lieues au sud se trouve Tout, village des Ne-men-Chah, qui tire son nom des bois de mûriers qui croissent ici admirablement bien. Barbar, où l'on trouve encore des ruines d'une grande étendue, est situé dans une vallée, à cinq lieues au sud-ouest de Tout. Maha-mall, le principal village de ces Arabes, est dans un terrain fort pierreux, à moitié chemin entre Bagay et Tipsa. Ok-koss, autre de leurs villages, est bâti sur l'emplacement d'une ancienne station des Romains, sur le penchant d'une haute montagne, à six lieues nord-est de Maha-mall. A quatre lieues à l'est d'Ok-koss est Tipsa ou Tibessa, la *Tipasa* des anciens, aujourd'hui place frontière des Algériens, et où ils ont une garnison. Cette ville, qui est parfaitement bien située, à une petite distance des montagnes, conserve encore quelques traces de son ancienne importance, entre autres sa principale porte, et quelques débris de ses vieilles murailles. Il existe dans les montagnes du voisinage une grande et spacieuse carrière qui est peut-être la caverne que l'on assura à Léon-l'Africain avoir été habitée autrefois par des géans.

» La Me-lagge passe à Tipsa, et, se joignant en arrière de cette ville à la Maliana (nom que porte la Myski-anah au-dessous d'Ok-koss), elle donne son nom à cette rivière, et reçoit ensuite l'Ain-el-Haloufe, le Chibrou, et quelques autres gros ruisseaux des environs. Elle est aussi considérable que la Bou-marzouke ou le Rommel. Kisah n'est pas éloignée de Tipsa à l'est. Quatre lieues plus loin, au sud, se trouve Bi-cari-ah, bâtie sur les ruines d'une ancienne ville. À quatre lieues au sud-ouest on rencontre Lerneb, qui s'élève aussi sur les ruines d'une ancienne ville. Derrière celle-ci on voit la continuation de cette partie du mont Atlas qui se dirige du côté du désert.

» En retournant à sa partie occidentale, on trouve d'abord le Gibel-I-ate, ramification du mont Atlas, lequel s'étend d'ici jusqu'au Djerid des Tunisiens.

» À droite du Gibel-I-ate s'élève le Gibel Djourb-sah, et se trouve le territoire des Ouelled-Tabanne, où l'Ouelled-Kasaab prend sa source. Cette rivière se grossit considérablement en passant près du mont I-ate, d'où elle coule au sud-sud-ouest en baignant la partie occidentale de la ville de Mes-silah, et finit par se perdre dans le marais de Chot. A l'est du Gibel Djourb-sah est le Gibel Soubillah qu'habitent les Ouelled-Mousah-ben-Tyah, tribu nombreuse. Une rivière, qui porte aussi le nom de Sou-billah, prend sa source dans ces montagnes, coule parallèlement à la Kasaab, traverse le pays des el-Hothnah, laisse les Jouam-el-Mograh un peu à l'est, prend ensuite le nom de Nakkar, et se perd aussi dans le Chot.

» Contigus au mont Sou-billah sont l'A-nouaal, la Genisah, la Monkar, et autres montagnes des Béni-Bou-Taleb, Kabyles puissans qui habitent au-delà des Raigah, à quatorze lieues nord-est de Mes-silah. Ce district serait l'un des plus florissans de la régence, si l'on exploitait convenablement ses mines de plomb. Mais les Béni-Bou-Taleb, soit par jalousie, ou par ignorance, ne veulent pas que l'on en tire au-delà de ce qui leur est nécessaire pour leur usage, et pour payer leur tribut.

» Les montagnes des Ouelled-Aly Ben-Saboure sont situées près de celles des Béni-Bou-Taleb. Djih-bah, qui n'est qu'un monceau de ruines, se trouve au pied de ces montagnes, à l'est ; mais je n'ai pu découvrir l'ancien nom de ce lieu, ni celui de l'endroit dont j'ai parlé plus haut, et qui se nomme maintenant Smi-chah.

» Le Ras-el-Ai-oune ou la Source des Fontaines est à deux lieues du Djih-bah, et à huit de Setif, au sud. C'est la principale source de la rivière Nic-kôse, qui prend ensuite le nom d'Oued-el-Barikah, du district qu'elle arrose. Cette rivière coule dans la même direction que la Sou-billah et la Kasaab, c'est-à-dire au sud-ouest. Les habitans tirent partie de ses eaux pour arroser leurs terres ; le reste se perd dans le marais de Chot.

» Entre les rivières Barikah et Kasaab, au sud des montagnes dont il vient d'être question, s'étendent les grandes et fertiles plaines d'el-Hothnah, qui sont cultivées par les Ouelled-Draage, une des principales tribus de cette province. Ce pays-ci, étant sur la lisière du désert, est en général plus sec et plus sablonneux que celui qui est plus au nord ; ce qu'indique son nom. Cependant, à force d'irrigations faites au moyen de la Soubillah et de la Kasaab, les moissons y sont très abondantes.

» Mes-silah s'élève sur le bord méridional de l'el-Hotnah, à neuf lieues au sud-sud-ouest de Sedy-Embarak-Es-mati, et un peu moins à l'ouest des Djô-am-el-Mograh ; de manière qu'Abulféda se trompe en la plaçant à sept lieues seulement de Constantine. C'est un endroit fort sale, comme la plupart des petites villes de ce pays. Les maisons y sont bâties de roseaux enduits de terre, ou de tuiles séchées au soleil. Les Algériens y avaient autrefois une garnison de trois compagnies d'infanterie ; mais ils n'y ont plus aujourd'hui qu'un petit détachement de Spahis, qui n'ont pas grand chose à faire, et qui, en cas d'attaque, n'auraient d'autre ressource que dans leur courage, car il n'y a point de fort. Le climat est trop froid, tant ici que dans les différens districts qui bordent le désert, pour que les dattes puissent y venir à maturité ; aussi n'y recueille-t-on que des pêches, des abricots, et autres fruits très abondans dans la partie septentrionale de la Barbarie.

» A huit lieues à l'est-sud-est de Mes-silah, et un peu au sud-ouest des Djô-am-el-Mograh, est l'Ain-el-kelb ou la Source du Chien. On passe ensuite la Nak-kar (nom que prend la rivière Sou-billah, près du marais de Chot, dans lequel elle tombe), et à cinq lieues plus loin, à l'est, encore une fois la Barikah ; après quoi on entre dans les plaines de ce nom, qui sont cultivées de la même manière que celles du Hothnah, par les Ouelled-Sidy-Mahamet-Ben-Hadge. La partie orientale du Hothnah borne ce district au nord ; et au sud-ouest on trouve le Lesbaah, district entrecoupé de montagnes et de vallées stériles, qui sont sur les bords du Chot. Le Gibel-Soffian, montagne escarpée habitée par les Ouelled-Yousef, est à trois lieues au nord-est de la Barikah, et au sud-sud-ouest de la Ras-el-Aioune. Le petit ruisseau de Bou-na-zouze prend sa source dans cette montagne ; et, laissant la Barikah à trois lieues à l'ouest, se jette dans la Midar-Ben-Yousef, ou dans les plaines fangeuses des Béni-Yousef, à l'est du Chot.

» A trois lieues au-delà, et dans la direction du Gibel-Soffian, gisent les ruines de l'ancienne *Tubuna;* ce que semble indiquer son nom moderne Tobnah, et que confirme sa position relativement à Igilgili. Ces ruines sont situées dans une belle plaine entre les rivières Barikah et Bou-ma-zouze. Les Arabes ont si complétement détruit tout ce qui existait de *Tubuna,* qu'il serait difficile de déterminer aujourd'hui quelle était autrefois son enceinte. Les Arabes assurent qu'il y a des trésors enfouis sous ces ruines ; opinion qui peut avoir donné lieu au dicton suivant : « Le trésor de Tobnah gît sous l'ombre de ce qui est couvert ; cherchez-le. »

» Em-dou-kal, petit village entouré de montagnes, est à sept lieues au sud-sud-ouest de Tobnah, et à seize au sud-est de Mes-silah. On trouve ici les premières plantations de palmiers, quoique le fruit n'y parvienne pas à un degré parfait de maturité.

» Le Chot est une grande vallée marécageuse

qui s'étend, avec quelque interruption, entre deux chaînes de montagnes, depuis le voisinage d'Em-dou-khal, jusqu'à l'ouest du méridien des Mes-silah. Le mot de Chot signifie communément le rivage de la mer, les bords d'un lac ou d'une rivière. Mais ici la signification, qui est un peu différente, veut dire la lisière d'une plaine qui, selon les diverses saisons de l'année, est couverte de sel ou inondée. Plusieurs parties du Chot consistent en un sol fangeux qui, après les grandes pluies ou le débordement des ruisseaux voisins, se convertit en un sable mouvant, très dangereux pour les voyageurs qui n'y marchent pas avec précaution. La Croix s'est trompé lorsqu'il a dit que toutes les rivières de ce pays coulent du sud au nord, puisqu'il y en a ici cinq assez considérables qui coulent au contraire du nord au sud, sans parler de plusieurs autres dont le cours est fort différent.

» Après avoir passé la Bou-ma-zouse vis-à-vis de Tobnah, on arrive à une montagne d'où l'on tire d'excellente pierre de taille, et où l'on voit beaucoup de gros quartiers de terre façonnés de manière à être employés dans la construction des maisons. Cette montagne s'appelle Mockat-et-Hadjar ou la Carrière. Les

Arabes prétendent que toutes les pierres dont on s'est servi pour bâtir Setif, et vraisemblablement aussi Nic-Kôse, Djig-bah, et autres villes du voisinage, ont toutes été tirées de cet endroit.

» A quatre lieues de Mockat-el-Hadjar, se trouve Bou-maggar, petit district fertile, et qui renferme quelques ruines d'anciens édifices. Entre ce district et le Ras-el-Ai-oune, au milieu d'une plaine environnée de tous côtés de montagnes qui en sont à une certaine distance, est la petite ville de Nic-Kôse ou Ben-Kôse, comme l'appellent les Turcs, qui y ont une garnison d'une compagnie d'infanterie et quelques pièces de canon; elle est environnée d'un rempart en terre. Les habitans sont presque tous des Zou-ouiah, et sont spécialement sous la protection de Sidy-Lassan, leur saint tutélaire. Avec le revenu de son sanctuaire ils entretiennent deux cents thalebs. Il passe à Nic-Kôse un ruisseau dont l'eau ne sert point aux usages domestiques, parce qu'elle est imprégnée de parties nitreuses. On trouve ici des vestiges d'une grande ville, et, comme à l'ordinaire, des débris de colonnes, de citernes et de murs.

» La ville de Nic-Kôse se glorifie de posséder les tombeaux de sept dormeurs que les habitans soutiennent fermement avoir été de bons Musulmans (1).

» A moitié chemin, entre le Ras-el-Ai-oune et les montagnes des Ouelled-Aly Ben-Saboure, on trouve d'autres ruines, parmi lesquelles sont des citernes et des auges de pierre, où se jettent les eaux abondantes de la source d'Azell. A trois lieues au sud-sud-est du Ras-el-Ai-oune, sont les montagnes des Ouelled-Sultan, qui ont pour voisins les Ouelled Fathmah et les Lakhdar. Ces derniers sont une tribu de Kabyles aussi sauvages que leurs montagnes. Ils s'étendent depuis la Bou-ma-zouse, à travers Cassoure et Meder-ri, jusqu'au versant occidental du Gibel-Auress. Les Ouelled-Zei-an sont les voisins des Lakhdar au sud. On trouve ici le village de Lô-taiah, démembrement de la tribu des Ahyle ou Hyle-Ben-Ali, la plus considérable de cette province. Outre leurs grandes possessions dans ce district montagneux, ils s'étendent encore fort avant dans le désert. La Oued-el-kant-rah ou la Rivière du Pont est connue de presque tous

(1) L'opinion commune est qu'ils dormirent dans une caverne du mont Ochlon, près de la ville d'Éphèse, depuis l'an 353 jusqu'à l'an 408 de l'ère chrétienne, c'est-à-dire depuis la persécution de Décius jusqu'au temps du jeune Théodose. *(Note du traducteur.)*

ces Arabes. Elle commence au-dessous des Ouelled-Fatmah, et serpente à travers le territoire de Lakh-dar, où est le pont qui lui donne son nom; elle arrose dans le surplus de son cours les districts des Ouelled-Zei-an et des Lô-taiah, et enfin les jardins de Biscara.

CHAPITRE X.

Description de la province de Zab.

Elle est bornée au nord par celle de Constantine; à l'est par la régence de Tunis; au sud par le Bilédulgérid ; et à l'ouest par la province de Titerie. Elle a environ 100 lieues dans sa plus grande longueur de l'est à l'ouest, et 75 lieues dans sa plus grande largeur du nord au sud. Sa surface est montagneuse dans tout son pourtour. Cette province, la Zeb des anciens, faisait autrefois partie de la Mauritanie Sitife et de la Gétulie. Les rivières de Ganne et de Djer-roufe coulent un peu à l'est du village de Dousan, et se jettent ensuite dans la Oued-Adjedi. Sur les bords de cette dernière rivière, à trois lieues au sud, sont les Zôouah de Sidy-Khallet, que les Arabes regardent comme un prophète. Un peu à l'est de ceux-ci se trouvent les Ouelled-Dje-lil, tribu guerrière qui, en cas de besoin, peut mettre mille hommes en campagne.

• Après avoir passé Bou-me-liah, petit district consistant en terres arables, on trouve une multitude de villages qui ne sont guère qu'à quelques centaines de toises les uns des autres. Nous citerons, entre autres, ceux de Lamri, Borgh, Tolgah, nommé Théolacha par quelques géographes; Farfar, Za-atchah, Lechanah, Bou-chagroune, Biscara, Chitmah, Toudah et Seri-ana. Au sud, les villages ne sont pas aussi rapprochés, et il y a au contraire quelquefois deux, trois ou quatre lieues entre eux. Les principaux sont Le-ouah, Sairah, Mo-hadmah, Djes-bane-ah, Ban-teuse, Oure-lan, Elme-nalah, Bigoe, Mely-ly, Omache, Ou-mil-hennah, Sidy Occ'-ba et Garta.

» Lyoena, Zerybt-el-Oued, Zerybt-el-Hamett, Cassir-Romanah et Badass, sont une autre réunion de villages, à douze lieues à l'est de Sidy-Occ'-ba; et à la même distance au sud, vers les confins du Ouad-reag, se trouve el-Fythie, arrosé par la même rivière que Lyoena, qui est une continuation de l'Oued el-Serkah ou de l'Abiad, dont j'ai déjà parlé dans la description du Gibel-Auress. Touda et Sidy-Occ'-ba, Biscara et Oumil-henna, reçoivent les eaux du Tell, comme Dousan. Mais les sources et les ruisseaux qui arrosent les autres villages viennent du désert ou de quelques lieux marécageux situés sur le versant méridional du mont Atlas. L'Oued-Adje-di ou Djedi, qui signifie la Rivière-du-Chevreau, reçoit tous ces ruisseaux, coule au sud-est, et se perd dans le Mel-gigg, marais salé, semblable à celui de Chot. Cette rivière doit être la Garrar ou le Djerad d'Abulféda ; et comme il n'y a point d'autre rivière remarquable de ce côté du Niger, ce pourrait bien être aussi le *Geir* de Ptolomée, quoiqu'il la place dans le pays des *Garamantes*, beaucoup plus à l'est.

» A Biscara ou Bescarah, appelée par Léon-l'Africain *Pescarah*, chef-lieu du Zab, il y a une garnison turque. Le bey de Constantine y a fait bâtir un château fort qui n'est armé que de six petites pièces de canon, et de quelques lourds mousquets montés sur des espèces d'affûts (1).

(1) Cette ville est située sur une colline, au pied de laquelle coule l'Oued-el-Kant-rah, et est entourée d'une muraille construite en briques crues. Il s'y fait quelque commerce en esclaves et productions de la Nigritie. La plupart de ses habitans vont à Alger, où ils sont estimés pour leur honnêteté et leur civilité. Les environs abondent en scorpions qui incommodent beaucoup les habitans pendant la saison chaude. Détruite dans les guerres des Vandales, durant la chute de l'empire romain, elle a été rebâtie par les Sarrasins. Elle appartenait autrefois à la régence de Tunis ; mais elle est aujourd'hui sous la domination du dey d'Alger. Latitude nord 34° 40'. Longitude est 5° 15'.

» Lyoena est le plus riche de tous les villages que nous venons de nommer, attendu que c'est là que les Arabes indépendans déposent leur argent et leurs effets les plus précieux. Il est sous la protection des Ouelled-Soulah, tribu nombreuse qui, grâce à sa bravoure, a toujours su conserver son indépendance, malgré tous les efforts que les Algériens ont faits pour les soumettre.

» Le village de Sidy-Occaba ou Occ'-ba, comme l'abrégent les Arabes, renferme non seulement le tombeau d'un général arabe du même nom, mais encore celui de Sidy-Lascar, saint tutélaire du lieu. On dit que la tour qui s'élève près du sanctuaire de Sidy-Occ'-ba tremble visiblement lorsqu'on prononce ces mots : *Tezza bil Ras Sidy Occ'ba* c'est-à-dire, tremble pour la tête de Sidy Occ'-ba.

» On trouve dans toute cette province des ruines romaines consistant la plupart en débris de murailles, qui, disséminés çà et là, ont échappé à la rapacité des Arabes. On a déterré tout récemment à Banteuse, l'un des villages situés au sud, plusieurs cercueils de pierre. Je crois devoir remarquer ici que partout où les Romains decouvraient des ruisseaux et des rivières coulant à travers des terres légères ou marécageuses, ils avaient toujours soin d'en revêtir les bords en pierre de taille, et d'en paver le fond en cailloux.

» Les habitans de ce district mangent encore de la chair de chien, ainsi que le faisaient les anciens *Canarii*, leurs aïeux. Les Carthaginois étaient dans le même usage.

» Ouad-reag est une autre réunion de villages dans le même genre que ceux cités plus haut. On en compte vingt-cinq, disposés sur une ligne du nord-est au sud-ouest. Ma-djyre, qui est le plus près du Zab, se trouve à dix lieues au sud d'el-Fythe. Tom-marnah, le plus remarquable après Ma-djyre, en est à six lieues à l'ouest, et Toggort, le chef-lieu, à douze lieues au sud-ouest de Tom-marnah. Cet endroit, d'après ce qu'on m'a dit, est situé dans une plaine, et n'a ni rivière ni ruisseaux dans son voisinage. Léon-l'Africain assure cependant le contraire (1). « Les villages du Ouadrag, dit-il, sont pourvus d'eau d'une manière particulière. Ils n'ont proprement ni fontaines ni sources ; mais les habitans creu-

---

(1) On sait aujourd'hui que Tog-gort est bâti sur une montagne au pied de laquelle coule une rivière.

(*Note du traducteur.*)

sent des puits à cent, et quelquefois à deux cents toises de profondeur, où ils ne manquent jamais de trouver de l'eau en abondance. A cet effet, ils enlèvent d'abord plusieurs couches de sable et de gravier, jusqu'à ce qu'ils trouvent une espèce de pierre qui ressemble à de l'ardoise, et qu'ils savent être précisément au-dessus de ce qu'ils appellent *Bahartaht-el-Erd,* ou la mer au-dessous de la terre. Ils percent ensuite cette pierre, ce qui se fait très facilement; après quoi l'eau sort si subitement et en si grande abondance de l'excavation, que ceux qui sont chargés de l'opération en sont quelquefois suffoqués.

» A trente lieues au sud-ouest de Tog-gort est En-gousah, le seul village qui se trouve encore dans ce district, de tous ceux qui existaient du temps de Léon-l'Africain. A cinq lieues à l'ouest, en arrière d'En-gousah, est située la ville populeuse d'Ourglah, la dernière qui existe dans cette direction. Les anciens ont comparé avec raison toutes ces villes et ces villages, ainsi que ceux des Béni-Mezzab, à des îles vertes et fertiles, environnées d'un vaste désert. C'est probablement le pays des anciens Mélanogétuliens.

» J'ai déjà émis l'opinion que les montagnes

de l'Ammer font partie du *Prhuræsus* de Ptolomée, et que ses habitans, vu l'analogie des noms, devaient être les Pharusiens. Le même auteur met les Mélanogétuliens, peuple de Lybie, au sud des Pharusiens, entre les méridiens et les parallèles des montagnes de Sagapola et d'Huergla. Il place sur cette dernière montagne les sources de la Magrada, la Me-djerdah de nos jours ; mais comme il est avéré que ces sources sont dans la partie cultivée de la Numidie, à quelque distance du désert, le pays des Mélanogétuliens doit être par conséquent la Gétulie proprement dite ; et les Pharusiens ne peuvent être que les habitans les plus méridionaux du Tell ou des montagnes de l'Atlas.

» Je crois avoir suffisamment prouvé que la Gétulie était située au-delà des montagnes de l'Atlas et du Tell ; et on a pu voir aussi, par les détails que j'ai donnés, qu'elle s'étendait à une petite distance dans le désert. Après avoir parlé de cette contrée, Ptolomée fait le dénombrement des peuples qui habitaient au-delà, et place immédiatement après les Gétuliens proprement dits, les Mélanogétuliens et les Garamantes, les plus considérables de tous. Il est certain alors qu'ils s'étendaient en arrière de la plus grande partie du pays qui appartient actuellement aux gouvernemens d'Alger, de Tunis et de Tripoli, ou depuis le méridien de Siga jusqu'à la Cyrénaïque, c'est-à-dire trente-cinq degrés plus loin, à l'est. Mais comme il n'y a point d'autres nations dans tout ce district que les Beni-Mezzab, les habitans du Ouad-reag, ceux de la ville d'Ourglah, de Gadamès, du Fezzan et les Bédouins arabes, qui appartiennent à chacun de ces peuples, les Mélanogétuliens et les Garamantes sont les seuls auxquels on puisse appliquer ce que dit Ptolomée. Quant aux Garamates en particulier, attendu leur position relativement aux sources de la Bagrada (car il n'importe en rien qu'il y ait quelque différence entre la position que leur assigne Ptolomée et celle qu'ils occupent aujourd'hui), on peut facilement supposer qu'ils habitaient les districts de Gadamès, le Fezzan, et quelques villages plus éloignés de la régence de Tripoli. Il s'ensuit que les Mélanogétuliens, placés à l'ouest des Garamantes, correspondent, par la même raison, aux Béni-Mezzab, aux habitans du Ouad-réag, et aux tribus les plus méridionales de la régence d'Alger.

Ici se termine la partie descriptive de la relation du docteur Shaw, à laquelle nous croyons devoir ajouter une courte esquisse historique des contrées qui en font l'objet, et que nous empruntons à un ouvrage auquel tout assure un véritable succès (1).

C'est au commencement du cinquième siècle que les Barbares foulèrent le sol de ces contrées, embellies par plusieurs siècles de civilisation. Genséric, avec ses Vandales, en chassa les Romains; ses successeurs s'en virent dépouillés à leur tour par l'empire d'Orient; et bientôt après l'Afrique fut envahie par les Sarrasins. Ces nouveaux maîtres s'affaiblirent par leurs divisions. Destructeurs par goût, ils infestèrent les côtes de la Méditerranée; enfin, après quelques siècles d'une domination qui ramena la barbarie, ils furent subjugués par les Turcs, encore plus barbares qu'eux. Le grand-seigneur, pour conserver ses conquêtes, établit des gouverneurs appelés deys ou beys. Alors commença l'existence politique des côtes de la Barbarie, telle qu'elle est encore aujourd'hui. Nous avons dit que les Romains, l'empire d'Orient, les Vandales et les Arabes, avaient été successivement maîtres de cette côte. De toutes les régences qui la composent, la pre-

(1) C'est la *Biographie universelle et classique* ou *Dictionnaire historique portatif*.

(*Note du traducteur.*)

mière et la plus puissante est celle d'Alger. Elle donna asile aux Maures chassés d'Espagne sous Ferdinand et Isabelle. Les Espagnols, pour arrêter les brigandages de ces exilés, firent une irruption en Afrique au commencement du seizième siècle, et assiégèrent Alger qui se soumit à un tribut. Mais bientôt les Algériens furent délivrés par le corsaire Barberousse, qui, après avoir étranglé Selim Eutemi, chef arabe voisin, qui, étant venu au secours d'Alger, y régnait de fait, gouverna en tyran, et laissa pour successeur son frère Hariadan. Louis IV, à l'exemple de Charles-Quint, dont la première expédition fut glorieuse pour les chrétiens, et la seconde si funeste, en fit une contre les corsaires de Barbarie ; mais elle fut infructueuse ; car, marlgré le bombardement de 1682, et la promesse arrachée à ces brigands de respecter le pavillon français et nos côtes, ils ne cessèrent d'infester les mers. Les Anglais ont renouvelé, en 1812, et plus récemment en 1816, l'expédition de Louis XIV, mais avec aussi peu de succès. »

FIN DU VOYAGE DANS LA RÉGENCE D'ALGER.

TABLE

DES CHAPITRES.

 |Pag.
---|---

CHAPITRE PREMIER. — Topographie de la régence d'Alger, son sol, son climat, ses productions, etc. — 7

CHAP. II. — Des quadrupèdes, des oiseaux, des insectes, des poissons, etc. — 39

CHAP. III. Des sciences, des arts, des manufactures, des mœurs, des usages et coutumes, de l'habillement, etc. — 77

CHAP. IV. — Du gouvernement d'Alger, du dey, de l'aga et des autres officiers de la milice, etc. — 153

CHAP. V. — De la milice d'Alger, de sa force, de sa composition, de sa solde, de ses camps, de sa manière de combattre, etc. Observations diverses. — 182

CHAP. VI. — Description de la province de Mascara ou Tlemsen. — 216

CHAP. VII. — Description de la province d'Alger. — 262

CHAP. VIII. — Description de la province de Titerie. — 320

CHAP. IX. — Description de la province de Constantina ou Constantine. — 329

CHAP. X. — Description de la province de Zab. — 396

www.ingramcontent.com/pod-product-compliance
Lightning Source LLC
Chambersburg PA
CBHW071911230426
43671CB00010B/1561